基于胜任力的高校工科教师绩效评价研究

刘兴凤 著

科学出版社
北京

内 容 简 介

本书主要介绍基于胜任力的高校工科教师绩效评价体系，给出基于胜任力的高校工科教师绩效评价机理分析，解析我国高校工科教师绩效评价的现状和问题，提取我国高校工科教师胜任力要素特征，构建基于胜任力模式的高校工科教师绩效评价指标体系和绩效评价模型，并进行实证检验。在此基础上，提出基于胜任力的高校工科教师绩效优化对策，为高校加强工科教师绩效管理提供科学的评价模式和技术工具，并为改进高校工科教师胜任力和关键绩效提供合理化建议。

本书既可作为高等院校相关专业师生、专业研究人员的参考资料，也可供高等工科院校相关管理部门参考使用。

图书在版编目（CIP）数据

基于胜任力的高校工科教师绩效评价研究/刘兴凤著. —北京：科学出版社，2020.12

ISBN 978-7-03-066920-9

Ⅰ.①基… Ⅱ.①刘… Ⅲ.①工科院校-教师评价-研究-中国 Ⅳ.①G645.11

中国版本图书馆 CIP 数据核字（2020）第 226141 号

责任编辑：孙露露 王会明 / 责任校对：赵丽杰

责任印制：吕春珉 / 封面设计：东方人华平面设计部

科学出版社出版

北京东黄城根北街 16 号

邮政编码：100717

http://www.sciencep.com

三河市骏杰印刷有限公司印刷

科学出版社发行 各地新华书店经销

*

2020 年 12 月第 一 版 开本：B5（720×1000）

2020 年 12 月第一次印刷 印张：11 1/4

字数：212 000

定价：98.00 元

（如有印装质量问题，我社负责调换〈骏杰〉）

销售部电话 010-62136230 编辑部电话 010-62138978-2010

版权所有，侵权必究

举报电话：010-64030229；010-64034315；13501151303

前言

高校工科教师在高等工程教育领域以及“卓越工程师教育培养计划”中均扮演着至关重要的角色，我国高校工科教师胜任力研究的缺失以及绩效评价体系的不完善等问题严重制约着高等工程教育的发展。如何辨识影响高校工科教师绩效的胜任力要素，构建高校工科教师胜任力模型，并基于胜任力建立高校工科教师绩效评价体系已成为目前我国高等工程教育领域亟待解决的问题之一。

本书共6章，结合胜任力理论和绩效评价理论等多种理论，综合运用问卷调查法、主成分分析法、结构方程模型、灰色关联分析等研究方法，沿着“机理分析—特征分析—评价指标—评价模型—实证分析”的研究思路，建立基于胜任力的高校工科教师绩效评价体系，为高校加强工科教师绩效管理提供科学的评价模式和技术工具，并为改进高校工科教师胜任力和关键绩效提供合理化建议。具体而言，本书主要研究内容包括以下几方面。

（1）剖析我国高校工科教师胜任力要素特征。进行高校工科教师胜任力的四维要素模型分析，并在四维要素模型的框架下，从特质胜任力、教学胜任力、科研胜任力和工程实践胜任力四个方面分别探讨高校工科教师胜任力要素的特征。

（2）构建基于胜任力模式的高校工科教师绩效评价指标体系。构建高校工科教师胜任力模式，对高校工科教师胜任力的要素进行初选，并从中提炼高校工科教师胜任力的指标体系，然后运用主成分分析法对指标进行遴选，得出高校工科教师胜任力指标。同时，根据关键绩效指标（KPI）理论构建高校工科教师关键绩效指标体系。据此将高校工科教师“胜任力指标”与“关键绩效指标”相融合，建立基于胜任力和关键绩效的高校工科教师绩效评价指标体系。

（3）构建基于胜任力模式的高校工科教师绩效评价模型。提出高校工科教师绩效评价体系的总体框架，分析高校工科教师胜任力对绩效的传导关系和演化关系。在此基础上运用多层次灰色关联分析法提出高校工科教师绩效评价指数的测度方法，并以胜任力评价指数（PCEI）为纵轴，关键绩效评价指数（KPEI）为横轴，建立高校工科教师绩效评价的定位矩阵模型，以便对高校工科教师绩效进行定位。

（4）进行实证分析。以243名工科教师为研究对象，通过问卷调查法得出243名工科教师绩效评价的基础指标测评值，从中选取同一所大学同一学院的20名工科教师进行基于胜任力的高校工科教师绩效评价，并运用高校工科教师绩效评价矩阵模型对20名工科教师的绩效进行定位。同时，采用结构方程模型对高校工科教师胜任力和关键绩效指标之间的影响关系进行实证检验。在此基础上，根据实证结果，提出基于胜任力的高校工科教师绩效优化对策，包括工科教师特质胜任力优化、教学胜任力优化、科研胜任力优化和工程实践胜任力优化四个方面。

本书在当前关于高校工科教师胜任力以及高校教师绩效评价的研究基础上，从胜任力的视角研究高校工科教师绩效评价问题，基于胜任力理论和绩效评价理论等多种理论相结合，构建了高校工科教师胜任力模型、建立了基于胜任力的高校工科教师绩效评价指标体系，设计了高校工科教师绩效评价定位矩阵，对高校工科教师提升胜任力和绩效具有指导和借鉴意义。

在本书的创作过程中，多位专家给予了悉心的指导，在此特别感谢张安富教授、李志峰教授、贾勇宏副教授等给予的无私帮助；感谢李思呈博士、靳敏博士、周天松博士、李仕虎博士、郑忠霞博士、夏伟博士、黄文聪博士等对本书的支持与帮助。

由于作者水平的局限，书中难免存在疏漏之处，敬请广大读者批评指正。

作　者

2020年7月

目 录

第1章 绪论

1.1 高校工科教师绩效评价概述

工程技术是实现国家未来可持续发展、保持国际竞争中强国地位的根本动力。《教育部关于实施卓越工程师教育培养计划的若干意见》（教高〔2011〕1号）中重点强调："'卓越工程师教育培养计划'是……贯彻落实《国家中长期教育改革和发展规划纲要（2010—2020年）》实施的高等教育重大计划。"其中也提出应着重"建设高水平工程教育师资队伍"。近年来，随着政策的支持与高校的关注，工程教育逐渐形成多层次、多类型的人才培养体系，人才需求的增大也对高校工科教师胜任力及绩效提出了更高的要求。然而，目前我国高校工科教师胜任力研究的缺失以及绩效评价体系的不完善等问题，严重制约了"卓越工程师教育培养计划"的顺利实施以及高等工程教育的健康发展。如何辨识影响高校工科教师绩效的胜任力要素，构建高校工科教师胜任力模型，并基于胜任力建立高校工科教师绩效评价体系，已成为目前我国高等工程教育领域亟待解决的问题之一。

1. 高校工科教师胜任力是实现"卓越工程师教育培养计划"的基本保障

提升国家的科技进步和创新能力，需要大批能够胜任高素质工程创新型人才培养的工科教师。正如美国著名的工程教育报告（Grinter Report）所指出的："师资的素质和能力是任何教育计划成功的最重要因素。"我国现行工程人才培养存在的主要问题包括两方面。一方面，高校难以为学生提供能够满足企业岗位胜任要求的优质工程教育。工程类学生在实践能力、创新能力以及与国际接轨方面存在较大差距，学生毕业后难以适应人才市场竞争的环境，无法充分满足新型工业化进程的需求。另一方面，近年来我国高等院校发展的趋同性，使得工程教育未得到充分重视，由此出现高等教育人才培养体系中工科人才不足和卓越工程技术人才缺失。在这种严峻的工程教育局面下，为保障卓越工程师的培养，“高校工科教师胜任力”成为高等工程教育领域关注的重要问题之一。

2. 胜任力研究是高校工科教师绩效评价的重要前提

胜任力的内涵体现了绩效的特征，二者密不可分，胜任力是绩效的前提，绩效是胜任力的载体。目前，我国工科教师教育和教师专业化进程还存在诸多的问题：高校扩招使得师生资源出现供需不平衡的状况，工科教师整体呈现总量不足与结构性短缺的现状。大量非师范类工科高校毕业生在缺乏工程实践和教师教育的情况下，直接从高校到高校实现“无缝”对接，即在没有积累任何工程工作经验和接受教师专业训练的情况下直接留校当教师。由于缺乏对工科教师胜任力的鉴定和系统研究，高校在工科教师招聘、选拔、培养、考核和职业规划中还存在较大的盲目性并处在艰难的探索之中。从胜任力的角度研究高校教师绩效，依据高校工科教师胜任力要素，提取绩效评价关键指标，进而设计基于胜任力的绩效评价体系，这对于全面描绘高绩效工科教师的特征、提高学校工科教师素质等都具有重要意义。因此，工科教师胜任力是绩效评价的前提和基础，只有教师的胜任力提升，才能促进高校教师绩效水平的提升。

3. 基于胜任力的绩效评价是高校工科教师绩效管理的必然趋势

教师劳动具有连续性、复杂性、创造性及个体自主性的特点，因此，必须综合考虑教师劳动的特征，制定科学化的评价制度，将绩效的作用发挥出来。利用胜任力构建的绩效考核制度，应充分考虑工科类院校教师的特点，满足考评的需求。具体的评价指标包括知识、技能等显性胜任力，也涉及价值观念、自我形象、工作态度以及工作动机等内隐胜任力，然后通过研究最终评价的结果，准确找到导致教师绩效差距的因素。通过研究基于胜任力的高校工科教师绩效评价，准确发现真正影响绩效低下的因素，评价人员也可以由此找到教师绩效低下行为表现的依据，确保整个评价工作顺利展开，提高绩效考核的效率和效果。基于胜任力的绩效评价还有利于确保高校工科教师实现“完成任务”和“怎样去完成”之间的平衡，实现“激励性”与“发展性”的协调发展，鼓励工科教师不断提升自己的专业能力与教学水平，而不是只关注组织要求，忽视教师个人发展。

由此，有必要结合高校工科教师的胜任力要素特征，综合分析并找出影响高校工科教师关键绩效的胜任力因素，建立高校工科教师胜任力模型，并依此设计切实可行的基于胜任力的高校工科教师绩效评价体系。

1.2 高校工科教师绩效评价意义

为贯彻落实《国家中长期教育改革和发展规划纲要（2010—2020年）》，“卓越工程师教育培养计划”应运而生，旨在深化发展我国的高等工程教育事业。高校工科教师的胜任力及绩效对于“卓越工程师教育培养计划”的顺利实施以及高等工程教育的发展起着至关重要的作用。在实现国家创新发展和“卓越工程师教育培养计划”的背景下，本书研究高校工科教师胜任力，并基于胜任力构建高校工科教师绩效评价指标体系和评价模型。对于基于胜任力的高校工科教师绩效评价进行研究既是高等工程教育亟待解决的现实课题，又有着极其重要的理论与实践意义。

1. 理论意义

高校工科教师是高校师资队伍的重要分支，是知识创新和技术创新的主体，工科教师所特有的胜任力直接决定着工程人才培养的质量，并发挥着积极的示范效应，对学生、高校、国家的生存和发展具有重大的影响。基于胜任力的绩效评价体系设置及具体实施情况一方面可以衡量高校工科教师绩效水平、判定高校考核科学性；另一方面还可以提供相应的改进和调整意见，促进高校工程教育的完善和发展。目前，我国高校工科教师的胜任力参差不齐，发展过程中还存在着许多制约因素：高校工科教师的招聘和选拔依据并不科学；绩效考核方式过于简单，并不全面；工科教师的胜任力没有得到重视和培养，这些在很大程度上制约了工科教师整体素质的提高，进而成为“卓越工程师教育培养计划”有效实施的制约因素。

因此，从人力资源管理“胜任力”的视角研究我国高校工科教师绩效评价体系，依据胜任力标准选拔和评价工科教师，对于深化对高校工科教师胜任力的内涵、特征、养成规律的认识，完善高校工科教师胜任力和绩效评价的理论以及适应新形势下“卓越工程师教育培养计划”等都具有重要意义。

2. 实践意义

工科教师胜任力模型及绩效评价工具，对于高校和教师具有非常重要的意义。对于教师来讲，有助于其养成科学合理的择业观，进而制定符合自己的职业发展规划，促使其不断地学习、成长，成为优秀的教师。对于高校来讲，能够准确评估教师的综合素质，实施绩效管理，也能够作为招聘、提高福利待遇、晋升等依据。通过本书的研究成果，能够了解和评价其工科教师的胜任力差异和工作效率，设计资格标准、培训项目和绩效考核等，帮助工科教师改善工作绩效。

此外，本书的成果对基于胜任力的高校工科教师绩效评价指标选取以及评价体系设计提供了实证研究数据，有助于为其他高校提供借鉴和思路。

1.3 国内外相关研究现状

1.3.1 教师胜任力的要素特征研究

国内外关于教师胜任力内涵的研究主要针对胜任力构成要素展开，大部分观点认为：教师胜任力要素主要包括教师的个人特质、知识、教学能力和科研能力等，还有部分学者针对调查的不同特殊群体界定教师胜任力的内涵。

1. 国外研究

Marshall 等研究教师胜任力时，认为高校教师的教学内容和质量直接关系到学生的学习质量，是高校教师胜任力的重要指标之一[1]。Mapolelo 和 Akinsola 则以高校数学教师为研究对象，认为数学教师胜任力内涵应包括五个部分，即主题知识在教学和学习中的作用、数学教学和学习的信念、信仰与其在实践中的表现是否一致、教师教育及其对教学实践的影响以及教师未来研究方向[2]。Isayeva 在研究高校教师胜任力时认为，教师不仅应具备应有的教学能力和科研能力，还应具备文化能力，具体由文化知识、敏感性、意识、技能和策略构成[3]。Surachim 在研究教师胜任力内涵时认为，教师胜任力由教学能力、个人能力、社交能力和专业能力构成[4]。Koehler 等通过对学生群体进行调查研究，得出学生对教师胜任力的内涵界定具体分为三个部分，即综合教学能力、交际能力及教师的个人技能，其中前两个要素是直观表现在学生面前的，而后一个要素并不是学生可以衡量和评判的[5]。Malechwanzi 等则认为教师胜任力不仅包括其教学与科研能力，还需要体现在为学生提供的服务质量等，因此，教师胜任力应由教学、研究、附加服务和建议四个要素构成[6]。Kabilan 提出教师专业自我概念，主要包括自我意向、自我尊重、工作动机、工作满意度、工作理解和职业发展期望[7]。Danielson 和 Charlotte 设计和构建的高校教师胜任特征模型分为计划与准备、环境监控、教学和专业责任感四个维度[8]。Kabakci 和 Çoklar 将教师胜任力的内涵概括为教学行为、道德表现及科研效率三个要素，并通过回归模型验证了该假设[9]。Goh 以马来西亚高校教师为研究对象，认为教师胜任力应包括五个定性的要素：课堂和行为管理、教学主题是否鲜明、与学生互动、服务社会能力及是否拥有专业的价值观[10]。Oskolkova 等研究教师胜任力时，提出教师胜任力由通用能力和专业能力组成，其中通用能力具体指的是教师的一般科学研究能力和一般文化能力、辅助学生能力、职业技术能力；专业能力包括人际交往能力和教学水平[11]。

Cardy 和 Selvarajan 认为，组织整体胜任力的提升取决于其中每个员工的胜任力，识别员工的胜任力有助于组织在不断变化的市场环境中获得核心竞争力[12]，他们在传统组织静态环境框架的基础之上，确定了多种员工胜任力框架，其中包括两个动态环境中的交互框架，如表 1-1 和表 1-2[13]所示。员工胜任力模型有助于个体层面员工胜任力的识别，且员工有可能获得这些已经被识别出的胜任力，从而进一步提升组织整体胜任力。

表 1-1 胜任力属性及组织环境

项目	基于工作	基于未来	基于个体	基于价值
胜任力属性	静态，强调做什么	工作变化性，被动型	广泛的，紧急的	强调如何做事的流程
组织环境	固定的，静态的；层级分明	未来方向明确且固定	创新导向，动态；授权的	非常强调流程

表 1-2 胜任力实施的功能类型和层级分类

层级	基于工作	基于未来	基于个体	基于价值
个体	个体技能评估	指导与适应	一般性要求	流程要求和适应
团队	团队要求	团队计划和被要求的技能提升	角色发展	团队流程的效率

2. 国内研究

在研究教师胜任力要素结构领域中，国内研究者也做出重大贡献。陈岩松以高校辅导员为高校教师群体中的特殊一类为例，利用辅导员胜任力模型可以将绩效不同的辅导员进行区分，在该模型中，区分包含了辅导员的能力、自我意象、动机、知识及人格等多个要素[14]。陈斌和刘轩通过动机、自我概念、特质、价值观、知识、态度、可识别的行为技能和个人特质等将高校教师高绩效者与一般绩效者区分开来[15]。林光彬等则以教师的性别、国籍、学历、薪水、支撑等作为客观因素，将教师的敬业态度、专业熟知度和经验等作为主观因素，以客观因素和主观因素作为教师胜任力的核心内涵，客观地反映教师胜任力[16]。李晔等认为教师胜任力包括教师的成功教学并促进学生良好发展的所有潜在特征，优秀教师在动力系统、知识技能与人格特征方面都较为优秀，从而区别于一般教师[17]。陆慧提出高校教师胜任力评价应包括教学技巧、人格特征、科研态度、职业价值、教学态度等教学胜任力，以及包括研究能力、努力程度、专业知识、教学技巧在内的科研胜任力[18]。刘宇认为教师胜任力包括四个关键要素，分别为知识要素、能力要素、品质要素及创新意识要素。其中，知识要素是基础要素，能力要素包括教学能力、科研能力、沟通能力和信息处理能力，品质要素是重要保障，创新意识要素是核心[19]。何齐宗和熊思鹏认为高校教师的教学胜任力包括能力、动机、价值、知识和个人特质等各个方面，具有较高教学胜任力的教师能够卓有成效地完成各类教学目标[20]。黄翔以温州市高校为例，研究大学英语教师胜任力现状时认为，教师胜任力应包括工作热情、人际沟通、知识技能以及行业实践四个要素[21]。一些学者认为教师胜任力指的就是教师的教育教学质量，徐薇薇等即是这一类研究者，通过一定的评价指标体系对教师胜任力进行了衡量和判定[22]。朱雪波等认为，国内高校对教师胜任力的评价流于形式且片面粗放，导致评价效率低，为此，需要对教师胜任力进行全面、客观的评价[23]。国内许多高校在对教师进行岗位评价以及胜任力衡量时也会借助量化标准认定及相关体系，唐武生等研究发现高校通过科研业绩评价对教师胜任力进行判定，高校科研成果形式具有多样化的特点，主要包括学术论文、学术著作、科研项目、鉴定成果、知识产权、获奖成果、成果转化等[24]。

国内学者对胜任力进行分类时按照不同的依据进行划分，分别以构成要素、工作情景、任务、组织和行业具体性五个维度的不同结合以及胜任力的归属者等依据将胜任力分为不同种类，主要类型及划分依据如表 1-3 所示。

其中，按胜任力构成要素进行划分时，国内学者也进行了补充和完善。陈万思和赵曙明在基准性胜任力和鉴别性胜任力以外的基础上，提出了难以在短时间内得到提升的发展性胜任力，该种胜任力有效地区分了特定职位的高绩效者与更高层次职位的高绩效者[25]。

表 1-3 胜任力的主要类型及划分依据

分类依据	类型	定义
按胜任力构成要素划分	基准性胜任力	短时间内可以通过培训、教育来获得或得到提升，是任职所需的基本能力
	鉴别性胜任力	包含个体动机、社会角色、个人特质和个体价值观等多个方面的因素，在短时间内难以提升，是高绩效者成功应具备的条件
按个体的工作情景划分	工作胜任力	个体工作绩效在很大程度上受到工作胜任力的影响，可以用来预测个体工作绩效
	岗位胜任力	能够胜任某一岗位，从事某一活动，完成某一任务所需的具体知识和技能
	职务胜任力	基于某一行业的岗位所应具备的素质能力

续表

分类依据	类型	定义
按任务、组织和行业具体性三个维度的不同结合划分	元胜任力	与职位没有直接关系，完全基于个体的管理技能和人际技能
	行业通用胜任力	个体具备的基本行业的相关知识与技能
	组织内胜任力	以组织文化、沟通渠道等为代表的组织整体行为能力与知识
	标准技术胜任力	在不同行业中通用的职业技能
	行业技术胜任力	行业内所需的专业技能
按胜任力的归属者划分	个体胜任力	组织中个体对工作和社会的适应能力
	组织胜任力	将组织视为整体，看待其对工作和社会的适应能力，从而帮助组织确定其竞争性优势

1.3.2 教师胜任力模型的评价研究

1. 关于教师胜任力模型的研究

教师评价是指运用一定标准与方法，对教师的教学过程以及教学结果所产生的价值进行判断，从而帮助教师个人获得更好的职业发展，并促进学校的发展[26]。

（1）国外研究

Milanowski 采用问卷调查方式，利用 AMOS 统计软件进行结构方程建模（SEM）以及数据分析后得出结论，认为教师职业素质模型是一个多方面评价系统，其中“职业调整和控制”能力维度是教师事业成功最具影响力的能力[27]。Papay 在研究中也提出需要通过一定的评估方案和体系对教师的职业素养及岗位胜任力进行评价，一方面基于标准对教师技能和能力进行评价，另一方面采取增值措施开发教师潜能[28]。Bryk 等研究高校教师胜任力时建立了教师胜任力评价模型，通过教师专业技能、教学质量及科研成果三个维度进行评价[29]。Yu 等建立三个评价系统对教师胜任力进行评价和衡量，包括课堂实践综合表现、技能评价和考核系统、日常巡查系统[30]。Hatlevik 和 Christophersen 编制了教师特征测试，对教师的创造力、活力、组织能力和热心等特征进行评估[31]。Janiunaite 等采取中小学教师评价量表，对教师的计划能力、教学技巧、工作态度和个性特点等方面进行测评，并构建教师胜任力模型[32]。部分国外教师胜任力模型如表 1-4 所示。

表 1-4 部分国外教师胜任力模型

提出人及提出时间	模型内容
Danielson[33]于 1996 年提出	主要分为四个维度：计划与准备、教师环境监控、教学、专业责任感
Mount于 1998 年提出	教师胜任力要素，即人际关系、服务和技术的技能

续表

提出人及提出时间	模型内容
Bisschoff和Grobler于 1998 年提出	提出包含教育胜任力和协作胜任力的两因子模型
Hay于 2000 年提出	提出了高校教师专业化、领导、思维、计划/设定期望、与他人的关系共五种胜任特征群，其中专业化是指教师应对挑战与支持、创造信任感、信心以及尊敬他人等要素；领导是指高校教师的教学灵活性、管理学生的能力、拥有负责任的朋友以及学习热情等要素；思维是指高校教师的分析性与概念性；计划/设定期望是指教师向上动力、主动性与信息搜寻能力；与他人的关系是指高校教师的影响力、团队精神以及理解他人的能力
Sternberg等于 2002 年提出	提出教师胜任力四要素包括专家水平的知识、高效、创造性和洞察力
van Dam等[34]于 2010 年提出	提出教师应具备的六个能力：创业知识、职业适应能力、职业自我效能感、创造性思维、社交能力、团队合作技能
Srinivasan等[35]于 2011 年提出	内容和知识；人际关系和沟通技巧；专业性和角色建模；基于实践反思能力；实践效果
Rodolfa等[36]于 2013 年提出	针对心理学教师，将模型分为五要素：科学知识、决策/批判性推理能力、人际关系和文化能力、专业/伦理水平和评估、干预/监督/咨询能力

（2）国内研究

刘钦瑶等将教师胜任力模型主要分为知识胜任力、教学胜任力（高校教师的教学方法和表现技巧、对学生的指导和建议技巧、课程设计与教学内容的准备、组织胜任力等）以及科学胜任力（教师终身学习与反思的能力）三个维度[37]。丁敬达和邱均平通过调查发现许多高校通过“产出”对高校教师胜任力进行评价，具体从专利、收录论文数、论文质量、获奖情况几个维度进行综合考查[38]。罗小兰和林崇德则认为领导的态度、学校科研奖励政策等是影响教师胜任力表现的重要因素[39]。高永惠等认为高校教师胜任力品质关键因子应体现如下特征：工作心态品质、学习成长能力品质、教学管理能力品质和教师的教学（或课堂）管理能力等[40]。张炜通过四个关键指标因素评价教师胜任力，具体包括专业理念、专业道德、专业知识、专业技能[41]。周光礼和马海泉提出教师胜任力特征模型由学术能力、教学能力和教学态度三个特征因子构成[26]。兰利琼和张红伟否认了国内高校对于教师学术能力过高的重视，认为教师胜任力应是科研能力与教学质量、人际关系等要素的综合评价体系[42]。周文叶和周淑琪认为评价教师胜任力实际上就是对其职业素养的考查，包括专业知识、专业技能/实践和专业品质等内容[43]。郑洁认为胜任力是教师为成功实现专业发展目标所需要具备的一种专业知识、技能、价值观，以及人格特征的综合 [44]。李悦辉研究并构建教师胜任力模型，认为高校教师职业素质需要对教师个人的道德、文化、能力、心理和健康身体进行分别的评价和计算[45]。汤舒俊提出高校教师胜任力是一个包括人格魅力、学生导向、教学水平和科研能力的四维结构模型[46]。李更生提出教师胜任力模型应包括三个维度，即教学能力、科研能力及管理能力[47]。何阅雄等从教学工作、科学研究和社会服务三个维度对高校教师胜任力进行量化和质化两方面综合考查[48]。朱新卓等认为衡量教师胜任力，对其岗位进行评价的重要因素是教学质量[49]。江帆等建立教师 CDIO 胜任力模型，将教师的评价指标分为 10 个部分，包含学习能力、专业综合能力（含实践能力）、思想道德素质等[50]。谢勇在研究高校英语教师胜任力时，从专业知识、教学技能、开拓创新能力和个人特质四个方面构建胜任力模型[51]。李晔等发现能对学生产生长久积极影响的教师具有主动性、人际了解、冲击与影响、关系建立、学生服务导向、培养他人等 14 项胜任特征[52]。

2. 关于教师胜任力模型评价方法的研究

（1）国外研究

行为事件访谈法（BEI）由 McClelland[53]于 1973 年首次提出，Boyatzis、Spencer 及 Schroeder 等在 McClelland 的基础上对该方法进行了更为丰富的发展与改进。行为事件访谈法是最经典也是目前构建胜任特征模型过程中被采用最多的方法之一，因其在实践中得到广泛和有效的运用。Boyatzis 的研究结果表明，用最高分数和频次对受过训练的不同编码者进行编码，其一致性在 74%～80%[54]。Motowidlo 等的研究结果表明，采用行为事件访谈法对同一组人员进行两次行为事件访谈，其所得的胜任特征评价较为相似[55]。McClelland 对跨国公司高层管理者胜任特征进行研究时采用了此方法[56]。对于胜任力模型评价的方法，在国外学者的研究中有多种体现，除了行为事件访谈法，运用较为广泛的还有问卷调查法、职位分析法和情景判断测验法等，本文将国外主要胜任力评价方法列举出来，如表 1-5 所示。

表 1-5 国外主要胜任力评价方法

评价方法	提出人及提出时间	主要原理及特点
行为事件访谈法（BEI）	McClelland于 1973 年提出	行为事件访谈法是一种开放式探察技术，在对时间进行回顾的过程中被访谈者需要列出关键事例，其中包括让其觉得成功或者挫败的事件，对于每个事件的起因、经过、结果、关键人物、影响层面等各个方面的因素都要予以说明
层次分析法	Saaty于 1976 年提出	一种灵活、简便的数学方法，利用该方法可以将问题从定性向定量进行转化，并对问题进行系统化与层次化的处理。评价指标体系包括综合评价层、一级评价指标层、二级指标层及待评价的对象
情景判断测验法	Motowidlo等于 1990 年提出	具有低度仿真性、情景多样性和工作关联性三个方面的特征
口语报告与汇编栅格法	时勘、徐联仓等于 1992 年提出	为探索从事诊断生产活动的专家的工作经验所采用的一种方法。在了解个体认知的前提下，对个体认知进行适当调整，从而改变个体认知行为或预测其认知行为

续表

评价方法	提出人及提出时间	主要原理及特点
职位分析法	Spencer于 1993 年提出	在拥有较为成熟、稳定、鲜明的核心价值观与组织文化的企业中，运用该方法确定胜任特征更容易识别和塑造与所在组织文化相匹配的员工

（2）国内研究

国内学者运用胜任力模型评价方法对高校教师胜任力模型进行探索和分析，取得了丰硕的成果，其中大部分是高校教师通用性胜任力模型，同时也有根据学校性质的不同开展的高校教师胜任力模型的设计，如针对研究型大学、民办高校、高职院校等构建的模型。国内胜任力模型评价方法如表 1-6 所示。

表 1-6　国内胜任力模型评价方法

研究者	研究年份	主要评价方法	模型构成要素
王昱等[57]	2006	行为事件访谈、问卷调查法	创新能力、对信息获取和处理的能力、事业型、思维能力和成就导向等
姚蓉[58]	2008	问卷调查法、统计法	对学生关怀和指导的效果、工作态度、教学工作、专业素养和技能等
林立杰[59]	2010	文献法、访谈法、问卷调查法	个性要素、必备知识、工作技能和综合能力
牛端等[60]	2012	工作分析法	对社会服务所创造的价值、道德水平、教学方法、野心和事业心等
黄艳[61]	2013	层次分析法、访谈法、问卷调查法、德尔菲法	社会服务胜任力、教育教学胜任力、科学研究胜任力、师德修养胜任力及素质发展胜任力
严尧[62]	2013	行为事件访谈法、问卷调查法	知识、教学技能、职业态度和动机

谢晔和周军通过问卷调查法和行为事件访谈法构建了民办高校任课教师胜任力模型，以该模型的具体指标为基础，对民办高校任课教师进行综合评价，建立教师胜任力模型，具体分为五个要素，分别为知识素质、能力素质、服务素质、人格特质和情感特征[63]。王淑芝等采用层次分析法提出大学教师的素质包括政治思想、工作能力和个人修养[64]。方向阳采用问卷调查法和行为事件访谈法，以高职院校专业教师为研究对象，最后得出教师胜任力模型包括六个维度和 28 个指标，维度具体为自我管理、科技素养、教学能力、工作态度、实践能力和职业素养[65]。王强在研究教师胜任力时，采用行为事件访谈法将教师群体作为整体进行小样本书，从而构建基本的“冰山模型”；在行为事件访谈法的基础上采

用问卷调查法，对亚群体进行大样本书，并透过差异性结构建立较为具体的胜任力模型[66]。许安国等通过问卷调查法和行为事件访谈法构建了研究型大学教师胜任力模型，包括基本素质、专业知识、教学能力和科研能力共四个维度，以及具体的 18 个指标[67]。陈红敏等运用问卷调查法和行为事件访谈法建立了含有八个指标的高校优秀青年教师胜任力模型，指标具体包括教学技能、调控能力、工作态度、专业知识、师生沟通、职业素质、育人能力和成就动机[68]。周榕以行为事件访谈法为核心方法，以胜任力编码词典为框架，构建了高校教师的远程教学胜任力模型主体架构，其中包括 11 项通用胜任力及 5 项岗位序列胜任力[69]。祁艳朝和于飞运用问卷调查法和行为事件访谈法构建了包括个人魅力、科研能力、教学水平及人际沟通四个维度在内的高校教师胜任力模型[70]。徐建平和张厚粲通过行为事件访谈法提出了包括自信心、责任感、进取心、情绪觉察、理解他人、自我控制、概念性思考、挑战和支持、专业知识和技能、自我评估和效率感等因素在内的中小学优秀教师胜任力特征，以及包括组织管理、创造性、宽容性、职业偏好、团队协作、沟通技能、诚实正直、尊敬他人、分析性思维、反思能力和情绪稳定等因素在内的通用胜任力特征[71]。汤舒俊等在采用行为事件访谈法确定了高校教师胜任力各项特征的基础上，设计了高校教师胜任力调查问卷，对 430 名高校教师进行了问卷调查，探索性因子分析的结构将高校教师胜任力划分为人格魅力、教学水平、学生导向和科研能力四个因子，该模型的良好拟合性也在验证性因子分析中得到证明[72]。白学磊通过问卷调查法和行为事件访谈法，借助因子分析方法，对三所高职院校专任教师的工作素质和能力要求进行研究，构建了高等职业院校专任教师胜任特征模型，为高职院校科学的培训和评价专任教师提供了指导[73]。

1.3.3 基于胜任力的教师绩效评价研究

1. 国外研究

在教师绩效评价体系建设的历史进程中，欧美国家一直走在前沿，不仅研究起步早，还将绩效考核的方法最早运用在高校教师绩效评价中。由于历史、文化、政治等因素的影响，国外高校教师绩效评价体系产生较大区别，国外教师绩效评价体系特征分析[74]如表 1-7 所示。

基于表 1-7，对于国外一些国家高效绩效评价体系设置的特点，可以发现不同国家在制定教师绩效评价指标以及体系时采取的方式各不相同，所体现的特征也相差甚远。美国、加拿大等欧美国家在评价教师绩效表现时不仅考虑到教学水平和科研成果两方面，还注重社会服务的表现；韩国的教师绩效评价体系设计在一定程度上参考了欧美国家，但是指标模糊；日本和新加坡等国家教师绩效评价体系则使用自己的一套标准，教师绩效考评的最终结果与晋升直接挂钩，部分国家教师聘任使用终身制。

表 1-7　国外教师绩效评价体系

国家	特点
美国	包括科学、透明、合理的选拔机制，教师分类分级的激励机制、教授终身聘用的机制以及全方位多层面的教师评鉴机制。在教师绩效评价体系中，教学和研究各占 40%，社会服务占 20%
加拿大	设立三级委员会加强对教师终身任职资格考核，旨在培养教师职业技能以及提升学校的整体教学能力；将兼职作为教师个人能力的评价指标，并允许教师在企业兼职，旨在提高其实践能力与知识运用能力
新西兰	从专业知识、教学技术、学生动机、课堂管理、师生互动、同事支持与合作情况以及对学校活动的参与情况等维度考评教师的绩效表现。将未达到以下指标的教师记为“警告信号”，例如，利用现有的资源不能有效促进教学目标的达成；没有及时更新评价记录；使学生获得错误的认知；等等
澳大利亚	主要从内容、证据和表现三个方面衡量教师专业标准的水平。其中，内容标准包括如何定义好的教学领域、如何衡量老师的教学水平、定义教学工作的范畴、教师的知识范围以及该做的事，主要用于描述“什么样的教学是好的教学”的问题；证据标准主要是回答包括教师预期应该完成什么任务、探索优秀的教学模式、衡量教学水平、运用何种规则收集实践证据等“获得什么证据”的问题；表现标准则回答什么样的教学水平能够达到教学目的、如何区分优秀与一般的教学表现、如何能够达到最优的教学水平、如何为教师打分等“怎么判断教师表现”的问题
英国	致力于教师教学生涯的发展；主要采用面谈的方式对教师个人能力及胜任力进行评估，例如伯明翰大学会根据评价结果对被评价的教师予以配套的指导。在构建绩效考评体系时主要涉及八个主要指标： 1. 教学计划与目标清晰； 2. 具备良好的学科知识和理解； 3. 科学有效的教学方式； 4. 高效率组织学生的能力； 5. 对学生学业的评价全面有效； 6. 教学能有效提升学生的学习成果； 7. 能够有效利用时间和资源改善教学质量； 8. 能够巧妙地运用家庭作业等手段来强化和巩固学生的学习成果
日本	绩效评价体系包括业绩、能力和工作态度，科研在评价中占比较大的比重，从教育活动、科研活动、校内管理活动和社会活动四个方面采用定性和定量两种评价方式进行考评；公开引入教师个人评估制度并从多个层面对教师工作进行评价；将教学评估结果应用于教师的聘任与晋升
韩国	大学教师采用聘用终身制；从教学质量、科研成果和社会服务三方面对教师进行评价，但没有具体评价指标和评价要求；各大学之间采用各自的教学评价标准，并不做统一要求
新加坡	十分关注教师的教学水平，对于教师的实践能力虽然有一些要求，但相对关注较少；教学评价结果关系到教师的聘任与晋升

随着教育对于国家影响程度的提升，国外学者对高校教师绩效评价体系的不

断改进和深化正在如火如荼地进行着。Flores 对高校教师绩效评价方法进行研究，认为教师绩效考核评价体系应包括以下几个部分：教师生涯主要影响力、工作绩效表现、主要问题、发明和创新、科研成果及人际关系[75]。Tuytens 和 Devos 提出教师的人格特质、个人绩效表现、学生评价、同事评价、上级评价以及社会服务影响等因素是评价教师绩效完成度的重要指标[76]。Taylor 和 Tyler 通过评价教师教学质量、科研绩效以及创新发展能力三个部分，并设置多个细化的指标，对教师综合绩效表现进行评价[77]。Tuytens 和 Devos 引入领导魅力和学生反应作为中介变量，并从教学、科研两个层面进行教师绩效考核指标的设计，并对绩效评价体系进行构建[78]。Peretz 和 Fried 在设计教师绩效评价体系时通过两个层面，即日常工作绩效表现以及科研能力，其中日常工作绩效表现又包括到课率、课堂教学质量等，科研能力包括论文引用量、社会影响度等[79]。Maharaj 通过设计调查问卷，确认教师绩效评价的几个层面，包括准备和培训完成度、课堂观察、评估工作绩效、对教学实践的影响力以及改进程度[80]。Bednall 等认为教师绩效表现不仅表现在个人层面，还表现在与其他同事互动方面，需要从日常活动、人际关系以及创新行为三个维度构建指标体系[81]。Ellis 认为工作绩效、教育质量、影响力、社会服务是构建高校教师绩效评价体系的四个要素，针对这四个要素又可划分具体指标[82]。

2. 国内研究

国内学者在研究高校教师绩效评价体系时，主要产生了两种理论模型，分别是借鉴和学习欧美而建立的三维度绩效评价模型，包括任务绩效、关系绩效和适应性绩效；根据高校职能体系构建的高校职能的绩效评价模型，包括教学、科研和社会服务等方面。

李元元等基于教师绩效的特性和发展性评价的理论基础，从教学、科研、服务和师德四个方面出发，设计了一套综合的高校教师绩效评价指标体系，并从教师教学质量和科研能力两个层面设计绩效考核体系，对教师岗位胜任力进行衡量和评价[83]。刘仁义和陈士俊认为教师绩效围绕科研，可分为科研绩效和非科研绩效两个部分，其中，科研绩效又包括基础研究、应用研究和试验发展；而非科研绩效包括成果应用和社会服务两个方面[84]。周治金等在研究高校教师绩效评价体系时，提出评价教师工作绩效需要从多个角度出发，整体、综合地进行衡量，具体包括人际促进、教学工作和奉献精神三个层面[85]。丁志同研究高校教师胜任力时则认为其包括素质、创新和学习绩效三个方面，又具体划分为八个指标[86]。王政贵等从教学量、教研业绩和科研成果三个维度构建高校教师绩效评价体系[87]。李中国研究教师绩效时，构建了高校教师的绩效考评体系，分别涵盖了知识、探究能力（提出问题、猜想结果、制定计划、实验操作、表达交流和观察世界等）和态度三个维度[88]。李薇和王雪原将高校教师绩效评价体系指标分为三个维度：人才培养、科学研究以及区域经济发展贡献，共 26 个指标[89]。赵书松和廖建桥认为教师绩效考评应从教学、科研、社会服务三个方面出发，并且以质量和数量两个维度分别进行评价[90]。方阳春认为衡量教师绩效主要从两个大的层面展开，即任务绩效以及关系绩效，这两大板块又具体分为多个指标，包括科研完成量和教学质量等[91]。张洪英和陈红在选取高校教师绩效评价指标时，提取教学量完成情况、教学质量、科研项目完成情况、发表论文质量、学术报告、学生培养情况、学科建设贡献、部系活动参与情况、管理能力、教学改革以及交流合作共 11 个指标，并对这些指标进行分类和定级[92]。史万兵和杨慧运用 KPI（关键绩效指标）法从科研绩效、教学绩效等方面设计考核教师绩效的主要指标[93]。栾学东认为教师绩效评价应从四个层面进行，分别包括行为、成果、学习和反应。这四个层面又分别对应众多指标，以量化教师绩效指标，使绩效考评结果更加科学准确[94]。韩小林等针对不同类型的学科构建不同的指标体系，并对相应指标体系中不同的教师类型设定不同的指标权重，最终实现基于分类分型的高校。针对不同类型的教师群体构建了通用型的绩效考核模型，主要分为教学、科研、社会服务以及荣誉四个维度，不同类型教师在考核时这四个指标的权重的差异化是主要区别[95]。杨亚栩等在研究高校教师绩效考核制度时，将教师绩效考核体系分为三个维度：教学工作、科学研究和社会服务，在考核中所占比重分别是 40%、30%、30%。针对不同的维度又描述了二级指标和三级指标，对高校教师的绩效表现进行考核和评价[96]。

1.3.4 胜任力与绩效关系研究

胜任力是指包括知识、技能、自我概念、动机、特质、态度和社会角色等在内的一系列个人特征。近年来，国内外学者在胜任力领域做出了丰富的相关因素与工作绩效的关系理论，以及大量的实证研究，相关研究成果为胜任力对工作绩效的预测提供了实证支撑。

1. 国外研究

胜任力与绩效之间具有密切联系，国外学者在这一领域也进行了探索和研究，并通过多个方面验证了二者之间的关系，进而产生了从胜任力不同特质出发，研究其与绩效关系的成果，具有代表性的如表 1-8 所示。

表 1-8 国外胜任力与绩效关系经典研究

胜任力特质	研究者及时间	主要内容
人格	Hollenbeck和Brief于 1988 年提出	对于能力较强的个体，其人格与绩效呈正相关；对于能力较弱的个体，其人格与绩效呈负相关
	Tett等分别于 1991 年、1997 年提出	用一系列元分析验证人格能够预测工作绩效
	Scotter等分别于 1996 年、2003 年提出	与任务绩效相比，大于五人对关系绩效的预测力更好
	Barrick于 2002 年提出	认为动机是人格与工作绩效间的中介变量
认知能力	Wright于 1995 年提出	在成就需要对工作绩效的影响中，认知能力具有中介效应
	Hunter和Schmidt于 1996 年提出	一般认知能力与绩效水平呈正相关，一般认知能力对工作绩效有直接的影响
	Ferris等于 2001 年提出	社交能力、身体素质等其他能力与工作绩效相关，其与一般认知能力共同影响工作绩效，并存在交互作用
工作态度	Seashore和Taber于 1975 年提出	工作满意会影响个人反应变量（工作绩效），即工作满意与工作绩效有显著的相关性
	Bernard和Ajay于 1991 年提出	员工的工作满意度正向影响工作绩效
	Mannheim等于 1997 年提出	工作满意度对工作绩效会产生影响
	Black和Gregersen于 1997 年提出	工作满意度与工作绩效之间的关系受到员工投入这一因素的影响，员工工作投入越多，则其工作绩效与工作满意度的相关性越强

Asree 等针对服务类型公司，例如酒店员工，调查马来西亚 88 个酒店，并通过结构方程模型进行数据分析和模型构建，发现员工的胜任力特征（领导能力、专业技术能力、组织文化等因素），会影响其与客户之间的关系，这也会导致员工之间的绩效差异以及收入区别[97]。Hon 通过对中国香港酒店服务部门员工进行调研，抽取 219 个样本，得出员工胜任力与绩效表现之间的关系，并验证二者之间具有紧密联系：员工的知识技能、态度、人格特质等胜任力要素对于员工的绩效表现具有较大影响[98]。Pérez-López 和 Alegre 的研究结果则否认了胜任力与绩效的关系，而是针对信息技术领域员工进行调查，发现员工能力与绩效的相关性较弱[99]。Maloney 等认为临床实习学生的胜任力与绩效具有相关性，学生在临床实习中的态度、技能以及所掌握的知识，都会影响学生是否取得成绩的优异，由此可见，胜任力与绩效紧密相连[100]。Fan 等研究发现能力培养与绩效提升的关系，并验证了能力教育正向影响绩效，能力教育可以提高学生的专业素质和技能水平，一定程度上增加就业机会，并使得绩效提高[101]。Lee 等则从胜任力特质与绩效的关系进行研究，探讨环境不确定性与绩效的关系，并针对以 156 家食品服务特许经营公司为研究对象，发现环境不确定性会影响企业的核心竞争力，间接影响公司的财务绩效及经营绩效[102]。

2. 国内研究

国内学者研究胜任力与绩效关系时，主要依据能力—绩效理论，并据此得出了能力与绩效紧密相关、胜任力是绩效的基础、胜任力是绩效实现的必要条件等一系列结论。能力较高的人被预期产生的绩效也较高，这种预期也能反过来促进高绩效人群能力的提升。

刘晓英认为胜任力具有绩效关联性、可预测员工未来的工作绩效、动态性以及区分优秀业绩者与普通业绩者等特征，因此胜任力概念与工作绩效之间存在着必然的联系[103]。谢刚等提出在中国城市商业银行，经营管理层管理技能胜任力对经营战略与财务绩效间的关系具有中介效应，经营管理层关系在管理胜任力对经营战略与非财务绩效间的关系具有完全的中介效应，经营管理层内在素质胜任力、关系管理胜任力在企业文化对非财务绩效影响的过程中具有中介效应[104]。徐峰论述了胜任力与绩效管理的关系，其认为胜任力的内涵体现了绩效特征，胜任力与工作绩效密切相关，通过将员工个体知识技能、努力程度、动机、合作与单位战略目标等资源进行整合，可以提炼出单位胜任力[105]。梅继霞提出基于胜任力的公务员绩效考评体系能够提高公务员绩效考评的有效性，也是公务员能力提升的长效动力机制[106]。周金元和刘兵针对特殊群体企业情报工作人员进行调查研究，并验证了企业情报人员胜任力与工作绩效有显著的正相关关系；整体回归分析表明，情报人员胜任力的三个维度对工作绩效均具有显著的正向预测作用[107]。尹碧昌发现田径教练员的胜任力与工作绩效间存在显著相关，能对田径教练员的绩优者和普通者做出区分[108]。张庆龙等研究审计人员胜任力与绩效关系时，根据不同员工的人格特征，将审计人员分为外倾型、内倾型、感觉型、直觉型和判断型，并研究这些不同人格员工的绩效区别[109]。张术丹提出项目经理是房地产企业的核心人才，其胜任力直接影响了项目的绩效与房地产企业的经营利润[110]。林杰等指出胜任力是指动机、自我形象、认知、态度或价值观、特质、某领域的知识和行为技能等能被测量的个体特征，这些特征能够影响个人的工作绩效，并在某一工作、组织、文化中对优秀个体和一般个体进行区分，高校管理人员胜任力与绩效之间存在高度相关性，从胜任力的内涵角度可以揭示个体特征与绩效之间的关系[111]。

1.3.5 国内外研究述评

综上所述，国内外对于有关教师胜任力要素结构、教师胜任力模型的评价、基于胜任力的教师绩效考评以及胜任力与绩效关系的研究得出了许多有意义的结论。胜任力的思想和观念在教育领域有着重要的应用价值。通过国内外相关文献的梳理，笔者发现研究尚存在不足，可进行如下扩充和丰富。

1. 对高校工科教师胜任力要素的研究有待完善

对于教师胜任力要素的研究，国内外学者主要集中在教师的知识要素、品质要素、能力要素等方面，其中能力要素主要探讨了高校教师的教学能力和科研能力。从现有文献看，鲜有对教师实践能力的探讨。但对于工科教师而言，工程实践能力是影响工科教师科研能力与教学质量的主要因素，已有的研究表明，具有一定工程实践能力的教师更能激发学生的学习兴趣，并受到学生喜爱。一切创新都来源于实践，科学研究是为了采用新型的方法和手段处理社会中存在的实际问题，实践能力是工科教师首先需要具备的能力，只有在工程实践中发现问题，工科教师才能利用理论知识分析问题、解决问题。对于工科教师而言，其胜任力要素不仅包括普通教师特质胜任力、教学胜任力和科研胜任力，还包括工程实践胜任力。因此，对于高校工科教师胜任力要素的探讨，还有待围绕工程实践胜任力进行进一步扩充。

2. 基于胜任力的高校教师绩效评价指标体系缺乏全面性

目前对高校教师绩效评价指标的研究，主要集中于定性的高校教师胜任力指标体系和定量的高校教师关键绩效指标体系，而鲜有将二者结合起来进行综合评价，这使得当前高校教师绩效评价指标体系存在单一性和片面性。因为对于高校教师而言，外在的关键绩效指标完成情况和内外的胜任力同等重要，前者是产出，后者是投入，两者相互影响。因此，在建立基于胜任力的高校绩效评价指标体系时，只有将“胜任力指标”与“关键绩效指标”二者有机融合，才能体现高校教师绩效评价的全面性和整体性。

3. 基于胜任力的高校教师绩效评价模型研究存在局限性

传统高校教师绩效评价模型主要集中于层次分析法、模糊综合评价法、主成分分析法等综合评价方法上，这就导致对于所建立的高校教师绩效评价指标体系，往往只能笼统地进行加权算术平均，无法根据不同维度的高校教师绩效评价值进行准确的定位。尤其是在基于胜任力的高校教师绩效评价中，既包含“胜任力指标”，又涉及“关键绩效指标”，如果将二者简单综合，往往得不到科学的评价结果，模型的研究仍存在一定的局限性，尚需要深入探讨。

4. 高校工科教师胜任力与绩效的影响关系有待探索

国内外许多学者都进行了有关胜任力与绩效的影响关系研究，多采用结构方程模型方法，研究主要集中于胜任力对工作绩效或经营绩效的影响，而并未按照高校教师的工作内容对其关键绩效进行明确的细分，尤其是对工科教师胜任力影响其关键绩效的研究较少，使得该方面的研究仍不够深入。

基于此，本书试图站在高校工科教师胜任力的视角，在高校工科教师绩效评价研究中突出“胜任力”与“关键绩效”两个方面绩效评价的“整体性”，以此作为立足点，在探索高校工科教师胜任力与关键绩效之间的影响关系的基础上，研究基于胜任力的高校工科教师绩效评价模式、评价指标体系、评价模型等核心问题，并通过高校工科教师问卷调查的相关数据进行实证分析，以检验评价体系的可行性和合理性，最后提出基于胜任力的高校工科教师绩效优化对策。

1.4 有待进一步研究的课题

本书对于高校工科教师胜任力的研究具有一定的理论和现实意义。本书基于胜任力理论构建高校教师评价体系，并得出相应的结论，但是教师胜任力内涵丰富，还须进一步探索和讨论。基于本书得到的结论，高校工科教师胜任力研究还可以进行多方面的探讨[112]。

1. 进一步扩大研究样本范围

本书研究所采用的调查问卷范围主要集中于湖北省以及周边省份高校，仅能代表这部分高校人员的观点，势必导致研究的局限性，在进行我国工科教师胜任力及绩效评价的研究中，应尽量在全国范围内的高校中进行样本选取，以保证研究结果的实用性。

2. 对工科教师进一步细分

本书对高校工科教师胜任力的研究主要是对工科教师的通用胜任力进行研究，没有对不同类型、不同岗位的工科教师的胜任力展开深入研究，也没有对组织、团队胜任力进行研究。未来的研究重点可以充分考虑不同级别、不同层次的工作教师的鉴别性胜任力，并以此为研究方向进行定性和定量研究。

3. 对关键绩效指标设计更注重质量

当前，对教师绩效评价指标的确定，目前更多的是强调量化的指标，缺少对教师绩效指标质量的评价，教师只追求量，却没有提高学术水平，降低了学术创新，这也是当前备受关注的现象。从绩效改革中可以预估，高校教师绩效评价会更加关注科研水平与质量，SCI、SSCI、AHCI 等论文数量的简单计量仍将是科研成果的重要评估标准，但是论文数量不再是主要评价标准，而是更加重视高影响因子的论文，包括发表期刊的影响因子和论文本身的影响因子。因此，对于高校工科教师关键绩效指标的量化标准还有待进一步深入探讨。

总而言之，教师胜任力是当前的热门课题，其研究领域众多。本书高校工科教师胜任力的研究虽然取得了一些成果，但是由于笔者学术修养水平有限，研究内容可能还有诸多不足之处，也还会继续基于此进行更深入的探究。

第2章

基于胜任力的高校工科教师绩效评价机理分析

国内外理论与实践表明，高校工科教师绩效评价是一项复杂的管理系统工程，它不仅是一个单纯的技术问题，还涉及经济和管理等多个方面的问题。为科学、全面、系统地进行高校工科教师绩效评价研究，主要从以下几个方面进行研究：首先，解析我国高校工科教师绩效评价现状，剖析我国高校工科教师绩效评价问题和特点；其次，在对美国、英国和加拿大三个世界公认教师绩效评价水平先进的国家进行高校教师绩效评价体系梳理的基础上，进行了高校工科教师胜任力理论和绩效评价理论分析；最后，探讨了基于胜任力的高校工科教师绩效评价的逻辑结构。基于胜任力的高校工科教师绩效评价机理分析逻辑框架如图2-1所示。

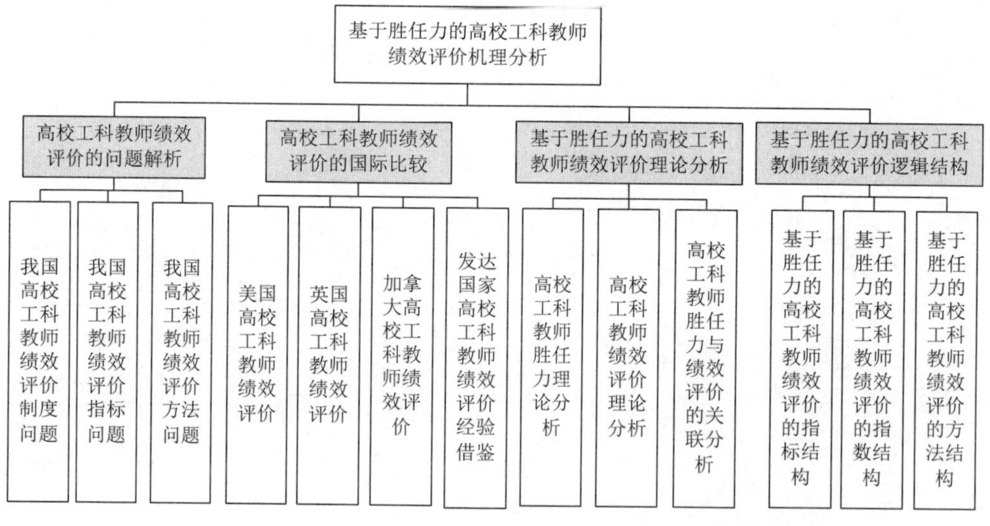

图2-1 基于胜任力的高校工科教师绩效评价机理分析逻辑框架

2.1 高校工科教师绩效评价的问题解析

目前，我国高校工科教师的绩效评价工作主要由各个大学根据学校定位、战略发展目标和岗位基本工作职责，并根据教育部《高等学校教师职业道德规范》（教人〔2011〕11 号）、《事业单位工作人员处分暂行规定》[人力资源和社会保障部、监察部（2018 年并入国家监察委员会）令第 18 号]和学校各类岗位工作职责、岗位聘用、师德师风及保密奖惩等文件规定自行制定实施办法，其目的是强化考核激励的约束作用和完善科学合理的教师评价机制以及岗位管理。高校工科教师绩效评价的问题可以从评价制度、评价指标和评价方法三个方面进行解析。

2.1.1 高校工科教师绩效评价制度问题

目前高校教师评价存在一些不足，部分评价忽略结果而只重视过程，评价结果无法得到有效利用，使得评价流于形式。此外，教师的自我提升与学校的发展密不可分，而较多评价尚未将二者高度结合[113]。

1. 部分绩效评价指标忽略教师自身的成长与发展

大多数高校教师评价不能体现教师的价值，所确定的高校发展目标较为宏观，较多考虑的是学校战略目标等较为宏观的因素，重视学校相关任务的完成质量，教师个人发展未引起大多数高校的重视，此现象大大降低高校的民主性，教师的权利被剥夺，使得教师无法在评价体系中占据主动。

2. 评价结果不够客观公正，且结果难以使人信服

绩效评价实质上是以评价者的自身价值为对象进行综合评价的过程[114]。结合现有所查阅的资料了解到，评价对象大多数集中在校级领导、相关职能部门管理人员、高校学生等。评价结果会受到多方面因素的影响，比如评价对象的受教育水平、社会实践等，此外评价者价值观的不同也会影响评价结果。与此同时，评价者缺乏对评价体系的全面了解，不明晰评价体系的总体方向和具体要求，使得评价结果失去调查意义。评价者会受到自身主观偏好的影响，做出不够全面的判断，导致评价结构难以使人信服。这样会直接导致教师为获得高分而顺应评价体系，在承担教育学生的责任时效果打折扣。

3. 评价结果利用率未达到预期目标

大部分评价忽略结果而只重视过程，评价结果无法得到有效利用，使得评价流于形式，无法对教师起到正向激励的作用。我国评分主要针对评价期限内教师所完成的工作，并由此判断教师是否可以晋升、评级等[115]。有学者将此类评价定义为结论性评价，注重评价结果而忽略评价过程，影响教师工作的积极性，难以使教师得到自我发展，无法充分发挥教师的才能，也不利于教学创新[116]。

4. 评价缺乏反馈制度

评价的目的之一是完善评价体系并使其可持续发展，而目前评价体系往往忽略评价结果的潜在价值，因此高校评价体系缺乏合理的评价反馈机制。参与评价的教师对评价体系的了解不够全面，不能结合评价结果明确自身发展方向，因此导致教师对评价体系的确立缺乏参与权与知情权，即使有需要表达的想法与意见也无法及时补充，教师在评价体系中过于被动，沟通与反馈机制仍须进一步完善。

2.1.2 高校工科教师绩效评价指标问题

1）评价指标应对评价对象的重点内容进行评价，指标要求必须反映教师的重要能力，而目前所制定的评价指标忽略了教师的实际情况。合理的评价指标会大大提高评价结果的适用性，也使结果更加令人信服，更加准确[117]。完善的评价指标体系应对教师的各方面进行综合考查，主要包括能力、工作态度、工作绩效等多个维度。但是结合我国国情，目前对于高校教师的评价集中于教师的教学成果等可观测性结果方面，教师教育学生所付出的辛劳则被忽视。此类具有一定价值意义的维度尚未被纳入评价体系，导致评价体系不够完善，使得教师的创新意识和参与度受到影响。

2）确定评价指标之前，对高校教师的调研缺乏深度和广度。高校的发展离不开教师的力量。有学者曾提出，在确定评价指标时应将高校发展目标与教师发展目标相统一，这也是教师评价指标确定的依据[118]。这样才会实现高校与教师发展的有机结合。但是目前评价指标的确立缺乏调研依据，制定评价体系时往往忽略教师的意见和建议，所制定出的评价指标不符合教师的自身发展，此举必会影响教师的接受度，从而不利于高校的发展。

3）评价指标虽全面但可操作性不强。确立指标时倘若把指标全部放入评价体系，会使体系过于繁杂，不够精简，在一定程度上消耗体系操作者的精力，不利于指标评价工作的开展。因此，评价体系执行者应考虑如何将指标制定得更加全面，同时使其具有较强的可操作性。

4）指标评价体系设置较为呆板。我国现有的高校教师评价所考虑的因素集中在教师的岗位职责，此外也会考虑教师品德、教学风格等重要的维度。然而，由于不同学科的评价指标差距较大，加之学科之间存在较大差异，如果采用统一的指标体系衡量高校所有教师，即不采取精细化的评价体系区分评价群体，就会出现差异较大或不公平的情形，也会使得评价效果受到影响。对于教师的评价，一方面须进行横向比较，另一方面也须考虑工科教师所处学科教学的特殊性[119]。有较多以往案例表明，教师的横向评价成绩与在评价期内的个人提升没有明显关系，高校应完善对教师的激励机制，也能够为其发展提供持续的动力支持。

2.1.3　高校工科教师绩效评价方法问题

（1）定性指标过多，定量指标进行评价时会产生偏差[120-123]

受客观条件限制，高校教师评价体系中所制定的评价指标大多为定性指标，采用定量指标进行评价目前尚具有一定难度。由此将导致评分者进行主观评分而缺乏量化的数据支撑。此外，也有高校采用量化指标对教师进行评分，但由于被评价者不能准确理解评分标准，且由于自身原因所提供的材料有误，加上参考的日常资料不够准确，往往导致最终的评价结果产生较大偏差。

（2）忽略教师潜在可持续发展，只注重目标的完成情况

结合我国国情，大部分高校对于目标的完成情况过于重视，比如科研产出、教学效果等方面，由此在对教师进行评价打分时，评价指标侧重检验目标的完成，而忽略教师的潜在能力，这大大限制了新入职的工科学科教师的自身发展。

（3）支撑手段过于传统，不够智能

目前大多数高校仍采用评分表的方式进行评分，这种方式容易造成统计数据缺乏准确性以及统计效率过于低下，也不利于后期资料的保存等核查工作。由于当今社会电子信息化逐步发展，高校教师评价体系应采用更加智能化的支撑手段，学校的发展离不开教师的支持，学校必须从长远发展考虑，重视提高教师的素质。教师的自身发展需要各方面因素的推动，其中就需要高校对教师进行合理公正的评价。在进行评价后须结合有效的反馈机制，将教师所存在的不足及时进行反馈，并采取培训等方式弥补不足，不断提高教师队伍的素质。

2.2　高校工科教师绩效评价的国际比较

发达国家对于高校教师的评价也有较多研究，大部分高校的实施情况良好，结合发达国家的相关经验进行参考，有利于建立健全我国基于胜任力的高校工科教师评价体系。

2.2.1 美国高校工科教师绩效评价

针对美国而言，受国家体制影响，高校教师评价体系尚未实现统一的标准，但值得一提的是，各独立的高校均有一套与其相匹配的评价体系，其认识到学校的发展与教师密不可分，美国高校的评价体系将评价结果与人事决策紧密结合，美国的奖惩性评价体系也由此构成。美国高校工科教师绩效评价体系如图 2-2 所示。

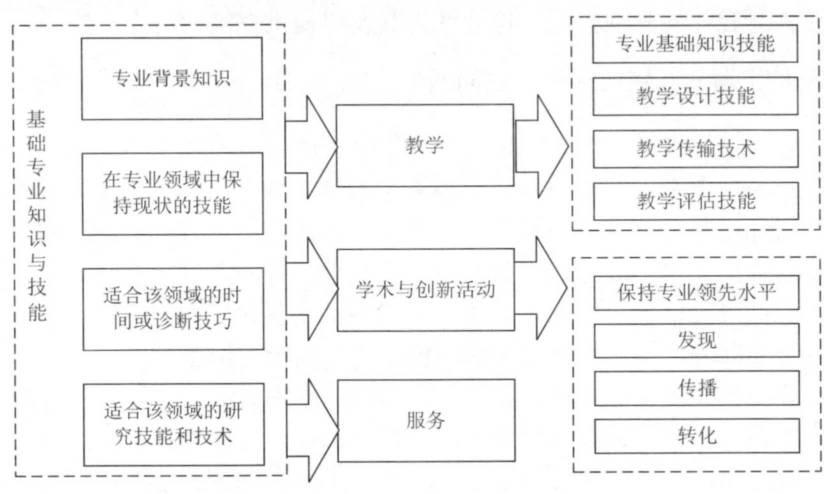

图 2-2 美国高校工科教师绩效评价体系

美国将高校工科教师绩效评价进行了分类，一共分为三类，其中包括在每年度末对教师进行综合评价、考核教师是否符合升职标准、教师成功升职后进行后期评价。美国的高校工科教师分为四个等级，其中对于副教授以及助理教授的职业发展有严格的时间限制，若其无法在规定期限内晋升则会被强制离开原有岗位。大部分高校对于终身聘任也有规定，一般只有正教授才有权享有。签署短期合同的教师非常重视年度考评，这对他们的职业发展起决定性作用。考核教师是否符合升值标准必须通过晋升评价，这决定教师是否可以获得晋升以及终身聘任。部分获得终身聘任资格的教师会失去教书育人的动力，因此高校专门针对终身聘任教师采取定期考核和不定期考核相结合的方式促进其发展，使其及时认清自身不足并改正。任职后评价旨在为教师提供有效途径与综合信息，便于其确定专业研究方向。此外，美国的评价体系将会采取全方位多角度的方式进行，评价主体包括三方面：教师自身、教师所授课学生、高校同事和校外教师。

美国将评价体系分为三个等级，即校级、职称评定及基层院系级。三个等级采取不同的评价标准，但在教师评价体系中，考查教师教学和教师科研成果所占比重均为 40%，考查教师所参与的社会服务情况为 20%，而高校的具体评价标准侧重点将会受到各高校重要职能的影响。比如，研究型高校将考查教师的科研成果放在首位，然后依次是教师教学情况和教师所参与的社会服务。文理型基层学院会以考查教师教学为重中之重，社区学院甚至将教学成果制定成唯一的考核标准。但是，随着时间的推移，后两类高校将会对教师科研工作更加重视。

美国高校在评价时会将多种评价方法相结合，以保证评价结果客观公正。首先，由被评价教师进行自我评价，同时提交一系列评审材料供院系领导审核。评审材料包括教师个人简历、评价指标等。其次，院系领导向外界同行寄送不少于三封的评审信邀请同行参与评审，外界同行的评审指标集中在教师的科研工作。此外，高校的同事也须对教师进行综合评价。最后，教师所授课的学生也是评价主体的一部分。学生评价教师在教学型大学里已占有最大的比重，有些高校甚至将其设定为评价教师教学能力的唯一标准。学生评教主要是对教师教学成果进行评价，评教时间一般为每门课程结束之前，旨在使教师了解教学方面的不足，从而进行调整。学生评教的结果将会为高校人事决策提供依据，也会对学生进行选课选导提供参考。学生评教可采取书面评价或当面座谈会等形式，对于要晋升正教授的教师，则必须提供规定期限内的教学课程评价参与考核。

美国的高校工科教师绩效评价体系具有较强的可操作性，执行流程较为规范。评价体系可分为三个不同等级的评价，分别是专业内、学院和学校。上文所提到的年度评价一般在专业内进行操作，教师需要向系里提供年度考核报告，系里组建考核委员会，委员会由教师代表组成，然后教师需要与系主任进行面对面交流，经过教师意愿的签字确认后上交给学院。考核教师是否符合晋升要求则较为复杂，首先教师需要提交晋升申请，经过系主任组织教师代表商议后判断其是否符合晋升要求，符合则将申请向学院上报由学院进行二次审议，审议过程为院长组织相关负责人进行审核，批准通过后上交校级委员会进行三次审核，经过校长签署意见并提交董事会，由董事会做出决策是否批准教师晋升。由此可见，美国高校教师评价结果公正且有效，评价流程较为规范。

2.2.2　英国高校工科教师绩效评价

在英国，工科类院校制定绩效评价制度时，重点关注研究、教学与管理。实际上不管什么类型的高校，科研与教学都属于教师评价的核心指标。对于教学而言，往往在学期结束以后，收集学生的意见与建议，获取反馈性评价。这种评价模式并没有将绩效结果与奖罚机制联系起来，大多数教师认为其属于仁慈的制度。深入探索其内容与结构，发现具有如下特点。

（1）关注发展、不予奖惩

在英国，工科类院校进行教师评价时，更多地关注教师自身发展，结合实际情况定期进行培训，并且不会与奖罚制度关联。被考核的教师，往往会从过去、目前以及未来三个角度入手，综合性论述获取的成就、面临的问题及自身需求。1989年，牛津大学引入这种评价策略，随后对其进行了两次优化与改进。引进这种方案有两个目的：第一，使教师反思自己的工作，进而提出未来职业规划；第二，高校为教师提供更加广阔的舞台，营造良好的工作氛围。为了保证最终评价结果的客观性与真实性，所有的评价活动不会涉及任何奖惩、晋升等机遇。曼彻斯特大学所使用的评价制度同样不与福利待遇有任何的关联，当然也不涉及晋升机遇等。

（2）程序复杂、工作量大

正常情况下，英国的教师评价制度的实施程序相对比较复杂。第一，被评估主体熟知方案的具体内容与环节；第二，培训小组与服务小组针对具体方案给出具体的意见与建议；第三，确定被评价的对象与具体时间期限；第四，被评价对象据实递交相关材料与证明书；第五，被评价对象按照规范填写相关材料与表格；第六，评价主体给出具体的评论；第七，被评价对象进行相关答辩；第八，结合实际情况制定工作目标，并且给出具体的行动规划，其主要分为两大模块：一是培训与发展需求，二是目标与实际行动；第九，评价双方确认无误以后签字；第十，将具体行动方案递交总负责人，考虑多方面因素，给出方案的可行性、需要解决的问题以及难题；第十一，总结性评价，考虑本次评价的得与失，给出方案修订的建议；第十二，完成评价以后，利用结果反馈的信息对教师做出相关培训。如此复杂的程序，必然导致整个评价活动过于复杂。

（3）评价形式

在英国，工科类高等院校的评价方案中，常见的形式为评价面谈。实际上就是评价主体与被评价者面对面、一对一进行交谈与沟通，而交谈的内容就是本次评价相应的指标。评价主体一般为被评价者的上司或者直接管理人员，具有很强的影响力。评价方案中积极鼓励教师，当期末结束以后与系部主任面谈，畅谈自己的职业发展规划，并且给出短时间内的目标与规划。比如，伯明翰大学针对处于实习期的教师，院长负责为他们编写年度进展报告，在年度总结报告会议以后，新教师直接与院长展开面对面交谈，讲述工作的得与失、未来的发展规划以及相关需求。面谈式评价能够保证信息准确地传达，并且持续不断地更新相关内容与理念。具体操作过程中，两者必须密切配合，才能够确保结果的客观性、真实性及可靠性。

2.2.3 加拿大高校工科教师绩效评价

为了保证教学和科研质量并重，加拿大各高校积极完善自身的教师评价体系。教师职责通常体现在以下三方面，即教学、科研和学术支持与服务。绩效评估一般都是结合多方的意见，如同事、学生及领导等，并且所得的结果会与教师晋升直接挂钩。比如渥太华大学，教职工会与学校签订《集体协议》，其中明确指出全职教师所拥有的权利和义务。其中，将教师职责集中在以下三方面。第一，教学。涉及的具体内容有代课、与学生交流并指导学生、制定合理的教学计划以及指导学生论文等。第二，学术活动。学科不同对应的学术活动也有所区别，主要有科研和创作两类。其中，针对文理、工程学科而言，教师必须在高水平学术期刊上发表自己专业的科研成果，尽可能多地参加质量较高的国际会议，踊跃承担起培养研究生的工作。对于艺术学科的教师来说，必须拥有新颖的作品和文学评论。第三，学术服务和支持。主要指的是积极主动承担学校各项服务，承担学术期刊评委和编辑。

（1）教学水平评估

教学考核通常一年进行一次，利用定性和定量相结合的方式对教师工作进行总结，值得注意的是要保证整个评价过程是公平、公正的。加拿大的大学对教师评价的参考依据为学生打分、教师提供所需档案。麦吉尔大学明确规定，在教学考核过程中必须出具格式一致的教学档案。档案中需要明确包含教师在某一时间段内的成果，并可从成果中看出教师自身的业务能力。具体需要囊括的内容有教学理念、任务、所采取的改善措施以及学生评价。其中，教学任务又涉及很多内容，如教授课程、类别、学生人数以及课时安排等基本情况。除上述档案之外，教师绩效评价指标还包括学生评分、机器统计的学期评估问卷。学生是教学直接服务的对象，因此多伦多大学始终坚持，可以通过学生的满意程度来衡量教师上课和提前备课的实际情况，同时学生满意程度也是影响学校声誉的重要指标，进而对学生工作产生影响。就拿多伦多大学的文理学院来说，每个系在学期结束的时候都会展开教学评估，包括本科和研究生教学评估，从中了解每位教师备课、上课以及实际教学效果的实际情况。然后将此次评估结果与教师的升职联系在一起，一旦有教师在长时间内都得到差评，那么系里必须采取一定的措施对其进行教导。

（2）学术活动考核

对于学术活动的考核，必须同时关注数量和质量。其中，数量是指在某一时间段内所发表文章的数量，质量为文章所在期刊的质量以及在学术界的影响。就拿多伦多和渥太华的高校来说，教师需要提交本年度参加学术会议发言复印件、学术期刊以及会议出版文章原件，作为本年绩效考核学术活动的考核依据。对于科研能力的考核，一般在同批次教师中展开，有三个等级，分别为“不满意”、“好”和“突出”。另外，如果教师想要申请教授，高校会邀请三位具有一定资历的外校专家参与评判，目的是保证入选教师确实具备扎实的专业基础和研究能力。

（3）学术服务考核

教师考核的另一项重要内容是学术服务，主要包括其所担任的行政或者和专业挂钩的行业职责。对这一指标的考核不会只停留在专业服务上，而是考核教师是否可以为社会做出非科研人员不能实现的贡献。同样也划分为三个等级，即“不满意”、“突出”和“好”。就加拿大目前的高校而言，普遍将讲学、创作以及社会服务视为教师绩效考核最基础的标准。落实到每个高校都会根据自身实际情况选择合适的侧重点。另外，高校在考查教师绩效的同时也给予其自由发挥和成长的空间，让教师可以专注于自己的研究，对于那些做出特殊贡献的教师，高校必须给予其奖励。

2.2.4 发达国家高校工科教师绩效评价经验借鉴

发达国家高校工科教师绩效评估体系背后隐藏的价值取向有两种，即重发展和重奖罚，二者相互补充，共同形成不同的评价模型。

就美国而言，采取多元主体评价、类型多样的标准，各高校根据自己的实际情况制定适合自身的评价模型，评价面非常广。面对如此多的评价标准，高校旨在寻找最合理的方式，确保结果更可靠，并将评价结果作为教师晋升依据。相比之下，英国则没有设立奖罚机制，在教师评价方式上也独具特色，更倾向于加强教师的沟通能力和专业技能，使过程更具有建设性。总而言之，无论哪个国家的高校，如果想要建立完善的绩效考核体系，必须充分认识各种模式，并根据自身实际情况取长补短，实现发展性和奖罚性相融合的发展模式，具体表现为以下两个方面。

（1）绩效评价与教师胜任力并重

对高校教师进行绩效考核旨在有针对性地提高教师水平，为此教师胜任力也应当属于考查内容之一[124]。从小范围来讲，高校希望通过对教师绩效开展考核进而促使其进步成长，但若从长远角度来看，绩效考核对学校实现战略目标有明显的推动作用。为此，高校在制定考核标准的时候要充分考虑上述两大目标，确保标准、公平、合理，得到教师认可。另外，绩效考核的重点应兼具结果和过程，只有这样才能实现我国教师绩效考核评价体制的进一步完善。事实上，在实际考核过程中，教师的工作效果是很难具体衡量的，再加上存在明显的滞后性，使得不少高校将考核重点放在科研成果和工作量等硬性指标上，而忽略了教师自身的行为，导致结果过于片面。为此，高校必须认真考量各项指标，尽可能将较为模糊的指标明确化，将实际考核与教师专业成长充分联系在一起，只有这样才能真正发挥绩效评价的作用，确保高校教学质量得以提升。

（2）重点关注教学评价

美国教育测试服务中心曾做过这样一项研究，调查对象为来自 134 所高校的 453 个系主任，分别就个人资历、课堂教学成果等 12 个指标进行评价，观察各指标对教师晋升、薪酬提高方面的影响。结果显示：在所有高校中，对教师评价最重要的指标包括课堂教学、个人资历和出版物质量三类。其中，具有博士站点以及综合型院校，均将评价重点放在教学质量上；而对于研究型高校来说，尽管偏向于采用出版物质量等作为评价指标，但对教师教学质量的重视程度也非常高。

总体而言，评价指标具有非常明显的针对性和层次性[125]，不仅将高校工科教师自身特殊性考虑在内，将劳动成果和过程都包含在内，还有效处理了个人价值与整体目标之间的关系，最大限度地发挥了绩效考核的价值，实现了提高教师积极性的目标[126]。除此之外，要让教师从根本上认识到质量的真正内涵，不要过分关注量而忽略质，督促其主动从事一些有深远意义的社会服务、学术服务和技术服务。建立以学术服务为主、兼顾社会服务的评价指标体系。

2.3 基于胜任力的高校工科教师绩效评价理论分析

2.3.1 高校工科教师胜任力理论分析

针对工科类高校实施的胜任力理论展开系统性分析，发现其可以被分为特征分析、类型分析、模型分析以及教师胜任力结构等模块。

1. 胜任力特征分析

（1）多元性

胜任力是能够将不同绩效等级的人群准确地进行区分，将所有的特征值展示出来，比如基础知识、专业技能、社会角色、工作动机及工作态度等，而且所有的特征互相影响与作用，不属于单独的个体，联合推动工作绩效展开，所以胜任力包含多元要素，共同对绩效产生影响。

（2）层次性

一般情况下，层次性表现在两个方面。第一，胜任力能够划分为多层次的要素，比如浅层次的专业知识与技能、深层次的社会角色、工作动机及工作态度等。第二，不同岗位的不同胜任力要素，根据其内容和性质，都会归属到不同族群下，比如在 McBer 胜任力词典中，成就动机、关注秩序、主动性和信息寻求四个胜任力要素就归属于动机和行动族。

（3）稳定性

虽然胜任力从长远看有可能发生变化，但胜任力在某一时间范围趋于平稳，比如深层次的社会角色、工作动机及工作态度等，很难在短时间内出现巨幅波动[127]。浅层次的知识与技能虽然通过学习容易出现波动，但是在特定的期限内也趋于平稳。由于胜任力带有先天性和稳定性，我们才能将其量化处理，实现评价的最终目标。

（4）动态性

实际上动态性也是相对而言的，并不是绝对性概念。所有因素，不管什么类型，当时间、外界环境、岗位等发生变化时，必然表现出一定的动态性[128]。胜任力具备动态性，因此日常培训与学习或开发才能提高教师的胜任力水平。

（5）可观察性

胜任力的可观察性是指教师能够通过行为反映出其是否具备某项胜任力以及该胜任力水平的高低。如果教师具有较高的成就动机，就会直接体现在行为与活动中，直接制定具有挑战性的标准，关注提高自己的工作品质。总之，教师都在通过各种行为积极争取达到和完成高成就的绩效目标。因为胜任力具有可观察性，才能够根据教师在工作中的行为识别其具有的胜任力。

2. 胜任力类型分析

随着胜任力研究的不断推广和深入，学者们根据不同的标准对胜任力进行了分类，其分类归纳如表 2-1 所示。

表 2-1　胜任力类型

分类标准	类别	含义
开发难度	基准性胜任力	对任职者的基本要求，较容易通过培训、教育进行发展的知识和技能
	鉴别性胜任力	高绩效者在工作中取得成功所必须具备的条件；短时间内不可能发生变化的价值观、工作态度、工作动机及自我认知等
工作情境	元胜任力	可用于完成大量任务的胜任力，而与具体的行业和公司无关，如读写能力和分析能力等
	通用行业胜任力	产业结构、发展所需要的全部知识与概念、掌握对手的发展策略、互联网知识与概念等
	内部组织胜任力	对组织文化、政治动态性、战略和目标等的认知
	标准技术胜任力	具备更加宽广的范畴，一般情况下经过定期培训、日常教育掌握，如打字技能
	技术行业胜任力	行业内可跨企业流动使用，但只能用来完成一个或少量有限的工作任务，如建造自动机械
	特殊技术胜任力	仅能作用于小企业内部性工作，重点是企业所独有的技能，比如借助比较特殊的工具实施精细化操作
组织所需的专长和技能	专业技术胜任力	员工为完成其职责所必备的知识和技能
	可迁移胜任力	通用于某些岗位的胜任力，如领导力
	通用胜任力	反映组织核心价值观和文化，全体员工应共同具备的胜任力，如组织承诺
工作条件和输出结果	基于输入胜任力	个体拥有的知识和技能
	基于输出胜任力	对工作角色岗位结果的描述
可变性	硬性胜任力	完成指定目标而对应的相关标准
	软性胜任力	个人的具体行为与自身属性

3. 胜任力模型分析

胜任力模型指的是扮演指定角色所必须拥有的特征值总和，为了在岗位上表现得更加突出而形成的胜任特征[129]。它主要涉及三大要素：具体名称、相关定义及行为指标等级（反映胜任特征行为表现的差异）。因为胜任力模型能够参与人力资源管理，如归纳优秀人才的个人特征、分析某一岗位所需的素质能力、为人才的招聘、培训和绩效考核等提供参考，所以作为一种新型的人力资源分析评价方法。从 20 世纪 80 年代开始，胜任力模型逐渐成为风靡人力资源管理的一个时尚概念，并被广泛应用于世界各地的各类企事业组织中。胜任力理论领域最著名的两个经典模型即冰山模型和洋葱模型。

（1）冰山模型

著名的冰山模型（iceberg competency model）认为：知识和技能是水面以上看得见的冰山，是外在的、容易测量的能力素质，最容易改变却难以解释绩效优秀的成功；而内在的、难以测量的自我概念、特质和动机等潜于水面以下，是最难改变却能解释绩效优秀的关键因素，从根本上决定着人的行为。基于冰山模型，工科教师的能力和知识等属于外显的能力特征，而个性、特质等则属于内隐的能力特征，具体如图 2-3 所示。

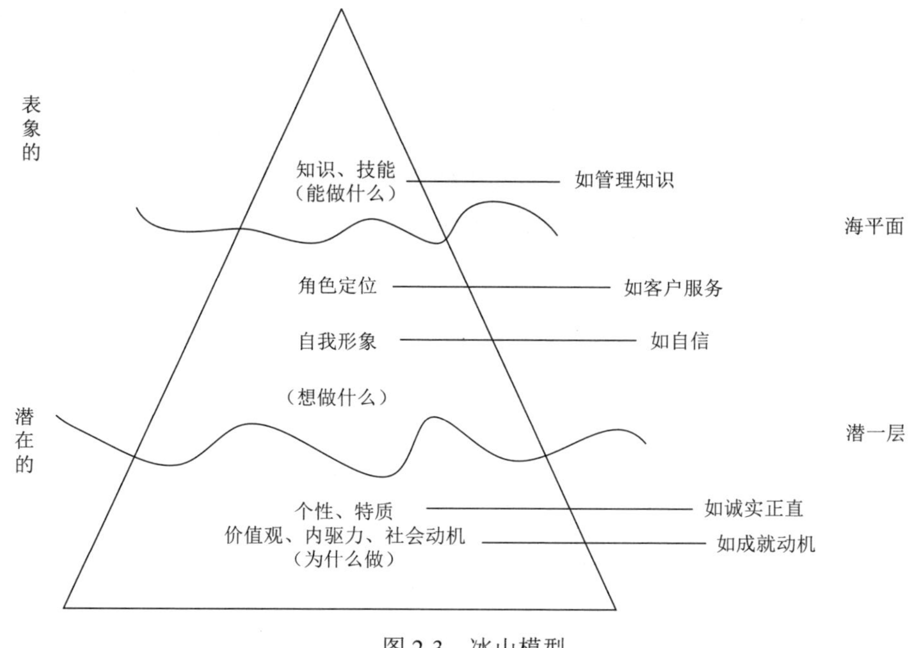

图 2-3　冰山模型

（2）洋葱模型

洋葱模型是在冰山模型的基础上演变而来的。美国学者理查德·博亚特兹（Richard Boyatzis）站在前人的研究基础上，进行更加系统的研究与分析，最终得到“素质洋葱模型”，将素质的所有要素呈现出来，并且直接给出所有的特征值，如图 2-4 所示。

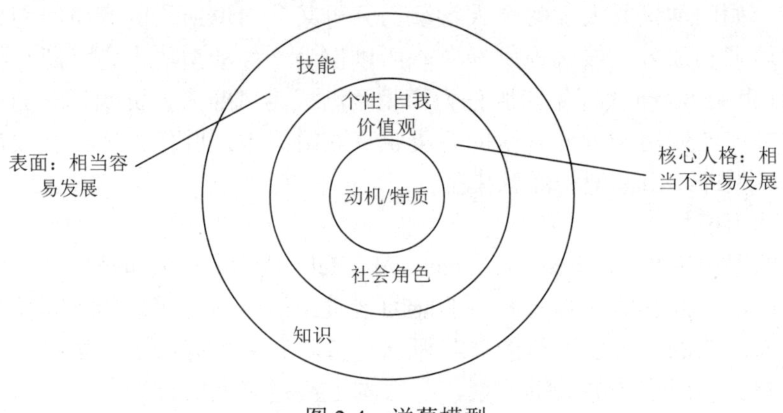

图 2-4　洋葱模型

按照所提出的模型可知，类似于洋葱的结构，将所有胜任素质层层包裹起来，位于正中心的是动机/特质，由内而外依次为个性、自我价值观、社会角色、知识及技能等。远离中心的元素容易培养与评价，靠近中心区域的元素不容易培养与评价。整体而言，距离中心位置最远的就是专业知识与技能，也就是“冰山”高于水面的部分；而距离中心位置最近的是动机与个性，也就是“冰山”低于水面的部分，最深的地方；而中心位置为自我价值观与角色等，也就是“冰山”低于水面的部分较浅的部分。实际上两种模型本质相同，只不过表述方式存在差异，都是将所有的素质展示出来。针对核心指标展开评价，可以准确预估被评价者的长期性绩效。不过对比之后发现，洋葱模型具有更加良好的层次性，这点远优于冰山模型。

4. 高校工科教师的胜任力构成

首先，高校工科教师的胜任力与工程人才培养的标准相关。工程人才的培养标准是高等院校、政府部门、专业团体、工商界和行业协会共同认可的工程教育教学要求。它是高校在制定培养计划时参照的依据和衡量工程专业学生质量的准则，反映了社会需求、历史背景、现状和未来发展方向[130]。人才培养标准中囊括教育目标，站在学生的立场，通过学习获得知识、能力和素养。工程教育人才培养的标准是工程教学改革的前提，它回答了“社会需要什么样的工程人才”“工程人才应该具备哪些知识、能力和素养”以及由此衍生的“社会需要什么样的工科教师”“工科教师应该具备哪些知识、能力和素养”等问题。

其次，高校工科教师胜任力与高校工科教师的工作密切相关，它是工科教师区别于其他职业及岗位的特征[131]。从已有研究成果来看，胜任力在内涵和结构上表现为个体知识、技能、素质和个人特质等，它是工科教师在工作岗位上能够体现优秀绩效的个人特征结构的总和。对于工科教师来讲，高校工科教师的胜任力主要包括以下两个方面（四个主题层）（如图 2-5 所示）。

一是决定工科教师知识和能力发挥程度的隐性胜任力，主要体现在工科教师的特质方面。该方面的胜任力是教师工作所特有的，是工科教师理解职业、履行职业和服务职业所体现的素质和特质，决定了有效服务学生和社会的质量水准[132]。根据 Spencer 的冰山模型可知，知识和能力是水面以上看得见的冰山，是外在的、容易测量和最容易改变的部分，是无法解释优秀绩效的因素；而特质等则属于内在的、难以测量的部分，不容易改变却是解释优秀绩效的决定性因素。因此，特质是工科教师胜任力获得和发展的基本心理条件和品质，主要包括个人的心理倾向和特点，如情感、意志和态度等，这些对胜任力的发挥都起着关键作用。

二是能够体现工科教师专业特色方面的显性胜任力，主要体现在工科教师的教学胜任力、科研胜任力和工程实践胜任力三个方面，体现了工科教师专业化的能力，即工科教师从事工程工作或完成工程任务时，运用工程知识、方法、技能和经验进行教学、科学研究以及工程实践的能力。对于高校工科教师来说，工程学科所特有的工程创新、应用和实践等特性，对工科教师在学术研究、人才培养和科研成果（包括科研和教学成果）上的要求体现得更为明显，工科教师应该具有工程创新的学术思想并能够取得创新性成果，具备较强的科研影响力和产学研转化的能力，最好能够通过工程实践取得一定的经济和社会效益。这也是工科教师与其他学科教师的显著差异。在工科学术研究和成果的社会生产和实践的转化和创新上，高校的工科教师需要承担更多的责任，以实现推动社会技术进步创新和富国强民的战略目标。

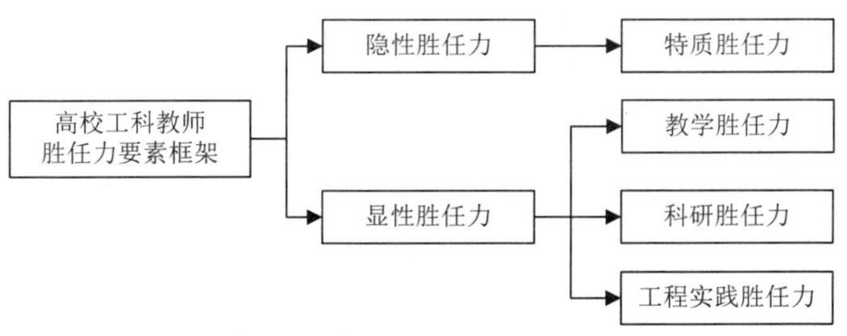

图 2-5　高校工科教师胜任力的构成

2.3.2 高校工科教师绩效评价理论分析

绩效评价已经演变为常见的管理手段，尤其在对教师实施绩效评价时更加有效，为薪酬待遇与晋升等提供科学的依据。不同的院校结合自身的特点，从道德、能力、业绩等角度针对相关内容做出特定划分与评价，将绩效指标具体化与精细化，进而给出对应的分数，得到评价总结果。

1. 高校工科教师绩效评价的特征分析

（1）客观性

工科类院校中，教师付出更多的是脑力劳动，劳动成果、劳动过程及劳动方式等比较特殊，正因如此，实施绩效评价时难度才比较大。所以，具体进行评价时，只有构建科学合理的实施方案，才能保证结果的准确性。客观公平的评价结果，有助于提高反馈信息的质量与价值。借助评价的最终结果，可以激励教师积极投身于教育工作，不断提高自身综合实力，为教育事业的发展贡献自己的力量。

（2）导向性

院校的战略目标通过绩效考核细化，形成具体的战略目标。在具体实施过程中，本质上属于教师兑现预期目标的过程，将关键性导向信息及时传递给教师，引导他们实现预期目标，进而完成院校的总目标。拉近学校与教师间的距离，促使教师掌握工作的难点与重点，清楚是非准则，积极学习与锻炼，提高教师综合能力，进而实现学校的整体目标。绩效考核带有明显的导向性，能够指导教师教学工作的开展，积极引导与调整教师的行为，提高教师工作的积极性与效率，推动学校健康快速的发展。不过，如果考核过于局限于简单，很容易误导教师的行为规范，导致其行为与目标之间出现巨大偏差。

（3）标准性

工科类院校在实施教师绩效考核时，具有严格的实施标准，通过具体的标准衡量教师行为与活动的规范性、标准性，最早的评价结果能够为高等院校的管理与运行提供可靠的依据，教师的福利待遇以及晋升等全部参照最终结果，提高人员配置的合理性与效率，进而帮助院校实现科学化、标准化运营。

（4）发展性

研究发现，整个绩效评价过程具有显著的发展性，通过评价能够激励教师不断地进步与完善，具体表现为：第一，高等院校结合评价结果，给出科学化的培训方案，积极地改善教师的教学水平，鼓励教师科研事业的发展，全校范围内形成积极向上的工作与学习氛围；第二，通过评价结果掌握教师的实际情况，比如优势、劣势等，为人力资源提供可靠的依据。评价结果中往往涵盖教师未来成长与发展的重要信息，帮助教师真正地认清楚自己，形成自我价值观，不断学习、提高教育水平与自我修养，与高校共同成长与发展，实现总体目标。

2. 高校工科教师绩效评价的核心理论——KPI 方法

（1）KPI 方法的理论起源

在人力资源管理领域中，关键绩效指标（key performance indicator，KPI）属于成熟性评价指标，只不过其出现的时间并不长，为新兴的指标。KPI 难点与重点为：从海量的考核指标中挑选最重要与最关键的指标，决定评价的内容。

研究关键绩效指标的发展历程发现：其理论基础为“二八原理”，属于管理学中最常见的理论，最早由意大利学者帕累托提出。其核心理论为：不管在什么场景与群体中，真正发挥效果的往往是少数部分，而占据数量优势的往往不会起到什么决定性作用。如果将其转化为数字关系式，基本上就是 20%的部分发挥核心作用，而余下的 80%为不重要因子。当然，很多情况下，并不是严格的 20%与 80%的关系，可能偏大，也可能偏小，不过其本质相同，也就是说，只要牢牢掌握重要的少数部分，就可以控制整体。比如全球八成的财富集中在两成的人群；八成的销售量由两成的客户消费等。因此，对于创造价值而言，上述数量关系也存在，简单表述为：对于企业而言，20%的员工为企业创造 80%的经济价值；对员工而言，20%的核心活动帮助其解决 80%的工作。按照这种理论基础，只要掌握 20%的核心指标就可以体现 80%的业绩，而这 20%就是关键绩效指标理论所关注的重点，也就是制定指标时所重点考虑与参照的，我们也将其称为核心指标。

（2）KPI 方法绩效评价的优势

在高等院校中实施的绩效评价，就是关注全体教师的业绩，采用科学与定量的方案，针对其真实行为与贡献度等做出客观的评价。关键绩效指标并不是我们常见的评价方法，其聚焦于对最终结果产生具有影响力的核心指标，将其与常见的指标对比发现，其具有如下四点优势。

第一，评价时指标量较少。按照其基础的“二八理论”，具体实施评价过程中，必须在大量的指标中寻找关键性指标，并将其视为本次评价的指标，消除教师对绩效考核的畏惧心理，放开手脚投入教学工作中，展示自己的才华。这种评价方案可以在一定程度上制约教师的行为，并且具备导向性与牵引性，评价过程中使用的指标量少，能够最大限度地提升考核效率，降低绩效管理成本，进而提高高等院校的竞争力，实现健康快速发展。

第二，动态性。确定绩效目标时，往往会结合具体情况，随着环境和时间的变化，具体绩效目标会实时更新与调整。

第三，关键性。采用这种评价模式，能够快速找到关键性指标，方便整个评价顺利实施。而且教师充分掌握关键性指标后，能够在短时间内改善他们的不良行为，提高教学质量与效率。

第四，可控制性与可管理性。绩效评价重点关注高等院校的功能实现与战略目标，并不是岗位的具体职能。如此可以保证绩效考核与高等院校发展方向一致，教师的个人目标与高校的要求有机结合，尽快实现高校的战略目标。

（3）KPI 方法引入高校工科教师绩效评价体系的必要性分析

我国工科类高等院校教师的工作内容与科研方向等与普通高校差距较大，主要表现在发展现状与相关要求，综合考虑其表现出来的各种问题，高等院校必须引入关键绩效评价体系。

首先，实现战略目标。发展战略因高校而异，那么在绩效考评过程中，如果仅仅借鉴现有的经验与规律，或者生搬硬套常规高等院校的模式，那么最终导致的结果很可能失去客观性与准确性。实际操作时，不予区分与筛选，直接将全部因素都视为考评内容或者所有指标都予以考虑，没有实际操作的可能性，也违背了科学性原则。现阶段实施的教师考评模式中，更多地关注教学的整个过程，而忽视了教学科研评价，违背了教育事业长期稳定发展的原则。基于这种社会背景，很多教师敷衍了事，进行科研时仅仅关注最终结果，尽管很多短期目标轻而易举就可以实现，但是从长远来看损害了人才培养目标。所以要针对高校的战略目标进行系统性研究与对比，在分析教学科研行为的基础上，寻找最有影响力的关键绩效指标予以评价。

其次，引导教师自身发展。现阶段，很多高等院校所实施的绩效评价模式中，更多地关注判断而忽视发展，那么在未来的绩效评价过程中，必须实现发展型评价，最终结果不能单单用于晋升、奖罚等依据，更要真正地帮助教师不断提高自身素质，结合自己的不足与长处展开工作，关注教师的成长与发展。KPI 方法完全符合上述要求，属于典型的发展型评价模式，能够规范科研行为，引导教师朝着总目标前进，积极提高综合实力，同步实现自身发展与高校发展。所以，通过教师与高校的深入沟通，决定利用 KPI 方法构建具体评价方案，将教师与校领导的精力放到核心指标与核心工作中，有目的地开展教学工作，及时做出调整与改变，实现可持续发展。

3. 高校工科教师绩效评价的支撑理论——目标管理理论

美国著名管理学大师德鲁克于 1954 年编著了《管理的实践》一书，其中首次提出目标管理的具体概念。根据其观点可知：所有的任务与工作都要制定相关目标。总目标对于企业发展具有引导性作用，能够带领整个企业朝着既定的方向发展。受总目标的影响，不同的职能部门制定内部目标，也就是将总目标细分，形成清晰明了的实施方案。

按照德鲁克的理论观念，目标管理与组织管理要同步实施，彼此约束与影响。可将目标管理划分为以下几个步骤：制定目标、实施目标以及检验成果，要想真正地将其效果展示出来，必须保证管理层与基层员工积极参与。将总目标与个人目标紧密地结合起来，将目标管理视为鼓励员工的最佳措施[76]。按照目标管理的原则，必须将总目标细化为部门目标与员工个人目标，不管是处于哪个运行阶段，都要有目标的指导，借助目标的力量实现激励，提高自我控制力度[99]。众所周知，绩效管理首先要做的就是绩效目标管理。所以，这种管理制度的推广与实施，对于高等院校教师绩效评估具有很大的帮助。

2.3.3　高校工科教师胜任力与绩效评价的关联分析

高校工科教师胜任力与绩效评价之间存在一种相互补充和协同发展的关系。高校工科教师的岗位胜任力是绩效目标完成的前提，具有良好的胜任力是提高高校工科教师绩效的基本保障。同时，高校工科教师的绩效又是胜任力的外在表现，是胜任力的载体。高校工科教师胜任力与绩效评价的关联如图 2-6 所示。

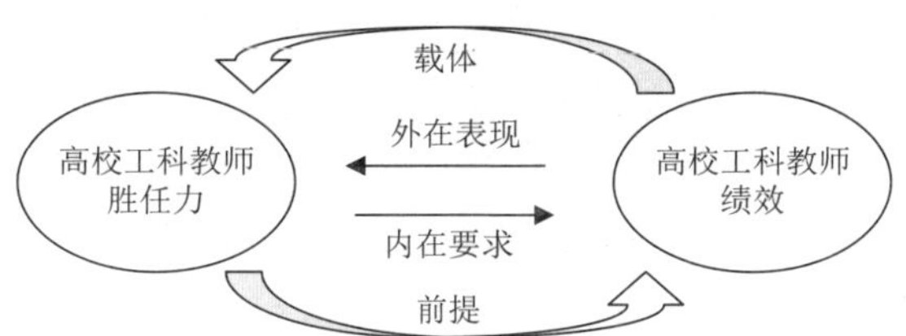

图 2-6　高校工科教师胜任力与绩效评价的关联

借助胜任力而构建的绩效评价制度，很好地取缔了传统的评价模式，保证整个评价过程更加科学、更加合理。传统的评价模式中，更多地关注浅层的知识能力与专业技术，量化非常方便，而且标准，容易理解。不过，真正的绩效有影响的往往是洋葱的中心部位、冰山底部的关键性要素。这些关键性要素所表现的差异性才能真正地作用于最终的结果，才是问题的本源。借助胜任力而构建的绩效评价制度不但关注量化性指标（硬性指标），还关注实现过程中各种因素的表现，通过这些表现，能够知晓被评价者的能力与真实水平。将具体的绩效与行为有机地结合起来，不仅仅能够获知教师的实际工作情况，也能够为晋升、招聘以及奖惩等提供科学依据，将绩效考核的作用发挥出来。

具体来说，高校工科教师胜任力与绩效评价的关联主要体现在四个方面：特质胜任力与工科类高等院校教师绩效评价的联系、科研胜任力与工科类高等院校教师绩效评价的联系、教学胜任力与工科类高等院校教师绩效评价的联系以及工程实践胜任力与工科类高等院校教师绩效评价的联系。

（1）特质胜任力与高校工科教师绩效评价的关联

高校工科教师特质胜任力可分为个人特质和职业特质，其中高校工科教师的个人特质包括素质、情感和道德品质等方面，职业特质包括事业心和责任心等内容。个人特质是高校工科教师本身所具有的特质，而职业特质更多偏重高校工科教师对待教师事业的态度。对于高校工科教师而言，如果其具备良好的心理素质和较高的道德品质，那么教师将能够以更好的心态和状态来处理教学科研等工作，能够更快地跨过工作障碍，使得工作事半功倍。另外，高校工科教师对待自己的工作，若善于钻研学术、具有良好的事业心和责任心，将使得教师更具有完成绩效目标的主动性，对于教学、科研以及社会服务绩效的提升也能产生明显的促进作用。

（2）教学胜任力与高校工科教师绩效评价的关联

高校工科教师教学胜任力主要体现在高校工科教师的语言表达能力、工程科技与教学相结合的能力、教学指导方法和教学手段等方面。如果高校工科教师具备良好的教学胜任力，那么对于自身教学绩效的提升具有直接的促进作用。同时，具有良好教学胜任力的教师，在教学工作上将游刃有余，不用花费过多时间，这使得其拥有更多时间来完成其他方面的绩效，例如科研和社会服务等方面。因此，教学胜任力对于高校工科教师的其他方面绩效具有间接的促进作用。

（3）科研胜任力与高校工科教师绩效评价的关联

高校工科教师科研胜任力主要体现在高校工科教师获取知识、团队合作以及创新探索等方面。高校工科教师具备良好的科研胜任力，对于自身科研绩效的提升和教学具有直接的促进作用。同时，具有良好科研胜任力的教师，能够站在学术前沿传授知识。此外，在当前学校“重科研评价”的背景之下，将能够获得更多的学术尊重和科研经费以及社会服务的机会，从而对教学、社会服务等方面的绩效提升形成间接的促进作用。

（4）工程实践胜任力与高校工科教师绩效评价的关联

工程实践胜任力是高校工科教师所特有的胜任力，主要体现在高校工科教师的数理思维能力、软件应用能力、分析预测能力和实验实践能力等方面。高校工科教师具备良好的工程实践胜任力，不仅有利于其在教学工作中将工程实践与教学相结合，还能够将工程知识运用于科研和社会服务中，这对于高校工科教师的绩效提升具有重要影响。

综上，高校工科教师的特质胜任力、教学胜任力、科研胜任力以及工程实践胜任力对其绩效提升均具有一定的促进作用。高校应对工科教师岗位的胜任力进行全面而深入的研究，探究其应具备的胜任力指标，并将其与高校工科教师教学、科研和社会服务等方面的绩效评价结合起来，进行基于胜任力的高校工科教师绩效评价，找出基于胜任力的绩效提升路径，实现提高高校工科教师岗位绩效的目的。

2.4 基于胜任力的高校工科教师绩效评价逻辑结构

2.4.1 基于胜任力的高校工科教师绩效评价的指标结构

根据高校工科教师胜任力与绩效评价的关联分析可知，高校工科教师胜任力的形成是多维度要素作用和影响的结果，包括特质胜任力、教学胜任力、科研胜任力以及工程实践胜任力，而形成的岗位胜任力则是高校工科教师绩效的内在要素。根据 KPI 理论，高校工科教师的关键绩效与大学的三大功能一致，也包括教学绩效、科研绩效和社会服务绩效，这些关键绩效是高校工科教师胜任力的外在要素。在进行基于胜任力的高校工科教师绩效评价时，应将高校工科教师绩效的外在指标（关键绩效指标）和内在指标（胜任力指标）有机结合起来进行综合评价。因此，基于胜任力的高校工科教师绩效评价的指标结构如图 2-7 所示。

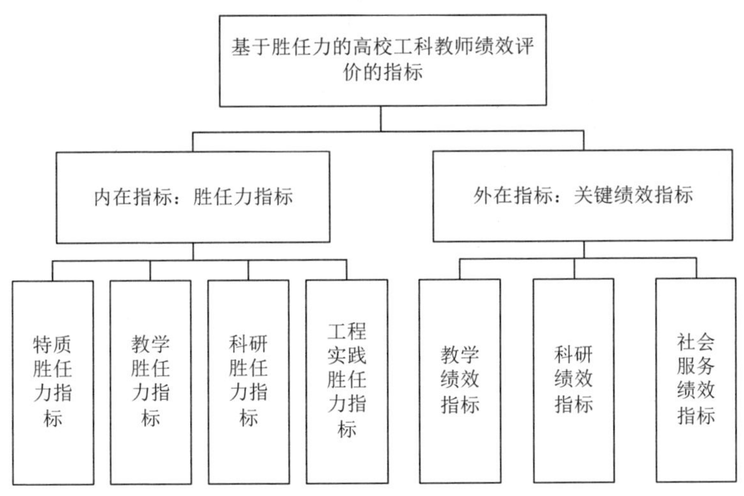

图 2-7　基于胜任力的高校工科教师绩效评价的指标结构

2.4.2 基于胜任力的高校工科教师绩效评价的指数结构

严格来讲，指数属于数学范畴的定义。广义指数指的是体现经济总量变化的相对数；狭义指数指的是复杂性经济总量变化的相对数，而复杂性经济现象为属性有差异的模块，难以量化与对比的总体[①]。综合性评价过程中，指数指的是基于指标值的前提下，采用特定的量化手段将量纲、特征等存在差异的指标转化为量纲、变化趋势、走势相同或类似的标准性量。实施转化后，所有的指数都带有显著的标准性，而且具有特定的取值范围，比如（0，1）等。正常情况下，指数设计的前提是指数的选取，方便后续评价的进行。

基于胜任力的高校工科教师绩效评价同样引入指数的概念，而指数完全由评价指标转化得到，因此针对高等院校教师实施绩效评价时，先要给出评价指标体系，随后将指标体系转化为评价指数体系，最后将其实际应用于对应的模型中，通过这种转化关系，就能够保证最终结果的准确性，获取指数评价结果。按照上述步骤，先选定评价指标，随后转化为对应的指数，进而应用于评价模型，以此得到最终的结果。具体步骤与流程如图 2-8 所示。

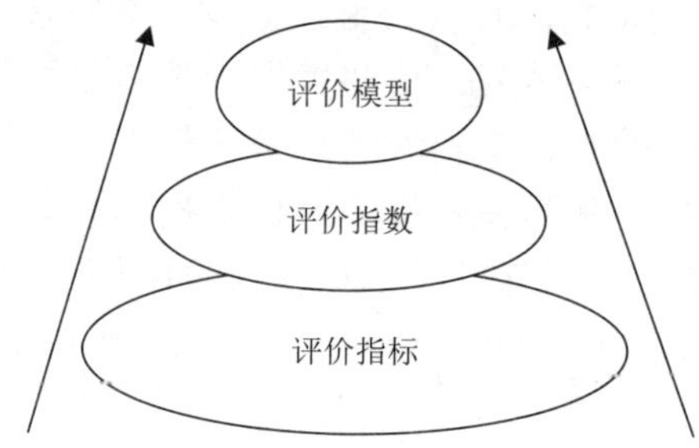

图 2-8　评价指标、评价指数与评价模型的关系

在基于胜任力的高校工科教师绩效评价时，实施的关键点为评价指标转化为指数设计，一般情况下，可以将转化时所使用的思路划分为以下几点。第一，将指标体系定义转化为指数体系定义，实际上就是将其名称按照特定的规则进行转化，当然名称并没有特殊的规定与限制。第二，指标数量转化为指数数量，实际转化为指标与指数能够直接对应，也就是两者完全相同；也可以某个指标转化为多个指数，也就是说两者的树立并不相同，正常情况下，指数的数量要小于指标的数量。第三，指标值转化为指数值。实际转化过程中，会利用转化计算公式，比如无量纲式转化等。基于胜任力的高校工科教师绩效评价中的这一指数体系转换的设计思路如图 2-9 所示。基于胜任力的高校工科教师绩效评价指标包括胜任力指标（position competency indicator，PCI）和关键绩效指标（key performance indicator，KPI），通过数学方法进行数量转换，得到基于胜任力的高校工科教师绩

① 徐国祥. 统计预测和决策[M]. 上海：上海财经大学出版社，2005：191-195.

效评价指标，包括高校工科教师“胜任力评价指数”（position competency evaluation index，PCEI）和“关键绩效评价指数”（key performance evaluation index，KPEI）。

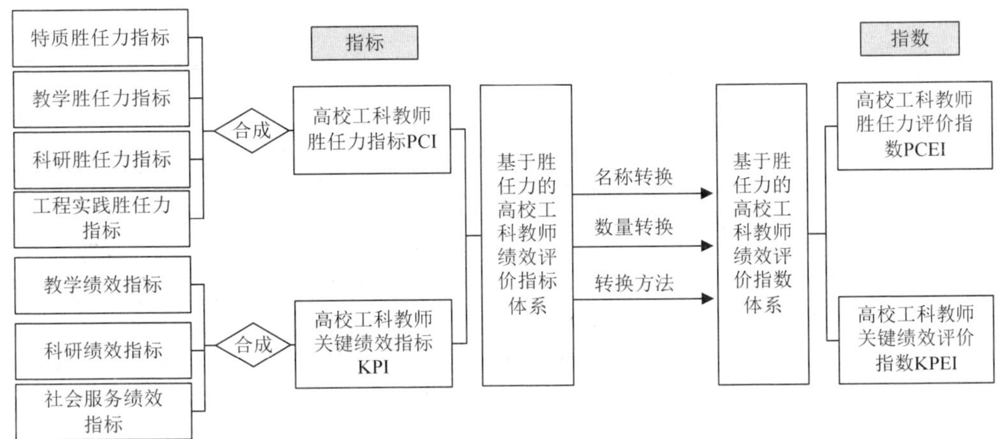

图 2-9　基于胜任力的高校工科教师绩效评价的指数结构

2.4.3　基于胜任力的高校工科教师绩效评价的方法结构

在进行基于胜任力的高校工科教师绩效评价时，主要采用了灰色关联分析法、层次分析法和矩阵定位分析法，具体如图 2-10 所示。

（1）采用灰色关联分析法测度各底层指标值

本书采用灰色关联分析法测度高校工科教师胜任力的特质胜任力、教学胜任力、科研胜任力和工程实践胜任力以及测度高校工科教师关键绩效的教学绩效、科研绩效和社会服务绩效的具体评价值。

（2）采用层次分析法得到指标权重，合成上一层次指标值

通过层次分析法计算得到的指标权重，采用加权算术平均法，将高校工科教师胜任力指标的特质胜任力指标、教学胜任力指标、科研胜任力指标和工程实践胜任力指标合成为胜任力指标（PCI），将高校工科教师关键绩效指标的教学绩效指标、科研绩效指标和社会服务绩效指标合成为关键绩效指标（KPI）。在此基础上，通过数学方法转换，将胜任力指标和关键绩效指标转换为胜任力评价指数（PCEI）和关键绩效评价指数（KPEI）。

（3）采用矩阵定位分析法进行绩效评价

高校工科教师胜任力代表了高校工科教师绩效的内在基础，关键绩效代表了高校工科教师绩效的外在表现，二者既相互独立又具有一定的关联性。为将高校工科教师胜任力和关键绩效有机结合起来综合评价高校工科教师绩效，采用矩阵

定位分析法，将高校工科教师胜任力评价指数作为纵轴，关键绩效评价指数作为横轴，用以对高校工科教师绩效进行定位。

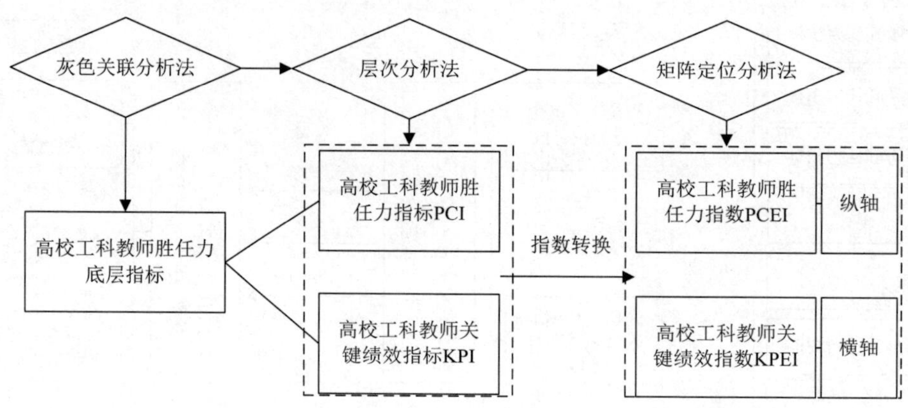

图 2-10　基于胜任力的高校工科教师绩效评价的方法结构

本章小结

本章首先对我国高校工科教师绩效评价的现状进行了解析，分析了当前我国高校工科教师绩效评价存在的制度问题、指标问题以及方法问题。同时，分别对美国、英国和加拿大的高校工科教师绩效评价情况进行了梳理，并从中归纳出先进的绩效评价经验。在此基础上，分析了基于胜任力的高校工科教师绩效评价理论，包括高校工科教师胜任力理论和高校工科教师绩效评价理论，并对高校工科教师胜任力和绩效评价之间的关联进行了分析。最后从指标结构、指数结构和方法结构三个方面探讨了基于胜任力的高校工科教师绩效评价的逻辑结构。

第 3 章

高校工科教师胜任力要素特征分析

探索创新是工科教师鲜明的特性，它既是工科教师为推动社会技术进步和发展贡献聪明才智的必由之路，也是高校及其教师提高人才培养能力的必然选择。对于创新的追求是工科教师与工程师的最大区别。对于工科教师与理科教师的区别，理科教师的任务是探索，主要是知识层面的；工科教师的任务除了探索还要科研创新，主要是在技术层面上为人类的生活提供工业产品与服务。工科教师与其他教师的主要区别是工科教师的主要任务不是发表文章，而是在教学中与工业生产中的技术以及要点相结合，通过自己的劳动培养工科人才并为国家工业提供必不可少的技术支持与创新。由于本书的研究对象是高校中从事工程学科教学、科研和社会服务的高校教师，因此在进行基于胜任力的高校工科教师绩效评价前，首先应对高校工科教师胜任力要素特征进行区分。本章将着重从特质胜任力、教学胜任力、科研胜任力和工程实践胜任力四个方面分析高校工科教师胜任力要素特征，并进行高校工科教师胜任力的四维要素模型分析。高校工科教师胜任力要素特征分析逻辑框架如图 3-1 所示。

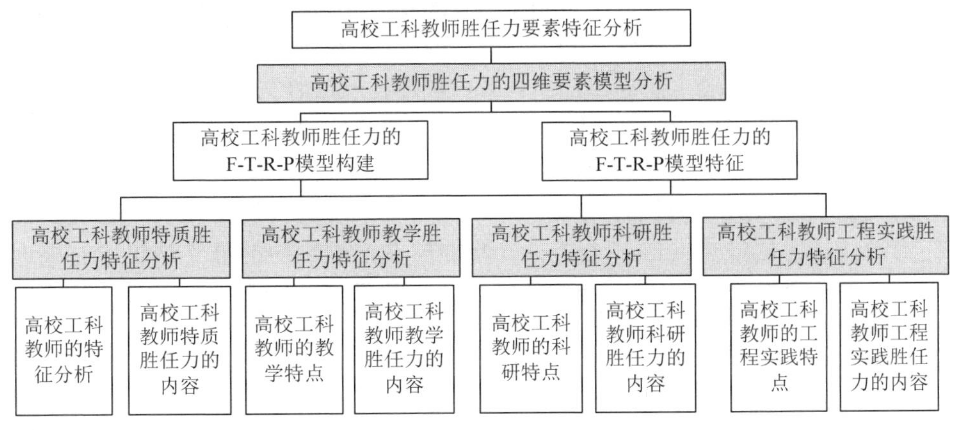

图 3-1　高校工科教师胜任力要素特征分析逻辑框架

3.1 高校工科教师胜任力的四维要素模型分析

3.1.1 高校工科教师胜任力的 F-T-R-P 模型构建

高校工科教师胜任力包括特质胜任力 F（feature competency）、教学胜任力 T（teaching competency）、科研胜任力 R（researching competency）和工程实践胜任力 P（engineering practice competency）。教学与科研是高校教师最基本的工作，因此对这四类胜任力又可以按各自的特点进行归纳，即特质胜任力 F 反映高校工科教师的自我素质，教学胜任力 T 反映高校工科教师的教学能力，科研胜任力 R 反映高校工科教师的科学研究能力以及工程实践胜任力 P 反映高校工科教师运用工程知识进行实践的能力，具体如表 3-1 所示。

表 3-1　高校工科教师胜任力的维度划分

目标层	维度	内涵
高校工科教师胜任力	特质胜任力 F	反映高校工科教师的自我素质
	教学胜任力 T	反映高校工科教师的教学能力
	科研胜任力 R	反映高校工科教师的科研能力
	工程实践胜任力 P	反映高校工科教师运用工程知识进行实践的能力

从表 3-1 可以看出，高校工科教师胜任力可以由四个维度决定，分别是特质胜任力、教学胜任力、科研胜任力和工程实践胜任力。而且高校工科教师的胜任力具有三个明显特征，即发展度（胜任力测评）、协调度（胜任力各维度的均衡）和持续度（胜任力的持续提升能力）。因此高校工科教师胜任力整体结构必须构建在发展过程与行为轨迹上，基本上位于工科教师特质胜任力（F）、教学胜任力（T）、科研胜任力（R）和工程实践胜任力（P）的四维作用之下。因此，高校工科教师胜任力的 F-T-R-P 模型可以做出以下几何解释，如图 3-2 所示，即高校工科教师胜任力的发展状态（胜任力测评结果）、胜任力各维度是否均衡发展（合理性）、胜任力的持续发展能力（胜任力提升）都能够在三维响应的最终结果中完整地体现出来。如图 3-2 所示，$t(0)\rightarrow t(N)$的转化，指的是规范行为基础下最佳的发展模式。只要违背或者远离该矢量者，全部视为不合格或者失误性行为。

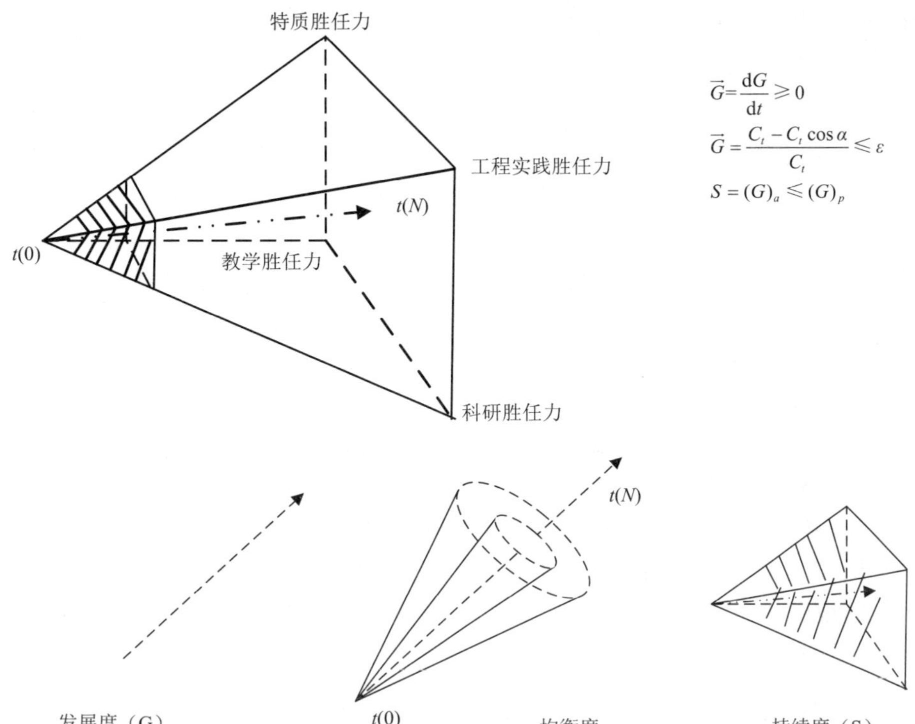

$t(0)$表示 t=0 时刻；$t(N)$表示 t=N 时刻；G 表示发展度；$\vec{G}$ 表示单位时间教师胜任力发展度的增加量；C_t 表示 t 时刻的均衡度；S 表示持续度；cosα 表示教师胜任力的各维度间的相关性；ε 表示教师胜任力可能达到的最大发展度；$(G)_a$ 表示教师胜任力提升的实际持续时间；$(G)_p$ 表示教师胜任力提升的最大持续时间。

图 3-2　高校工科教师胜任力的 F-T-R-P 模型

3.1.2　高校工科教师胜任力的 F-T-R-P 模型特征

从图 3-2 可以看出，高校工科教师胜任力的 F-T-R-P 模型可以体现在三维模型中，具体为：发展度、持续度及均衡度，基于此基础上，可以得知其典型特征如下。

（1）发展度（胜任力测评）

高校工科教师要想具有高胜任力，必须从特质胜任力（F）、教学胜任力（T）、科研胜任力（R）和工程实践胜任力（P）这四个方面满足胜任力的提升要求，以适应不断增长的教学、科研和服务社会的工作。对高校工科教师胜任力的度量也可以从这四个维度进行测量。

（2）均衡度（合理性）

特质胜任力（F）是当代大学教师胜任力的重点要求，这说明当代学生和教师都意识到，只是讲好课、做好科研是不够的，还要具备一些重要的个人特质。特质胜任力在某些高校已经开始实施一票否决制，即无论教学胜任力（T）、科研胜任力（R）和工程实践胜任力（P）多么强，如果教师特质胜任力（F）存在问题，都被认为不再适合教学岗位。毕竟，高校工科教师是人类灵魂的工程师。同样，就算具有较强的特质胜任力（F）、科研胜任力（R）和工程实践胜任力（P），如果教学胜任力（T）低下，也无法教出好的学生，更不用说教出卓越的工程师。最后，特质胜任力（F）再好，教学胜任力（T）、科研胜任力（R）再强，没有较强的工程实践胜任力（P）就像“纸上谈兵”一样，也不适合工科教师岗位。由此看来，工科教师的胜任力必须是四个维度互相之间协调发展，只有四个维度协调、均衡地发展才是合理的。

（3）持续度

毫无疑问，作为高校工科教师，需要不断提高个人特质，提高教学能力，从而持续不断地提升胜任力，以适应当代高校工科教师的岗位要求。虽然，科研能力是高校进行岗位考核的重要方面，然而根据前面的研究，在教学和科研能力当中，教师和学生普遍认为教学能力是高校工科教师安身立命的根本，也是工科教师工作过程中最重要的基本职能。因此，F-T-R-P 模型的四个维度之间是相辅相成的关系，如图 3-3 所示。

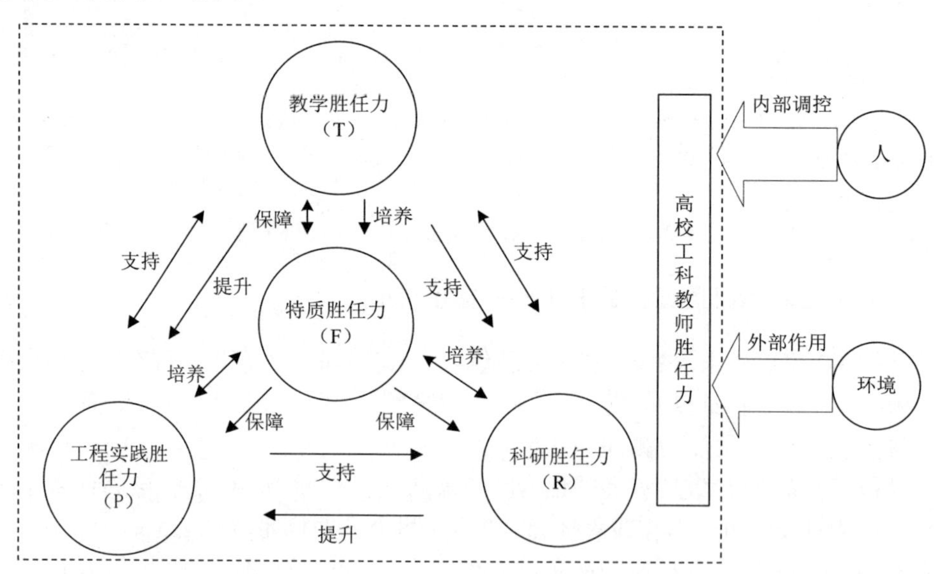

图 3-3　F-T-R-P 模型四个维度之间的关系

特质胜任力（F）能为教学胜任力（T）、科研胜任力（R）和工程实践胜任力（P）提供保障和支持；具有较强的工程实践胜任力（P）的目的是教学胜任力（T）和科研胜任力（R）；教学胜任力（T）、科研胜任力（R）也能提高工程实践胜任力（P）；教学胜任力（T）、科研胜任力（R）和工程实践胜任力（P）也能培养、升华特质胜任力（F）。这四个维度的作用结果决定了高校工科教师胜任力的持续发展能力。同时，在人进行内部调控的时候，外界环境也会发挥很大作用。

进一步说，高校工科教师胜任力的本质内涵也必须具备以下典型特征。

第一，教师实际胜任力的量化性指标（发展度），也就是直接判定胜任力能不能真正健康地发展，以及是否在满足工程实践胜任力（P）和教学胜任力（T）、科研胜任力（R）的前提下不断地发展。

第二，高校工科教师胜任力能够量化胜任力的“协调度”，也就是实现诊断的量化，或者相同前提下，对比能不能保证特质胜任力（F）与工程实践胜任力（P）之间的平衡，能否维持特质胜任力（F）与教学胜任力（T）、科研胜任力（R）之间的平衡，能否维持工程实践胜任力（P）和教学胜任力（T）、科研胜任力（R）之间的平衡等。实际上，协调度与发展度两者所关注的焦点并不相同，后者更多地关注于具体数量，也就是胜任力的提升，而前者更多地关注于效率与质的变化，也就是关注优化调控特质胜任力（F）、工程实践胜任力（P）、教学胜任力（T）、科研胜任力（R）在高校工科教师在教学岗位中的规范性。

第三，工科类高等院校教师胜任力可以量化胜任力的“持续度”，也就是研究胜任力在发展过程中所具备的合理性。发展过程并没有特定的时间期限，可能是5～10 年，也可能是整个职业生涯，跨度较大，往往根据实际情况来调整。简单来讲，对于胜任力的发展度与协调度，并不是特定时间范围内的速度与质量。研究时，必须将其置于长期发展环境中，消除时间因素带来的干扰。

因此，建立高校工科教师胜任力理论体系的三大特征，即数量维（发展）、质量维（协调）和时间维（持续），可以从根本上表征胜任力提升目标的完满追求。因此由四维空间所构建的高校工科教师胜任力的 F-T-R-P 模型，不仅仅要关注词语含义与内部联系形成的所有偏差，也要关注理论体系与表达方式对高校工科教师胜任力做出深层次的分析。

3.2　高校工科教师的特质胜任力特征分析

3.2.1　高校工科教师的特征分析

1. 高校工科教师的任职要求

工科是将数学、物理学、化学等基础科学和技术的原理应用于工业和农业各个生产部门所形成的诸多工程学科，也称为工科或工学，代表学科有土建、水利、电工、电子信息、热能核能、仪器仪表和化工制药等。工科教师是指从事培养工程专业技术人才、研究工程理论和应用、解决工程实际问题并服务于社会的教师。本书的研究对象是从事高等工程教育的高校工科教师。

我国高等工程教育及工科教师的教育理念在逐步发生转变，从“知识导向型”与“科学导向型”向“能力导向型”与“实践导向型”转变。教育过程中，以学生为中心，以需求决定论为价值导向，突出人的发展，重视人的价值，注重人的素质的提高，立足于发挥人的积极性和创造性。同时，要改变传统应试教育的模式，强调实践以及实践过程中创造性思维的培养，通过实践与模仿，逐步提高学生的基础从业水平与能力值，保证人才培训计划不会脱离实际，进而满足社会岗位的实际需求，为社会培养有用的人才。高校工科教师作为一个多角色社会个体，在角色扮演的过程中，结合社会的工科教师需求，需要掌握先进的工程知识、教学理念和教学方法，由知识的传授者转变为学生的引导者，同时也需要提高自己的工程专业和教学领域的能力和素养，主要包括职业素养和个人素养。

（1）个人素养

教师的基本职能是传道授业解惑，在传递知识的过程中，同时传达一种人生态度，对学生的价值观、人生观有一定的导向作用。因此，教师自身应当具备健全的人格、良好的品质和较强的自信心以及积极乐观的生活态度，才能够成为学生学习的榜样。并且在开展教育事业的过程中，应当以学生为中心，树立良好的教师作风，具备较强的责任心和事业心。

（2）职业素养

工科教师具有学科特殊性，科研对象和知识内容包含多个学科，且技术含量较高，对工程的环节和相关因素都需要全面系统的考虑，所以要求工科教师应当热爱工程事业，并且具有严谨求实的态度。工科教师的科研成果具有较强的应用性，且工科教师担当着社会服务的角色，因此，要求工科教师善于钻研技术，并且能够秉持服务社会的理念，具备较高的工程技术人员的道德操守。

2. 高校工科教师的学科类别

高校工科教师的工作内容主要涉及的学科类别包括工程力学类、材料类、机械类、能源动力类、土建类、地矿类、电气信息类、交通运输类、环境与安全类、化学制药类、农业工程类、林业工程类、航空航天类、轻工纺织食品类、公安技术类、生物工程类、仪器仪表类、水利类、测绘类、海洋工程类和武器类。具体学科包含的专业及学科对比分析如表 3-2 所示。

表 3-2　工科学科类别分析

学科	专业	学科对比分析
工程力学类	工程力学	以工程知识为基础，融合力学、数学，强调计算与力学实验能力和工程训练。人才培养目标是学生具有较强的分析计算能力和实验技能，能够胜任工程设计、软件开发、实验研究及技术管理工作
材料类	冶金工程	以材料学、化学、物理学为基础，要求掌握基础理论和实验技能，并能够将其运用到材料性能、合成、应用等方面研究。人才培养目标是学生能够胜任科学研究、技术开发、技术改造或工艺和设备的设计等方面工作
	金属材料工程	
	无机非金属材料工程	
	高分子材料与工程	
机械类	机械设计制造及其自动化	融合力学、热学、物质与能量守恒等物理理论知识，涉及范围广，属于系统工程，是一门综合性技术学科，包括研究、设计、制造和运用，以及机器和机器设备的工程材料学。人才培养的基本要求是学生具有认知能力、实践能力和创新能力
	材料成型及控制工程	
	工业设计	
	过程装备与控制工程	
能源动力类	热能与动力工程	融入自然学科知识、数学、物理、计算机、热学、力学、热动力系统、自动控制、新能源等学科。人才培养的目标是强调实践能力，要求学生能够从事相关领域的研究、开发和管理工作
	核工程与核技术	
土建类	建筑学土木工程	包含各类工程设施的科学技术，融合数学、力学、信息技术、建筑工程法律法规知识，专业培养目标是学生具有良好的实践能力、创新能力、计算能力、设计能力，并能够胜任施工技术、现场管理和组织能力
	城市规划	
	建筑环境与设备工程	
	给水排水工程	
地矿类	采矿工程	属于自然学科，具有实践性、地域性和探索性；囊括了数学、物理、化学、外语、计算机等多个学科；专业目标强化地质调查与研究的基本能力，学生能够胜任地学研究、资源调查、开发及管理工作
	石油工程	
	矿物加工工程	
	勘查技术与工程	
	资源勘查工程	
电气信息类	电气工程及其自动化	要求学生掌握扎实的数学、物理等基础知识，培养学生较强的工作适应能力和计算机应用能力，并具备一定的科学研究和科技开发能力。培养目标要求学生能胜任计算机教学、科学研究和应用计算机科学与技术学科相关的工作
	自动化	
	电子信息工程	
	通信工程	
	计算机科学与技术	
	电子科学与技术	
	生物医学工程	
交通运输类	交通运输	融合工程力学、热力学、机械基础和交通工程学等学科。培养目标是注重实践和技术创新，培养学生成为技术型人才和研究型人才
	交通工程	
	油气储运工程	
	飞行技术	
	航海技术	
	轮机工程	

续表

学科	专业	学科对比分析
环境与安全类	环境工程	注重培养学生分析环境问题的能力，学生能够结合实际的情况制定环境污染控制方案，具备科学研究和技术开发的能力
	安全工程	
化学制药类	化学工程与工艺	以化学、生物学为基础知识，注重化学品的技术开发和工程设计能力，使学生能够胜任医药产品的生产、技术开发、应用研究等方面的工作
	制药工程	
农业工程类	农业机械化及其自动化	培养目标是使学生具备农业机械化系统的规划设计和经营管理能力、农业机械化及自动化相关科研和技术开发能力；学生能够较熟练地掌握信息处理、计算机技术和处理技术方面的知识
	农业电气化与自动化	
	农业建筑环境与能源工程	
	农业水利工程	
林业工程类	森林工程	综合力学、化学、物理、林学、森林工程学科相关知识，培养学生森林规划与设计等工程实践和创新的能力以及独立获取知识并处理搜集的信息的能力
	木材科学与工程	
	林产化工	
航空航天类	飞行器设计与工程	主要培养工程技术专业人才，要求学生能够从事飞行器的设计制造和试验研究的相关工作，具备丰富的训练经验和创新意识
	飞行器动力工程	
	飞行器制造与工程	
	飞行器环境与生命保障工程	
轻工纺织食品类	食品科学与工程	融合化学、生物学和食品工程学的基本理论和知识，要求学生受过专业的训练，具备一定的实际操作能力和工程实践经历，能够胜任工业生产、技术开发、工程设计和科学研究等相关工作
	轻化工程	
	包装工程	
	印刷工程	
	纺织工程	
	服装设计与工程	
公安技术类	刑事科学技术	刑事科学技术主要是运用科学技术方法进行识别、鉴定和确认，强调严谨性和责任心；消防工程强调实践能力、分析能力和调查能力
	消防工程	
生物工程类	生物工程	融合生物学、生物化学、化学工程、发酵工程等学科的相关理论和知识，要求学生掌握生物技术与工程等方面的技术，具备机械基本技能、实验设计及操作能力，能够胜任生产、设计和研究开发等方面的工作
仪器仪表类	测控技术与仪器	目标是培养学生具有研究、设计、制造、应用、维护和管理现代仪器仪表和测控技术装备的能力，具有工程实践经验、分析和解决问题的基本能力
水利类	水利水电工程	要求学生掌握设计、实验、研究等基本技能，具备工程规划、工程施工和管理等实践能力和技术创新能力
	水文与水资源工程	
	港口航道与海岸工程	

续表

学科	专业	学科对比分析
测绘类	测绘工程	要求学生掌握勘测技术和方法、信息源设计等工程设计理论和技术，能够胜任科学研究、科技开发和组织管理等工作
海洋工程类	船舶与海洋工程	要求学生掌握分析和解决问题的科学方法，具备严谨的科学态度和求实创新的意识、获取知识以及将知识灵活应用到科学研究或工程实践的能力
武器类	武器系统与发射工程	融合了力学、机械学、控制科学和系统工程学等学科的理论和知识，培养学生具备进攻与防御信息战技术、系统设计、技术开发、安全防护、作战运用等基本实践能力
	探测指导与控制技术	
	弹药工程与爆炸技术	
	特种能源工程与烟火技术	
	地面武器机动工程	
	信息对抗技术	

如表 3-2 所示，工科专业基于系统工程理论基础，属于综合性学科，注重对理论知识的掌握与运用，强调实践能力的重要性和技术创新。

3.2.2　高校工科教师特质胜任力的内容

个人特质是基于先天性前提下，通过后天的不断积累经验与学习技能而转化为较为稳定的品质特征[110]。尽管个人的特质离不开先天因素，不过真正发挥作用的还是后天影响，主要有心理影响和知识与能力的影响。但是个人特质更多的还是受到心理影响；并不是完全受知识与能力的影响，主要通过不断转化演变而来。工科教师的个人特质是指工科教师为完成工程教育工作所应具备的心理和行为品质的基本条件[111]，是其从事工科教师职业所必须拥有的基础性素质，属于应当如此，而不是必须如此；属于特殊的，而不是普通的[112]。教师的基本职能是传道授业解惑，在传递知识的过程中，同样传达了一种人生态度，对学生的价值观、人生观有一定的导向作用。因此，教师自身应当具备健全的人格、良好的品质和较强的自信心以及积极乐观的生活态度，才能够成为学生学习的榜样。并且，在开展教育事业的过程中，应当以学生为中心，树立良好的教师作风。

工科教师的个人特质包含内容较广泛，且彼此影响、作用和交叉，形成多维度、复杂性、动态性的科学化体系。一方面，工科教师的个人特质具有教师在心理过程和个性心理两个方面所表现出来的本质特征，包括情感和道德品质等，如仁爱、包容、正直、诚信、传递正能量、无私奉献等。另一方面，工科教师的个人特质与后天实践、环境有直接的关系，通过对待事业、对待学生、对待集体和对待自己的态度上来体现，如具有强烈的教师使命感和社会责任感、为人师表、以学生为导向等[113]。这些个人特质通过教育教学对学生产生深刻的影响，在学生成长和成才过程中发挥了重要的作用[114]。此外，工科教师具有学科特殊性，科研对象和知识内容包含多个学科，且技术含量较高，对工程的环节和相关因素都需要全面系统的考虑，所以要求工科教师应当热爱工程事业，并且具有严谨求实的态度。工科教师的科研成果具有较强的应用性，且工科教师担任着社会服务的角色，因此，要求工科教师善于钻研技术，并且能够秉承服务社会的理念，具备较高的工程技术人员的道德操守。高校工科教师个人特质胜任力所包含的内容如图 3-4 所示。

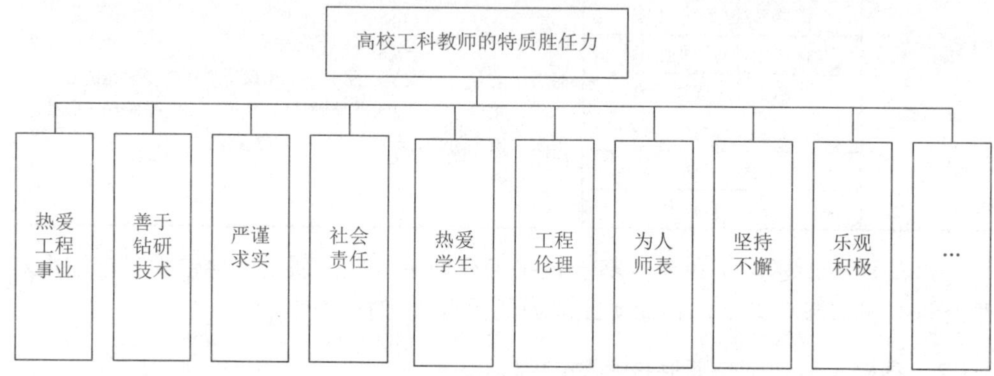

图 3-4　高校工科教师特质胜任力的内容

3.3 高校工科教师的教学胜任力特征分析

3.3.1 高校工科教师的教学特点

第一，工科专业教师在教学过程中，具有很强的基础性。在学习专业课程时，多数为基础性教学，比如物理、化学和英语等教学，而且受专业的影响比较大。基础课程的教学为后续教学奠定了坚实的基础，直接决定专业的教学效果[122]。实际教学过程中，很多课程都与基础课程有直接的关系，决定专业的发展。工程性教学则具有模式传统、内容复杂、风格单调、耗时且难度大等特点。

第二，实际教学时，与科研对立统一。开设工科类专业，初衷就是为社会输入大量实践能力突出的综合性人才。针对人才的培养规划，必须时刻关注市场实际需求，确保培养计划科学实用[123-126]。作为学生，由于专业性特色，要积极主动参与实践与科研项目，而教授专业课程的教师需要经验丰富，确保教学内容与时代相吻合。但是，经验丰富的教师往往科研事务较多，几乎没有时间用于教学。

因此，工科教师的教学应对语言文字表达、工程科技与教学结合以及学生工

程实践能力的培养指导等方面给予更多的关注。

3.3.2　高校工科教师教学胜任力的内容

教学胜任力是工科教师在工作实践中形成和发展起来的，是一组能够有效胜任教学工作的本领。根据其适用范围的不同，工科教师的教学胜任力主要可以分为基础能力、教育能力和教学能力[127-132]。其中，基础能力是支撑教师职业能力的基础，主要包括信息收集和语言表达能力。信息收集主要体现在思维、学习和应用等方面，是教师胜任教学工作的前提。语言表达能力是教师运用口头语言条理清晰地讲解教材、启发学生思维的能力。它是教师进行人性陶冶和知识传授的重要工具，直接影响着教学效果和教师主导作用的发挥。教育能力是工科教师按照个体发展和社会需要，采用相应的方法提高学生综合素质的能力，其效能主要通过培养和指导学生来实现。对于工科教师而言，其教育能力包括工程科技与教学相结合的能力、学生工程实践能力的培养指导[133]。教学能力是工科教师根据教育目的和学生身心发展的一般规律，采用特定的方式有计划、有组织地运用教材从事工程教学活动的能力，主要包括组织协调、课程控制等。

综上所述，高校工科教师教学胜任力所包含的内容如图 3-5 所示。

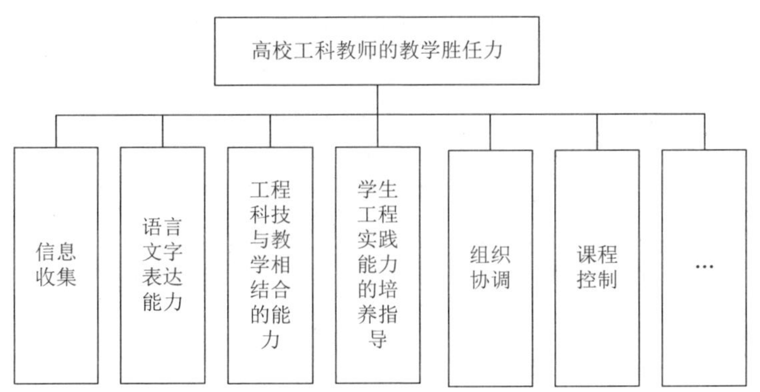

图 3-5　高校工科教师教学胜任力的内容

3.4　高校工科教师的科研胜任力特征分析

3.4.1　高校工科教师的科研特点

首先，工科类教师在科研过程中实践性与应用性突出。所有的科研成果都要进行应用与实践，而且要通过相关检验，比如实验室、基地等[134,135]。与此同时，科研成果也要拥有实践性与应用性，转化为实际生产力，形成经济价值。

其次，工科类教师在科研过程中周期性与挑战性明显。实际进行科研时，科研的方向、具体需求、难易度等，都可能影响到科研的进程，导致科研成功的概率偏低，很多情况下要花费很长时间才能得到结果[136]。国内现行的职称评价制度，具有严格的期限性与标准，在这种制度下，很多教师急于求成，有选择性地选择研究方向与课题，导致研究失去均衡性，不利于科学技术的健康发展[137]。

最后，工科类教师在科研过程中系统性与时代性明显。要想真正地实现科研项目，离不开系统性的知识与结构，也要紧跟时代发展步伐。那么对于教师而言，就要积极地开展学习与培训，及时掌握市场最新动态，清楚市场的实际需求，防止科研与实际脱节[138-140]。除此之外，要积极地建设高素质的科研队伍，保证团队之间具有良好的沟通与交流渠道，具备发散性思维与长远眼光，给科学技术的发展带来足够的生命力与动力。

3.4.2 高校工科教师科研胜任力的内容

科学研究属于特殊的社会实践行为，从上述讲述的理论与内容可知：科研行为指的是寻找问题、研究问题以及解决问题的全过程，实际上就是展示科研技能的过程。所以，很多学者将其视为特殊性能力，并且得到人们的支持与认可[141-147]。不过，科研为智力的最高体现，必须建立在特定基础之上。所以，科研过程就是不断创新与尝试的过程，所有的科研行为必须有足够的创造力，假如科研失去创造力与创新，就很难实现预期的目标值[148]。严格按照科学研究的次序，遵循相关的程序与步骤，结合习惯理论与知识，有文章将科研胜任力细化为一般能力、特殊能力和创造力，即分别对应科研认知能力、科研实践能力和工程技术创新能力三个组成要素[149-152]。

其中，认知能力指的是人类处理信息、储存信息以及提取信息的能力，也就是针对自然界各种事物的形成、属性、具体关系、推动力、发展趋势以及相关规律的认知度。属于人类实现相关目的的核心前提条件，所有的行为与活动不可能脱离其而单独存在[153]。对于高校工科教师而言，其科研认知能力主要包括主动获取知识和工程信息运用的能力。科研实践能力也属于科研能力的核心部分，并且能够将其具体化，细分后主要分为设计、实验、实操以及运算等能力，所有的科研都离不开这些能力，我们将其归纳为三点：解决问题能力、发现问题能力和分析问题能力[154]。针对工科类高等院校所实施的科研项目，主要应具备团队合作和解决实际问题的能力。高校工科教师的工程技术创新能力是培养卓越工程师的核心，研究懂工程人才培养规划可知，具体实施过程要积极关注下面两点。一是创新探索。高等院校中，非常重视与关注教师的科研能力，通过科研才能真正展示教师的能力，将社会服务功能落实到具体行动中。针对该阶段的教师，假如无法在第一时间获取行业内最新动态与科研方向，就很难确定人才培养的具体方案与方向，很可能导致人才培养计划与工程需求相差较大，人才没有市场支撑与接纳。因此，工科类高等院校教师要关注这方面能力的培养，提高教师对市场信息的判断力与洞悉力，掌握市场变化第一手数据与信息，不断地进行创新与改进，鼓励创新性行为，真正地达到教育的目的[155-158]。二是科研成果转化。在完成教学、科研工作的同时结合产业界的需要，开展科技服务，将此需求与自身的教学科研优势紧密结合，面向工业界开展技术创新，提高科研成果转化。

综上所述，高校工科教师教学胜任力所包含的内容如图 3-6 所示。

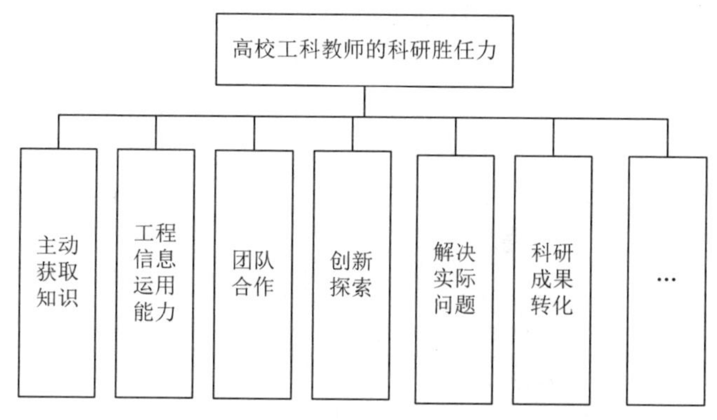

图 3-6　高校工科教师科研胜任力的内容

3.5　高校工科教师的工程实践胜任力特征分析

3.5.1　高校工科教师的工程实践特点

高校以教学为基础，学以致用是教学的目标。工科专业将应用型人才作为培养目标，要求学生能够将成熟的技术和理论应用到实践中。因此，作为工科教师，如果缺乏工程实践能力，将影响人才培养的质量，尤其是工程应用型人才的培养质量[159]。无论是教学还是科研，甚至是工程实践能力，对于高校工科教师的绩效评价都是十分重要的评价指标[160]。

工程实践能力是工科教师所具备的重要职业素养。工程实践能力有助于教师对教学方式方法进行改革，更合理地安排教学内容，同时有助于对卓越工程师的培养。对自身学科知识的掌握能够使教师在授课过程中深入浅出，而具备较强的工程实践能力则能帮助教师提高授课的趣味性和引导性，通过联系实际的工程案例穿插相关知识点，使学生更容易接受并快速应用，从而有效避免在教学过程中出现纸上谈兵、理论脱离实际和学非所用等现象。

丰富的工程能力经历能够提升教师的工程素养。在不断积累工程实践经历的过程中，能够有效巩固工程知识、工程原理和工程相关概念，通过在实践中加强对知识的运用能力和解决实际问题的能力，同时能够提升工程实践过程中对实际工程问题的思考和分析能力。此外，科学研究的最终目的是提高技术创新能力并解决实际工程问题[161-163]，因此，丰富的工程实践能力能够为科学研究提供研究背景并开阔教师的视野，为工程创新能力的培养提供基础。

3.5.2 高校工科教师工程实践胜任力的内容

任何工程都带有明显的实践性，而工程教育源自实践而又归结于实践，其属于工程教育的根本所在[164]。工科类院校的毕业生，未来都将借助科学理论与技术为社会的发展做出贡献，带有很强的创造性，就业方向偏向于技术研发人员与专业技术人员。处于信息化时代背景下，对这些人才的需求量非常大，通俗来讲他们就是工程师。社会的发展，促使各种工程越来越庞大并且复杂，工程教育的难点与重点都是切实改善工程师的实践能力，这也对高校工科教师工程实践能力的培养和提高提出了更高的要求。本次研究中所涉及的工程实践胜任力指的是结合社会实际需求，尽可能将理论与实践有机地结合起来，把相关的理论、技能等应用到具体的制造、设计、销售等各个实践环节，多方面考虑问题，比如技术因素、环境因素、文化因素以及法律因素等，掌握其对工程实践的影响力，进而帮助社会创造与提供工程产品、技术服务，并解决暴露出来的问题。通过系统性研究与探索，将工程实践胜任力分为多个要素，比如工程设计能力、软件应用能力、分析预测能力、实验实践能力、技术应用能力、消化吸收能力、质量控制能力和数理思维能力等，具体如图 3-7 所示。

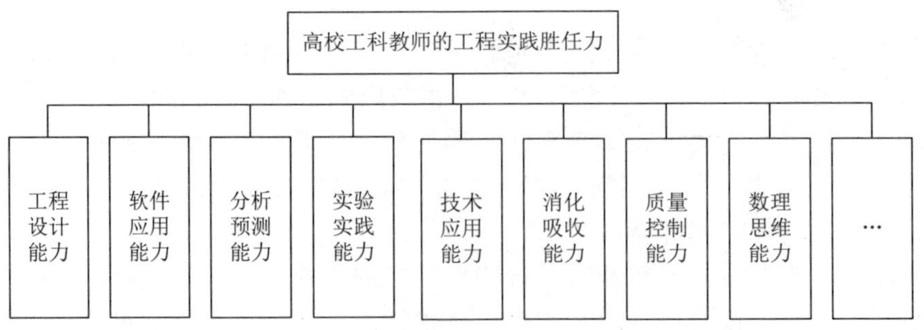

图 3-7　高校工科教师工程实践胜任力的内容

本章小结

本章首先分析了高校工科教师胜任力的四维要素模型，并分析该模型的特征，即高校工科教师胜任力的 F-T-R-P 模型包含在发展度、均衡度和持续度三维空间模型中，并且四个要素之间互相支持和发展。其中，教学胜任力、科研胜任力和工程实践胜任力能够培养高校工科教师的特质胜任力，而工科教师特质胜任力又为教学胜任力、科研胜任力和工程实践胜任力提供保障。此外，教学胜任力、科研胜任力能够提升高校工科教师的工程实践胜任力，而工程实践胜任力能够支撑工科教师的教学胜任力和科研胜任力。同时，高校工科教师的教学胜任力和科研胜任力能够互相支持，促进彼此的提升。在高校工科教师胜任力四维要素模型的框架下，本书分别从特质胜任力、教学胜任力、科研胜任力和工程实践胜任力四个方面进行了高校工科教师胜任力的要素特征分析。

第 4 章

基于胜任力模式的高校工科教师绩效评价指标体系构建

基于胜任力模式的高校工科教师绩效评价指标体系主要分为两个部分，即高校工科教师“胜任力指标”（PCI）和高校工科教师“关键绩效指标”（KPI）。前者是高校工科教师绩效评价的内在保障，后者是体现绩效评价的外在表现。科学合理地构建高校工科教师胜任力模式，既能够促进教师的全面发展，促进工科教师整体素质的提升，同时也为高校工科教师绩效评价体系的构建提供前提保障，利于构建基于胜任力模式的高校工科教师绩效评价体系[165-169]。本章运用问卷调查法和主成分分析法，首先构建高校工科教师胜任力模式，对高校工科教师胜任力的要素进行初选，并从中提炼高校工科教师胜任力的指标体系，然后运用主成分分析法对指标进行遴选，得出高校工科教师胜任力的四个维度 12 个关键指标。同时，根据 KPI 理论，构建高校工科教师关键绩效指标体系。据此将高校工科教师“胜任力指标体系”和“关键绩效指标体系”相融合，建立基于胜任力和关键绩效的高校工科教师绩效评价指标体系。基于胜任力模式的高校工科教师绩效评价指标体系构建逻辑框架如图 4-1 所示。

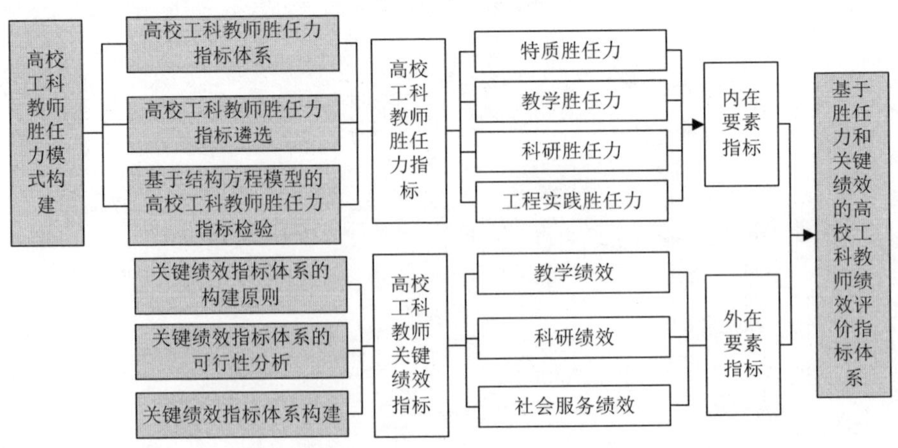

图 4-1　基于胜任力模式的高校工科教师绩效评价指标体系构建逻辑框架

4.1 高校工科教师胜任力模式构建

高校工科教师胜任力指标和模式构建的前提在于筛选出切合高校工科教师岗位的胜任力要素。为找出高校工科教师胜任力的核心要素，设计高校工科教师胜任力要素调查问卷，对不同要素的重要性进行统计，最终确定工科教师特质胜任力、教学胜任力、科研胜任力和工程实践胜任力四个维度24个核心要素[170-173]。

4.1.1　高校工科教师胜任力问卷发放与回收

为了对高校工科教师胜任力进行更为深入的分析，在高校工科教师胜任力的要素结构理论分析的基础上，选取了三所高校的12位专家进行访谈，这12位都是在三所高校从事过人力资源管理工作或者从事高校人力资源管理研究的专家。访谈对象构成情况如表4-1所示。

表4-1　访谈对象构成

访谈人员构成		访谈数/人	比例/%
职称	中级	2	16.7
	高级	8	66.7
	工程院院士	2	16.7
性别	男	9	75
	女	3	25
工作年限	5年以下	1	8.3
	5～10年	4	33.3
	10年以上	7	58.3
合计		12	100

访谈提纲如下：高校工科教师应该具备哪些方面的能力或者素质？高校工科教师的胜任力能否用特质胜任力、教学胜任力、科研胜任力和工程实践胜任力四个方面来表示？你认为高校工科教师胜任力的各个方面具体有哪些重要指标？

根据前面的访谈结果及相关研究资料收集、整理，作者初步确定了45个胜任力要素，并按特质胜任力、教学胜任力、科研胜任力和工程实践胜任力四个方面（也称四个维度）进行分类，具体如表4-2所示。同时，在此基础上设计了“高校工科教师胜任力要素调查问卷”，见附录A。

表 4-2　高校工科教师胜任力要素

特征因素	特质胜任力	教学胜任力	科研胜任力	工程实践胜任力
1	热爱工程事业	信息收集能力	主动获取知识能力	工程设计能力
2	善于钻研技术	工程技术与教学相结合能力	工程信息运用能力	软件应用能力
3	严谨求实	学生工程实践能力的培养能力	团队合作能力	分析预测能力
4	社会责任	语言文字表达能力	创新探索能力	实验实践能力
5	热爱学生	组织协调能力	解决实际问题能力	技术应用能力
6	工程伦理	课程控制能力	科研成果转化能力	消化吸收能力
7	为人师表			质量控制能力
8	乐观积极			数理思维能力
9	人际交往			
10	事业心			
11	灵活性			
12	开放性			
13	幽默风趣			
14	感染力			
15	情绪稳定			
16	责任心			
17	自信心			
18	坚持不懈			
19	教学经验			
20	成就动机			
21	关注细节			
22	自控能力			
23	进取心			
24	全局观念			
25	职业认同			

研究采用随机抽样的原则，向武汉三所高校的在职教师、行政人员、学生发放调查问卷（高校工科教师胜任力要素调查问卷）600 份，收回问卷 319 份，根据问卷填写情况，在其中选取有效问卷 225 份，其中教师问卷 75 份、行政人员问卷 15 份、研究生问卷 55 份、本科生问卷 80 份。选取的有效问卷的样本结构如表 4-3、表 4-4 所示。

表 4-3　高校工科教师胜任力要素重要性有效问卷在职人员样本结构

统计指标		调查数/人	比例/%
性别	男	80	88.9
	女	10	11.1
职称	初级	0	0
	中级	20	22.2
	高级	70	77.8
高校教龄（工作年限）	0～5 年	10	11.1
	5～10 年	10	11.1
	10 年以上	70	77.8
合计		90	100

表 4-4　高校工科教师胜任力要素重要性有效问卷学生样本结构

统计指标		调查数/人	比例/%
性别	男	108	80
	女	27	20
层次	本科生	80	59.26
	硕士研究生	39	28.89
	博士研究生	16	11.85
合计		135	100

4.1.2　问卷信度与效度分析

1. 问卷信度分析

用 SPSS 19.0 对问卷样本进行信度分析，结果如表 4-5 所示。从表 4-5 的结果来看，两个系数值都在 90%以上，该问卷量表具有很高的内在一致性，可靠性比较强，可以进行进一步分析（Cronbach’s Alpha 信度系数用于检验问卷数据是否具有可信度。对于总量表与分量表信度的判断有一定的差异，总量表信度系数在 0.7～0.8，表明数据具有较好的信度，而分量表具有较好的信度则系数需在 0.6～0.7。Cronbach’s Alpha 系数小于 0.6 时信度系数不符合标准，需重新设计问卷）。

表 4-5　高校工科教师胜任力要素重要性调查问卷信度分析

Cronbach’s Alpha	Cronbach’s Alpha Based on Standardized Items	Number of Items
0.942	0.943	46

2. 问卷效度分析

在进行要素遴选前，要考量问卷调查数据效度如何，因此要进行 KMO 检验和 Bartlett 球状检验。KMO（Kaiser-Meyer-Olkin）检验统计量是用于比较变量间简单相关系数和偏相关系数的指标。一般而言，数值在 0 和 1 之间。一方面，当所有变量间的简单相关系数平方和远大于偏相关系数平方和时，KMO 值与 1 相差程度越小，表明变量的相关性越高，认为数据可以进行因子分析；另一方面，当这一值趋于 0 时，即 KMO 值接近 0，则代表数据不适合进行因子分析。Kaiser 认为度量相关系数的标准是：数值大于 0.9 认为非常适合进行因子分析；数值接近 0.8 表示适合进行因子分析；数值接近 0.7 表示一般；数值接近 0.6 时不太适合进行因子分析；当数值接近或小于 0.5 时建议不做因子分析。

Bartlett 球状检验主要用于检验数据的分布以及变量间的区分度。对于调查问卷的结果，所有数据的分布就像在一个球体里面。一般来说，Bartlett 球状检验的卡方统计值 χ^2（chi-square）的显著性概率 $P<0.05$ 时，适合进行因子分析，表明数据效度良好。

用统计软件 SPSS 19.0 对 225 份调查问卷的数据进行 KMO 检验和 Bartlett 球状检验，结果如表 4-6 所示。

表 4-6　KMO 检验和 Bartlett 球状检验

取样足够度的 Kaiser-Meyer-Olkin 度量		0.960
Bartlett 球状检验	近似卡方	4467.297
	df	276.000
	Sig.	0.000

从结构效度分析，Bartlett 球状检验统计量为 4467.297，在 0.000 的水平上具有统计学意义；KMO 统计量为 0.960，说明变量之间具有较强的相关关系，问卷具有较好的结构效度。

4.1.3　高校工科教师胜任力的要素确定

由于问卷调查包括在职人员和在校学生，所以整理时按照在职人员（教师及高校行政人员）和学生（包括博士研究生、硕士研究生及本科生）进行分类整理，具体数据如表 4-7、表 4-8 所示。由于在职人员和学生观点有所不同，并且学生样本数较多，而无论是本科生还是研究生，其知识、经历和视野不一定具备全面评价教师的能力，本书更偏向分析在职教师和行政人员的观点，因此将在职教师和在校学生分别赋予 70%和 30%的权重，加权公式为

$$X_{\mathrm{T}} = 0.7X_{\mathrm{Z}} + 0.3X_{\mathrm{S}} \tag{4-1}$$

其中，X_T 为加权平均的胜任力评分；X_Z 为在职教师的评分均值；X_S 为学生的评分均值。

表 4-7　高校工科教师胜任力要素重要性调查问卷结果（*N*=225）

胜任力要素		在职人员		学生		加权平均（X_T）
		均值（X_Z）	标准偏差	均值（X_S）	标准偏差	
特质胜任力	热爱工程事业	8.5	1.366260102	8.551724138	1.502051143	8.515517
	善于钻研技术	8.5	1.366260102	8.413793103	1.547284289	8.474138
	严谨求实	9	1.032795559	8.620689655	1.612757025	8.886207
	社会责任	8	1.264911064	7.793103448	1.633998390	7.937931
	热爱学生	8.5	1.549193338	8.413793103	1.637010371	8.474138
	工程伦理	8.375	1.668332501	8.482758621	1.572547743	8.407328
	为人师表	9.25	1.000000000	8.758620690	1.353703186	9.102586
	乐观积极	9.125	1.024695077	8.758620690	1.353703186	9.015086
	人际交往	7.875	1.707825128	8.413793103	1.547284289	8.036638
	事业心	8.25	1.000000000	9.310344828	1.227757778	8.568103
	灵活性	7.625	1.668332501	9.034482759	1.148998279	8.047845
	开放性	8.125	1.360147051	8.827586207	1.255529641	8.335776
	幽默风趣	8	1.632993162	8.620689655	1.521601438	8.186207
	感染力	8.125	1.360147051	8.413793103	1.637010371	8.211638
	情绪稳定	8.125	1.147460965	8.344827586	1.421163057	8.190948
	责任心	9.125	1.258305739	8.827586207	1.255529641	9.035776
	自信心	8.5	1.366260102	8.551724138	1.403724813	8.515517
	坚持不懈	8.625	1.586400538	8.275862069	1.485562705	8.520259
	教学经验	8	1.460593487	8.482758621	1.378940837	8.144828
	成就动机	7.125	1.62788206	7.931034483	1.556806128	7.366810
	关注细节	8.125	1.857417562	8.275862069	1.485562705	8.170259
	自控能力	7.875	1.147460965	8.137931034	1.505327158	7.953879
	进取心	8.5	1.549193338	8.689655172	1.105294023	8.556897
	全局观念	7.75	1.437590577	8.620689655	1.521601438	8.011207
	职业认同	8.375	1.500000000	7.862068966	1.505327158	8.221121
教学胜任力	信息收集能力	8	1.460593487	8.344827586	1.518360537	8.103448
	工程科技与教学相结合能力	8.125	1.360147051	8.896551724	1.371777460	8.356466
	学生工程实践能力的培养指导能力	8.5	1.366260102	8.344827586	1.316810597	8.453448
	语言文字表达能力	8.625	1.408308678	8.896551724	1.263352331	8.706466
	组织协调能力	7.625	1.500000000	8.344827586	1.316810597	7.840948
	课程控制能力	8	1.788854382	8.137931034	1.407229749	8.041379

续表

胜任力要素		在职人员		学生		加权平均 (X_T)
		均值（X_Z）	标准偏差	均值（X_S）	标准偏差	
科研胜任力	主动获取知识能力	8.375	1.500000000	8.413793103	1.452024237	8.386638
	工程信息运用能力	8.625	1.204159458	8.689655172	1.339068127	8.644397
	团队合作能力	8.75	1.238278375	8.551724138	1.594324911	8.690517
	创新探索能力	8.75	1.000000000	8.344827586	1.518360537	8.628448
	解决实际问题能力	8.125	1.360147051	8.551724138	1.182799551	8.253017
	科研成果转化能力	7.625	1.500000000	8.206896552	1.346405541	7.799569
工程实践胜任力	工程设计能力	8.625	1.328278375	8.413793103	1.639736187	8.601638
	软件应用能力	8.5	1.366260102	9.034482759	1.267245568	8.660345
	分析预测能力	8.75	1.238278375	8.482758621	1.744802274	8.669828
	实验实践能力	8.25	1.382728375	8.689655172	1.339068127	8.381897
	技术应用能力	7.875	1.360147051	7.655172414	1.518360537	7.809052
	消化吸收能力	7.5	1.549193338	8.413793103	1.722067723	7.774138
	质量控制能力	7.65	1.500000000	8.263896552	1.346405541	7.789579
	数理思维能力	7.75	1.61245155	8.620689655	1.521601438	8.011207

表 4-8　高校工科教师胜任力要素重要性调查问卷人数统计

胜任力要素		模块内要素排名			全部要素排名		
		在职人员	学生	总平均	在职人员	学生	总平均
特质胜任力	热爱工程事业	4	3	4	13	16	14
	善于钻研技术	3	5	4	13	23	16
	严谨求实	2	2	2	4	13	7
	社会责任	8	7	8	31	43	35
	热爱学生	4	5	4	13	23	16
	工程伦理	6	4	5	20	21	20
	为人师表	1	1	1	1	8	3
	乐观积极	1	3	2	2	8	4
	人际交往	11	15	12	36	29	34
	事业心	3	12	6	5	39	15
	灵活性	7	5	6	39	13	31
	开放性	9	10	9	41	2	29
	幽默风趣	11	2	8	20	38	25
	感染力	7	7	7	31	13	26
	情绪稳定	8	14	10	30	30	30
	责任心	3	1	2	11	36	19

续表

胜任力要素		模块内要素排名			全部要素排名		
		在职人员	学生	总平均	在职人员	学生	总平均
特质胜任力	自信心	1	3	2	2	6	3
	坚持不懈	5	10	7	13	17	14
	教学经验	14	6	12	23	31	25
	成就动机	13	13	13	31	21	28
	关注细节	17	7	14	45	42	44
	自控能力	14	15	14	36	37	36
	进取心	5	7	6	13	10	12
	全局观念	16	17	16	27	17	24
	职业认同	7	8	7	23	44	29
教学胜任力	信息收集能力	9	9	9	31	32	31
	工程科技与教学相结合能力	3	1	2	10	4	8
	学生工程实践能力的培养指导能力	5	3	4	13	33	19
	语言文字表达能力	3	1	2	10	4	8
	组织协调能力	11	9	10	41	35	39
	课程控制能力	9	8	9	31	41	34
科研胜任力	主动获取知识能力	6	5	6	20	28	22
	工程信息运用能力	11	3	8	40	10	31
	团队合作能力	1	7	3	5	17	9
	创新探索能力	1	5	2	5	33	13
	解决实际问题能力	7	8	7	36	45	38
	科研成果转化能力	7	12	8	25	39	29
工程实践胜任力	工程设计能力	5	4	5	13	23	16
	软件应用能力	2	1	2	13	2	10
	分析预测能力	1	3	2	5	20	10
	实验实践能力	3	2	3	23	10	19
	技术应用能力	4	5	4	29	6	22
	消化吸收能力	8	7	8	44	26	39
	质量控制能力	7	8	7	41	26	37
	数理思维能力	6	4	5	23	1	16

根据表 4-7 的要素分值，选取 24 个要素特征，并按特质胜任力、教学胜任力、科研胜任力和工程实践胜任力四个要素群进行分类，具体如表 4-9 所示。

表 4-9 高校工科教师胜任力要素

要素群	要素指标	要素个数
特质胜任力	热爱工程事业、善于钻研技术、严谨求实、工程伦理、热爱学生、为人师表、乐观积极、事业心、责任心、自信心、坚持不懈、进取心	12
教学胜任力	语言文字表达能力、工程科技与教学相结合能力、学生工程实践能力的培养指导能力	3
科研胜任力	主动获取知识能力、创新探索能力、团队合作能力	3
工程实践能力	数理思维能力、软件应用能力、分析预测能力、实验实践能力、工程设计能力、技术应用能力	6

4.2 高校工科教师胜任力指标体系

4.2.1 高校工科教师胜任力指标内涵

根据表 4-9 以及高校工科教师的实际情况，高校工科教师胜任力指标（position competency indicator，PCI）体系由若干指标构成的指标群（要素群）构成，各要素是按照一定的设计思路结合在一起，构成一个有机的整体[174-179]。因此，高校工科教师胜任力指标体系的具体设计如表 4-10 所示。

表 4-10 高校工科教师胜任力指标体系

指标类型	一级指标	二级指标	代码
高校工科教师胜任力指标体系	特质胜任力	热爱工程事业	X_1
		善于钻研技术	X_2
		严谨求实	X_3
		工程伦理	X_4
		热爱学生	X_5
		为人师表	X_6
		乐观积极	X_7
		事业心	X_8
		责任心	X_9
		自信心	X_{10}
		坚持不懈	X_{11}
		进取心	X_{12}
	教学胜任力	语言文字表达能力	X_{13}
		工程科技与教学相结合能力	X_{14}
		学生工程实践能力的培养指导能力	X_{15}

续表

指标类型	一级指标	二级指标	代码
高校工科教师胜任力指标体系	科研胜任力	主动获取知识能力	X_{16}
		创新探索能力	X_{17}
		团队合作能力	X_{18}
	工程实践胜任力	数理思维能力	X_{19}
		软件应用能力	X_{20}
		分析预测能力	X_{21}
		实验实践能力	X_{22}
		工程设计能力	X_{23}
		技术应用能力	X_{24}

总的来看，高校工科教师胜任力指标体系可以归纳为特质胜任力、教学胜任力、科研胜任力和工程实践胜任力四个方面，选取 24 个指标（要素）构成。

1. 特质胜任力

工科教师的特质是工科教师经过长期积累，受外界教育和环境等长期影响而形成的特有的性格品质的总和。工科教师的特质包括热爱工程事业、善于钻研技术、严谨求实、工程伦理、热爱学生、为人师表、乐观积极、事业心、责任心、自信心、坚持不懈和进取心。

（1）热爱工程事业

热爱工程事业是指工科教师对工程事业的态度，不追名逐利、不计回报的职业精神和把教书育人、传递工程知识的工作当作一项事业而不仅仅是生存方式来热爱和完成。

（2）善于钻研技术

关于钻研技术是指工科教师在教学和科研过程中，注重对技术创新和技术应用的研究。工科教师的工作内容更注重实践的重要性，因此，娴熟的技术掌握和应用能够提高教师的教学质量，并为科研创新提供思路。

（3）严谨求实

严谨求实是指工科教师在教学和科研过程中，应当注重理论知识的严谨性，结合工科实践的特性做到求真务实。由于工科专业一般都是复杂的系统工程专业，由多个交叉学科组成，因此更强调思维的逻辑性和严谨性。

（4）工程伦理

工程伦理是指作为社会服务者的工科教师对整个社会良性发展应当承担的职责和义务，必须符合最高的伦理原则。由于工科专业的知识成果有利于科技的发展，直接作用于广大人民群众的社会生活，所以这也对工科教师的职业道德和社会服务意识有较高的要求。

（5）热爱学生

热爱学生是指工科教师尊重学生的主体价值、信任和关心学生、严格要求学生并且公正地对待学生。教师热爱学生具有职业性、无私性、原则性和全面性的特点，在教育职业过程中产生，表现在不图学生回报、严慈相济和关心学生全面成长等方面。

（6）为人师表

为人师表是指工科教师在人品学识、道德言行和审美情趣等方面作为别人学习的榜样。捷克著名的教育家夸美纽斯认为教师其实是学生的榜样和模范，需以身作则来教育和引导学生。教师被誉为“人类灵魂的工程师”，教师的言传身教能够对学生起到表率和示范作用。

（7）乐观积极

乐观积极是指一种积极面对生活的态度。乐观积极能够体现人的言行举止，具有较强的感染力。工科教师不但要传递科学知识，更要传递正确的人生态度。

（8）事业心

事业心是指一种对自身工作热爱和奋斗的情操。具有事业心的人能够更努力地实现自身的价值，达到自己设定的目标，使自身在精神上得到满足，能够激励人更加奋发图强。

（9）责任心

责任心是指一种自觉主动地做好分内分外一切有益事情的精神状态。责任心从本质上讲既要利己，又要利他人、利事业、利国家和社会。它是学生信赖和尊重的前提，也是教师自我存在的价值和意义。

（10）自信心

自信心是指一种反映工科教师对自己是否有能力成功完成教学任务、处理困难情境或解决科研问题的信任程度的心理特征，在这种心理特征的趋势下，工科教师具备更积极的态度，展现和发挥自我效用。

（11）坚持不懈

工科教师具备对工作目标持之以恒且持续为其奋斗的态度，为了实现自身价值、服务社会，会以坚持的态度完成自己的使命。坚持不懈的程度，受学习情境、学习任务、学习兴趣、学习态度、成就动机以及成人的榜样等因素的影响。

（12）进取心

进取心是一种积极向上永不止步的心理状态，教师应具备这样的心理特质，不断追求更好。具有进取心的教师，为自己设定较高的工作目标，勇于迎接挑战，渴望有所建树，要求工作成绩出色。

2. 教学胜任力

工科教师的教学胜任力是指其从事工科教育教学活动所应具备的基本教学技能和能力的总和[180]，主要包括语言文字表达能力、工程科技与教学相结合的能力以及学生工程实践能力的培养指导三个要素。

（1）语言文字表达能力

语言文字表达能力是指工科教师在口头语言（说话、讲课、演讲、做报告）以及书面语言（科研论文）的过程中运用字、词、句、段的能力。它是教师在课堂教学中完成知识点讲解并实现师生互动的重要能力[181]。

（2）工程科技与教学相结合能力

工程科技与教学相结合的能力是指工科教师在课堂教学中结合工科专业的特色组织教学，并结合工程科技在实践中的应用情况，引用案例讲解知识点，注重学生技能的操作能力、思维能力，提高教学效率和达到预期教学目标的行为方式。

（3）学生工程实践能力的培养指导能力

学生工程实践能力的培养指导是指工科教师自发真诚地运用专业知识、情感和教育教学的基本手段去帮助和引导学生提高工程实践能力，提高学生知识技能、方法等进行教学指导、教育培训过程的能力。

3. 科研胜任力

（1）主动获取知识能力

主动获取知识是指个人主动对新知识的吸收理解能力，它是工科教师吸收借鉴、自我补充新知识和对新知识理解掌握以及应用的重要能力。

（2）创新探索能力

创新探索是指在原有知识水平上，根据一定的思想方法和知识层面着手，在原先不知情的状况下去探究、摸索、发现和总结规律，积累经验和教训，并进行突破性的改良，从本质上区别原来事物的开发性活动及行为。只有不断探索和创新，科学技术知识才会不断地开阔和深入。

（3）团队合作能力

一群具备专业素养和能力、有理想和抱负的人在特定的团队中，保持积极追求和奋斗的决心，为了共同的目标协作前进的过程。团队合作能够产生一股强大而且持久的力量，能够调动团队成员的所有资源和才智。

4. 工程实践胜任力

工科教师的工程实践胜任力是指能够理论联系实际，综合考虑外界环境因素，将所掌握的知识应用到工程实践活动并解决实际的工程问题，包括数理思维能力、软件应用能力、分析预测能力、实验实践能力、工程设计能力和技术应用能力等。

（1）数理思维能力

数理思维能力是指工科教师具备较强的数学、物理等扎实的自然学科理论知识基础，并具有较强的逻辑思维能力进行相关教学和科研工作。工科专业大多由数学、物理学、化学、计算机等多个学科的理论基础知识构成的系统化的专业知识结构，应用数学进行建模分析、计算机软件辅助处理、物理学和化学等理论体系作为支撑，强调逻辑思维的严谨性。

（2）软件应用能力

软件应用能力是指工科教师在科学研究中，分析实际工程问题时能够掌握软件的操作要点和功能特点，利用相关计算机软件辅助进行分析、决策和研究，并能对设计的结果进行测试和修正。

（3）分析预测能力

分析预测能力是指工科教师对外界经济、环境、政策进行分析预测的能力。在科研和解决实际工程问题的过程中，需要考虑外界因素的影响，因此具备分析预测能力，能够帮助更准确地获取信息，并有效利用信息进行技术创新和应用。

（4）实验实践能力

实验实践能力是指工科教师从事工程活动的实验和实践能力，它能够保持工程试验的效率和科学性，并为工程决策和科研提供大量的数据。通过掌握先进、科学的试验研究方法能够帮助工科教师往复地在理论和实践中进行转换，不断推进工程实践能力的提高。

（5）工程设计能力

工程设计能力是指工科教师通过技术应用和创新解决实际工程问题，并能够结合实际问题进行分析和设计工程项目的能力。

（6）技术应用能力

技术应用能力是指运用工程理论知识和技术进行实际问题的分析、设计和研究的能力，即用实际验证理论，在理论和实际的结合中理解和掌握知识和进行科学研究的能力。工程信息运用技术应用能力是主观和客观、理论和实践、知和行的统一，也是理论基础上升到实践的过程。

4.2.2　高校工科教师胜任力指标遴选

在初步构建的高校工科教师胜任力指标体系基础上，为了排除相关性较大的指标，避免胜任力指标内涵的重合，采用主成分分析法，通过胜任力主成分累积贡献率分析和载荷系数分析对高校工科教师胜任力指标进行遴选[182]。

1. 胜任力主成分累积贡献率分析

用统计软件 SPSS 19.0 对 225 份调查问卷的数据进行分析后，按胜任力指标贡献率由大到小进行排序，得到前三个主成分的累积贡献率为 71%，如表 4-11 所示。一般理论认为累积贡献率达到 85%以上为宜，或者特征值大于 1；但在实际应用中原始变量（指标）过多（本例中有 24 个原始变量），会使得累积贡献率达到 85%以上时，主成分仍然较多（本例中有 7 个）。结合诸多文献研究，本书认为在实际应用时，原始变量过多（超过 15 个），取累积贡献率为 70%～85%所对应的前 m 个主成分即可。对于原始变量较少（12 个以下）取累积贡献率 85%以上所对应的前 m 个主成分即可。

表 4-11　主成分贡献率（按方差统计）

主成分	初始特征值			提取平方和载入		
	合计	方差/%	累积/%	合计	方差/%	累积/%
1	13.504	56.266	56.266	13.504	56.266	56.266
2	2.034	8.475	64.741	2.034	8.475	64.741
3	1.512	6.298	71.039	1.512	6.298	71.039
4	1.004	4.182	75.221			
5	0.884	3.684	78.905			
6	0.802	3.341	82.245			
7	0.753	3.136	85.382			
8	0.524	2.184	87.566			
9	0.484	2.018	89.584			
10	0.440	1.834	91.418			
11	0.362	1.506	92.924			
12	0.342	1.423	94.347			
13	0.271	1.131	95.478			
14	0.215	0.895	96.373			
15	0.190	0.790	97.163			
16	0.148	0.617	97.781			
17	0.122	0.507	98.288			

续表

主成分	初始特征值			提取平方和载入		
	合计	方差/%	累积/%	合计	方差/%	累积/%
18	0.106	0.440	98.728			
19	0.086	0.360	99.088			
20	0.072	0.299	99.387			
21	0.053	0.221	99.608			
22	0.040	0.168	99.776			
23	0.037	0.153	99.929			
24	0.017	0.071	100.000			

从表 4-11 看出，前三个主成分解释了全部方差的 71.039%，其所包含的原始变量的贡献率总量达到了 71.039%，这说明用前三个主成分代表原来的 24 个指标评价工科教师的胜任力已经有足够的把握。

2. 胜任力主成分载荷系数分析

通过 SPSS 19.0 软件可以得出高校工科教师各胜任力指标在三个主成分上的载荷系数，可列出成分载荷矩阵，如表 4-12 所示，对所选主成分做出经济解释。

表 4-12　成分载荷矩阵

指标		载荷系数		
		主成分Y_1	主成分Y_2	主成分Y_3
热爱工程事业	X_1	0.321	0.426	−0.348
善于钻研技术	X_2	0.761	−0.207	−0.199
严谨求实	X_3	0.048	0.370	−0.157
工程伦理	X_4	0.485	−0.106	−0.385
热爱学生	X_5	0.445	−0.032	0.456
为人师表	X_6	0.146	−0.345	0.404
乐观积极	X_7	0.324	0.465	−0.359
事业心	X_8	0.824	−0.283	0.261
责任心	X_9	0.793	−0.181	−0.247
自信心	X_{10}	0.403	−0.235	0.459
坚持不懈	X_{11}	0.081	−0.306	0.490
进取心	X_{12}	0.356	0.176	0.478
语言文字表达能力	X_{13}	0.481	0.635	−0.225
工程科技与教学相结合能力	X_{14}	0.195	0.695	−0.042
学生工程实践能力的培养指导	X_{15}	0.349	0.639	−0.313

续表

指标		载荷系数		
		主成分Y_1	主成分Y_2	主成分Y_3
主动获取知识	X_{16}	0.573	0.433	−0.119
创新探索	X_{17}	0.679	0.524	−0.137
团队合作	X_{18}	0.811	−0.376	−0.189
数理思维能力	X_{19}	0.237	0.079	0.776
软件应用能力	X_{20}	0.493	0.322	0.290
分析预测能力	X_{21}	0.449	0.226	0.113
实验实践能力	X_{22}	0.100	0.028	0.405
工程设计能力	X_{23}	0.097	−0.171	0.803
技术应用能力	X_{24}	0.401	0.429	−0.131

对主成分展开分析时，难点在于是否需要给予主成分特定的内涵，并做出相关说明。说明往往要考虑主成分的计算结果，然后采取定性分析展开[183-185]。主成分就是相关变量之间的组合，而在形成的新组合中，变量的系数并不确定，可能为任意数值，这就为分析主成分增加了难度，不能简单地实施线性研究。对组合中所有变量进行研究，如果其数值的绝对值较大，证明其包含多个绝对值较大的变量；而多个变量的系数相同时，表明多个变量的叠加形成主成分。实际操作过程中，给变量集合什么样的经济意义，必须综合考虑专业概念与知识，准确地给出说明，找到真正的内涵与影响因素。

为简化指标体系，提取影响高校工科教师胜任力的关键要素，按照以下原则进行指标筛选：各指标在各主成分上的载荷系数绝对值大于 0.5。从表 4-12 的成分载荷矩阵中可发现，每一维度的胜任力指标在不同主成分上载荷系数具有差异化，其中，特质胜任力中的善于钻研技术（X_2）、事业心（X_8）和责任心（X_9）在三个主成分上均存在绝对值大于 0.5 的载荷系数，表明这三个指标是工科教师特质胜任力中较为核心的指标。教学胜任力中的语言文字表达能力（X_{13}）、工程科技与教学相结合能力（X_{14}）和学生工程实践能力的培养指导能力（X_{15}）在三个主成分上均存在绝对值大于 0.5 的载荷系数，表明这三个指标均为工科教师教学胜任力中较为核心的指标。科研胜任力中的主动获取知识能力（X_{16}）、创新探索能力（X_{17}）、团队合作能力（X_{18}）在三个主成分上均存在绝对值大于 0.5 的载荷系数，表明这三个指标均为工科教师科研胜任力中较为核心的指标。工程实践胜任力中的数理思维能力（X_{19}）、实验实践能力（X_{22}）、工程设计能力（X_{23}）在三个主成分上均存在绝对值大于 0.5 的载荷系数，表明这三个指标是工科教师工程实践胜任力中较为核心的指标。由此进一步从 24 个高校工科教师胜任力指标中遴选出 12 个胜任力核心指标（PCI），并对各指标进行重新编码，具体如表 4-13 所示。

表 4-13　遴选后高校工科教师胜任力指标体系

指标类型	一级指标	代码	二级指标	代码
高校工科教师胜任力指标体系（PCI）	特质胜任力	F	善于钻研技术	F_1
			事业心	F_2
			责任心	F_3
	教学胜任力	T	语言文字表达能力	T_1
			工程科技与教学相结合能力	T_2
			学生工程实践能力的培养指导能力	T_3
	科研胜任力	R	主动获取知识能力	R_1
			创新探索能力	R_2
			团队合作能力	R_3
	工程实践胜任力	P	数理思维能力	P_1
			实验实践能力	P_2
			工程设计能力	P_3

4.2.3　基于结构方程模型的高校工科教师胜任力指标检验

1. 研究设计

通过高校工科教师胜任力的 F-T-R-P 模型分析可以看出，高校工科教师的特质胜任力（F）、教学胜任力（T）、科研胜任力（R）和工程实践胜任力（P）之间存在一定的关联。从高校工科教师胜任力到各维度胜任力的 12 个具体的核心指标，体现了从抽象到具体的过程。为了对高校工科教师的四个维度胜任力的关系进行验证，采用结构方程模型对高校工科教师胜任力模式进行检验。具体检验模型如图 4-2 所示。

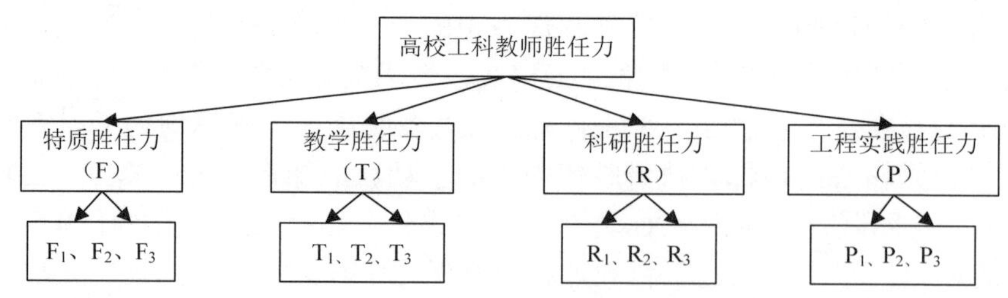

图 4-2　高校工科教师胜任力指标检验模型

本书根据筛选后的指标设计“高校工科教师胜任力指标检验调查问卷”，见附录 B。向高校工科教师发放 360 份问卷，有效回收的问卷有 306 份，其中获得博士学位的工科教师为主要调查对象。具体样本结构如表 4-14 所示。

表 4-14　高校工科教师胜任力指标检验问卷有效问卷样本结构（样本数：306）

统计指标		调查数/人	比例/%
性别	男	214	69.93
	女	92	30.07
职称	初级	49	16.01
	中级	98	32.03
	高级	159	51.96
高校教龄（工作年限）	0～5年	43	14.05
	5～10年	146	47.71
	10年以上	117	38.24
合计		306	100

本书采用的检验方法是 Likert5 点计分制，按五个等级划分，并代表相应的 1、2、3、4、5 五个分值。306 名被调查者根据自身对胜任力的看法，并结合个人具体实际工作情况，根据每个指标的同意程度进行打分，数值代表同意程度的大小。

首先采用 SPSS 15.0 对每个指标进行分析，通过偏度和峰度判定高校工科教师胜任力检验数据是否服从正态分布。具体分析结果如表 4-15 所示。

表 4-15　工科教师胜任力指标检验描述性统计分析结果（样本数：306）

指标	均值	标准差	偏度		峰度	
			偏度值	偏度标准差	峰度值	峰度标准差
F_1	3.7626	0.90823	−0.814	0.162	0.398	0.316
F_2	3.2845	1.00752	0.127	0.162	−0.681	0.316
F_3	3.8569	0.92834	−0.697	0.162	−0.179	0.316
T_1	3.4724	1.03162	0.154	0.162	−0.237	0.316
T_2	3.9050	0.96934	0.365	0.162	−0.403	0.316
T_3	4.5638	0.68423	−1.302	0.162	1.172	0.316
R_1	3.8071	0.92873	−0.694	0.162	0.168	0.316
R_2	4.1352	0.68573	0.693	0.162	−0.782	0.316
R_3	4.1283	0.73483	−0.645	0.162	0.761	0.316
P_1	4.3063	0.73879	−0.625	0.162	−0.617	0.316
P_2	4.5209	0.93241	0.715	0.162	1.026	0.316
P_3	3.9567	0.69037	−1.032	0.162	1.263	0.316

由表 4-15 可以发现，偏度和峰度的绝对值都小于 2，因此，高校工科教师胜

任力样本指标检验数据基本服从正态分布。

高校工程教师胜任力指标检验模型是一个二阶因子模型，包含四个维度 12 个指标。四个维度的信度指标如表 4-16 所示。可以发现各维度的信度都高于推荐值，因此，工科教师胜任力量表具有较高的可靠性。

表 4-16　信度指标

维度	信度值
特质胜任力	0.821
教学胜任力	0.890
科研胜任力	0.845
工程实践胜任力	0.796

2. 一阶因子模型拟合结果

结构方程技术的验证因子分析能够对问卷的可接受性进行分析，因此为了进一步检验指标检验方法效度，本书采用 AMOS 软件对高校工科教师胜任力量表进一步进行统计分析。

为了检验因子模型是否存在显著的变量之间变异重叠的问题，即“共同方法变异”现象，需要进行“方法因子”的抽取检验。因此，本书在 12 个核心指标中，选取了一个共同因子进行了单因子模型的判断检验。模型各项拟合指标如表 4-17 所示。

表 4-17　高校工科教师胜任力各模型的拟合指标

模型	卡方	df	p	卡方/df	GFI	AGFI	RMR
独立模型	2607.552	138	0.000	18.895	0.256	0.153	0.230
四因子模型	283.608	114	0.000	2.488	0.867	0.819	0.029
单因子模型	926.874	118	0.000	7.855	0.613	0.500	0.087
饱和模型	0	0	—	—	1.000	—	0

模型	RMSEA（90%置信区间）	P（RMSEA<0.05）	CFI	PGFI	AIC
独立模型	0.284（0.272，0.295）	0.000	0	0.203	2641.552
四因子模型	0.087（0.077，0.096）	0.000	0.920	0.628	367.608
单因子模型	0.178（0.165，0.186）	0.000	0.663	0.476	994.874
饱和模型	—	—	1.000	—	976.929

注：df 为自由度；p 为显著性水平；GFI 为适配度指数；AGFI 为调整的适配度指数；RMR 为残差均方和平方根；GFI 为简约适配度指数；CFI 为比较拟合指数；AIC 为资讯指标；RMSEA 为渐近残差均方和平均根。

由表 4-17 可以看到，单因子模型的拟合指标中卡方/df=7.855，GFI、AGFI、RMR、CFI 均不理想，且远不如四因子模型，所以单因子模型被拒绝，而四因子模型被接受，即共同方法变异的程度不足以影响核心指标之间的显著相关。

其中，四因子模型的卡方和自由度的比值小于 5，RMSEA（90%置信区间）也只有四因子模型小于 0.1，PGFI=0.628>0.5，由此可见，概念模型达到了中度拟合，且达到了模型简约的检验要求。其中，GFI=0.867 接近 0.9，考虑高校工科教师胜任力量表中，突出工科特性而设计的量表属于非成熟量表，故可以接受。具体四因子模型拟合结果如图 4-3 所示。

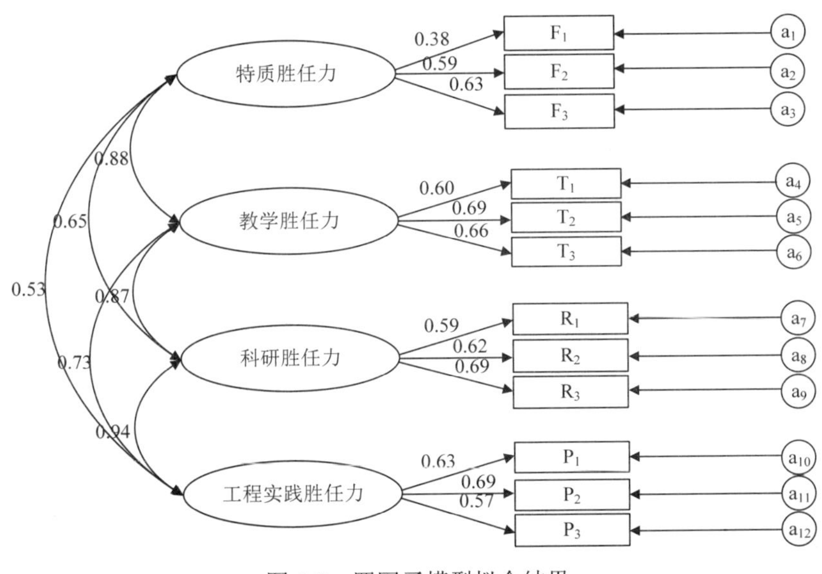

图 4-3　四因子模型拟合结果

3. 二阶因子模型拟合结果

高校工科教师胜任力概念模型存在二阶因子结构，运用软件分析得出二阶因子模型的整体拟合情况，如表 4-18 所示。

表 4-18　二阶因子模型的各项拟合指标

模型	卡方	df	p	卡方/df	GFI	AGFI	RMR
独立模型	2607.552	138	0.000	18.895	0.256	0.153	0.230
二阶模型	216.268	106	0.000	2.040	0.903	0.867	0.038
饱和模型	0	0	—	—	1.000	—	0

续表

模型	RMSEA（90%置信区间）	P（RMSEA<0.05）	CFI	PGFI	AIC
独立模型	0.284（0.272，0.295）	0.000	0	0.203	2641.552
二阶模型	0.065（0.052，0.083）	0.000	0.956	0.643	304.268
饱和模型	—	—	1.000	—	303.000

从表 4-18 可以看出，二阶因子模型的各项拟合指标均符合效度标准，二阶因子与一阶四因子模型相比，卡方值从 283.608 下降到 216.268，自由度从 114 下降到 106，卡方/df 也从 2.488 下降了 0.448。此外，简约拟合指标 PGFI 上升了 0.015，GFI 和 CFI 也都有所提升。二阶因子模型拟合结果如图 4-4 所示。二阶因子模型拟合指标的变化表明，它显著提高了模型的简洁清晰性，并提升了模型的绝对拟合效果。因此，高校工科教师胜任力模型通过了数据的验证。

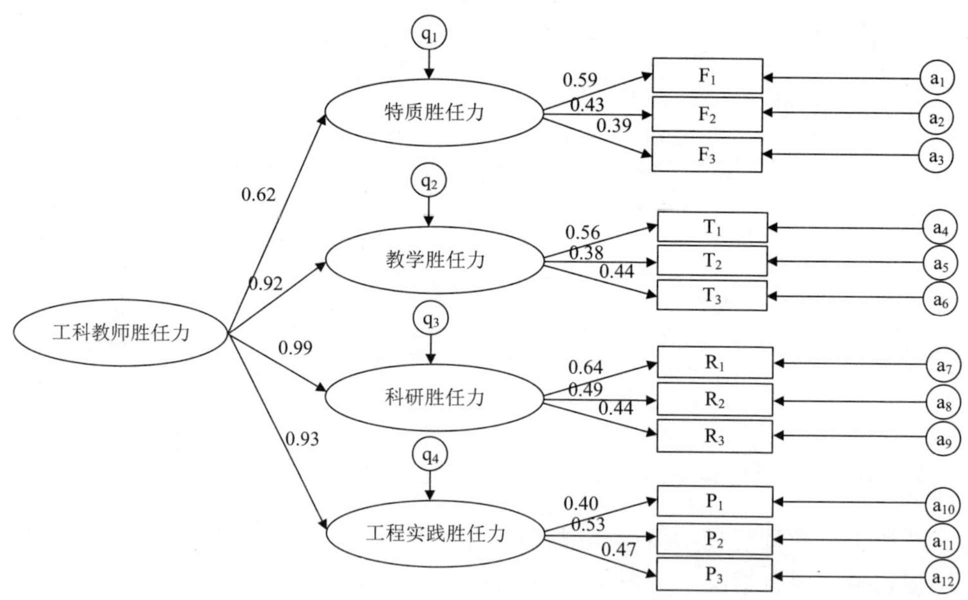

图 4-4　二阶因子模型拟合结果

4.3 高校工科教师关键绩效指标体系

4.3.1 关键绩效指标体系的构建原则

高校工科教师关键绩效指标体系构建应遵循以下原则。

（1）量化与非量化分析相结合

仅仅依靠单一的量化工具来评价高校工科教师的绩效是不准确的，因为具体影响高校工科教师绩效的因素在现实中是复杂多样的[186-191]，其形成的结果也无法精确量化，很多都对绩效产生了潜在的贡献。因此应将量化分析和非量化分析结合起来，以实现对高校工科教师全面准确的评价[192]。

（2）易获得性与全面性相结合

由于在实际中影响高校工科教师绩效的因素涉及的范围较广[193-195]，且内容多种多样，因此在指标设计时应当全面考虑各项影响因素，以达到对高校工科教师绩效评价的全面性。但是全面性并不意味着指标选取得越多越好[196]，这样反而会给指标的获取带来很大的难度，因此在设计时应将获取容易与效果全面相结合，用精简但覆盖全面的指标来评价，删除重复、效果弱的指标[197]。

（3）稳定性与调整性相结合

设计出的高校工科教师关键绩效指标应符合纵向和横向可比的原则，既可以满足单个工科教师关键绩效指标在不同时间的对比[198]，也可以满足高校各工科教师之间的对比，因此其设计应符合规范性和科学性，一旦推广就不要随意变化，应保持相应的稳定性[199-201]。但是，具备一定的稳定性并不意味着一成不变，指标也应随着高校环境等变化进行相应调整，以不断适应高校工科教师发展的新态势[202]。

4.3.2 关键绩效指标体系构建的可行性分析

（1）针对组织战略目标实施分解

KPI 方法的核心理念就是将组织战略目标精细化分解，分解为触手可及的小目标。创办高等院校的初衷是为了培养更多的人才，我们将其战略目标进行分解，具体为：既有教学能力又有科研能力的教师团队，当然还能够继续分解，分解为更小的目标，便于落实。教师制定个人绩效指标时，要参照学校制定的发展战略目标，形成制约与激励，通过教师个人绩效的实现与发展，完成学校的战略目标，形成良性循环。

（2）量化绩效体系中可操控的模块

KPI 方法主要用来量化绩效考核，属于标准性制度。针对高等院校教师实施绩效考核时，只是采取定性的方法，可能导致主观因素过强，偏离评价的初衷；如果全部采取量化方法，将违背工科类教师教学的特点，违背绩效考核的初衷。所以，要想建设具有科研能力的教师团队，就要综合考虑多种情况，选取关键性指标，并且保证所有指标均为可量化指标。

（3）准确衡量经营性活动，并不是描述操作过程

KPI 方法中用到的均为关键性指标，并不是常规绩效指标，量化与评价的也是关键指标，也就是真正发挥作用的部分。高校教师大多承担“双肩挑”工作职责，既要进行教学科研工作，还要承担教学、教务、行政管理等事务性的工作，工作琐碎繁杂[203-209]。因此，实施绩效评价时，假如毫无目的地任意对教学、科研与管理等考核，所有的指标均详细考究，必然导致日常教学毫无重点，也会影响教师积极参加科研与教学活动，偏离学校制定的战略目标，影响教师的发展与成长。为了避免上述问题，真正地解决绩效评价问题，要引入 KPI 方法，始终围绕组织战略目标实施绩效考核，确定核心指标重点关注与评价，不仅仅起到绩效考评的作用，还能够最大限度调动教师的积极性，让他们参与到科研活动与教学中，实现个人的发展与成长。

（4）整个组织高度认可

KPI 方法能够激励与约束高等院校教师，属于既定战略的实施工具。站在高校的立场，KPI 方法将个人绩效与组织战略目标有效地结合起来，形成有机的整体[210]。教师与师资管理部针对科研内容、具体规划以及科研方向展开详细沟通，制定双方均认可的 KPI 方法，为教师以后的发展与工作提供方向，在实现教师个人绩效的同时实现组织战略目标。具体实施时，组织认同度是多方参与交流而得到的，所以最终的结果具有可靠性与真实性，要及时将结果予以反馈，及时对日常工作做出改进。充分利用 KPI 方法的动态性，结合实际情况及时调整关键性绩效考核指标。

按照上述内容可知，针对工科类高等院校教师实施绩效考核就是为了尽快实现既定的战略目标，制定绩效评价制度时，要准确地挑选关键性指标，通过这些关键指标来约束与激励教师的行为，在实现教师个人绩效的同时实现组织战略目标，这才是 KPI 方法的内涵。在这种前提下，将 KPI 方法视为绩效考核的重要方式有很强的实际意义。

4.3.3 关键绩效指标体系构建

围绕着高校的社会功能，高校工科教师的工作主要包括人才培养、科研创新

和服务社会三个方面，并由此决定了工科教师主要扮演着与岗位密切相关的以下三种类型的角色。

一是知识传授角色。该角色主要针对教学展开的活动，通过教学来进行管理，包括指导者、传播者和组织者，这就要求工科教师具备高深的知识体系和扎实的工程专业功底，具备与“传道、授业、解惑”等密切相关的教学能力、语言能力和人才培养的能力。

二是科研创新角色。该角色主要针对学习研究和理论应用来进行管理，包括学习者、实践者和团队合作者，要求工科教师具有与学科密切相关的专业知识等方面的储备，具备团队合作和创新探索等方面的能力。

三是社会服务角色。该角色除了知识和能力之外，更强调通过工科教师的特质来进行管理，体现了教师区别于其他社会工作者的品质、素养和心理性格等特征，包括社会服务者、学生服务者、职业道德示范者、教育奉献者和科学探索者，这就要求工科教师具备与之相关的特质胜任力和工程实践胜任力等。

高校工科教师关键绩效指标（KPI）是胜任力指标（PCI）的外在表现，高校工科教师凭其岗位胜任力扮演着三大角色，表现为教学、科研和社会服务三个方面，因此对于高校工科教师而言，其关键绩效指标也可分为教学绩效、科研绩效和社会服务绩效三个维度[211-214]。根据高校工科教师绩效评价的 KPI 理论，可以构建高校工科教师关键绩效的指标体系，其中一级指标包括教学绩效、科研绩效、社会服务绩效；二级指标包括教学绩效维度的教学研究成果奖励、教学质量工程数、学生研究成果奖数，科研绩效维度的发表论文数（SCI、EI 等）、获得专利数、论文引用数等，社会服务绩效维度的工程技术服务项目数、成果转化收益等，具体如表 4-19 所示。

表 4-19　高校工科教师关键绩效的指标体系

指标类型	一级指标	代码	二级指标	代码
高校工科教师关键绩效指标 KPI	教学绩效	KPI_1	教学研究成果奖励	KPI_{11}
			教学质量工程数	KPI_{12}
			学生研究成果奖数	KPI_{13}
	科研绩效	KPI_2	发表论文数（SCI、EI 等）	KPI_{21}
			获得专利数	KPI_{22}
			论文引用数	KPI_{23}
	社会服务绩效	KPI_3	工程技术服务项目数	KPI_{31}
			成果转化收益	KPI_{32}

4.4 基于胜任力和关键绩效的高校工科教师绩效评价指标体系

在遴选高校工科教师胜任力指标的基础上，将胜任力指标与关键绩效指标有机融合，构建基于胜任力的高校工科教师绩效评价指标体系，并采用层次分析法确定指标权重。

4.4.1 绩效评价指标体系构建

将高校工科教师的PCI和KPI同时纳入高校工科教师绩效评价指标体系中，其中胜任力维度包括特质胜任力（F）、教学胜任力（T）、科研胜任力（R）和工程实践胜任力（P）共四个方面，关键绩效维度包括教学绩效 KPI_1、科研绩效 KPI_2 和社会服务绩效 KPI_3 共三个方面，因此基于胜任力和关键绩效的高校工科教师绩效评价指标体系共包含六个方面的评价项目，如表4-20所示。

表4-20 基于PCI和KPI的高校工科教师绩效评价指标体系

目标层	准则层	一级指标	代码	二级指标	代码
高校工科教师绩效	胜任力指标（PCI）	特质胜任力	F	善于钻研学术	F_1
				事业心	F_2
				责任心	F_3
		教学胜任力	T	语言文字表达能力	T_1
				工程科技与教学相结合能力	T_2
				学生工程实践能力的培养指导能力	T_3
		科研胜任力	R	主动获取知识能力	R_1
				创新探索能力	R_2
				团队合作能力	R_3
		工程实践能力	P	数理思维能力	P_1
				实验实践能力	P_2
				解决工程实际问题能力	P_3
	关键绩效指标（KPI）	教学绩效	KPI_1	教学研究成果奖励	KPI_{11}
				教学质量工程数	KPI_{12}
				学生研究成果奖数	KPI_{13}
		科研绩效	KPI_2	发表论文数（SCI、EI等）	KPI_{21}
				获得专利数	KPI_{22}
				论文引用数	KPI_{23}
		社会服务绩效	KPI_3	工程技术服务项目数	KPI_{31}
				成果转化收益	KPI_{32}

4.4.2　绩效评价指标权重确定

目前确定指标权重的主要方法有层次分析法和熵权法。考虑到基于胜任力的高校工科教师绩效评价包含定性和定量六个维度多层次的复杂指标体系，而层次分析法正好具备这一优势：可以将定性和定量评价方法结合起来[215-217]，尤其是在评价一系列复杂问题的时候，这种综合性的评价方法更能快速和准确地进行评价，发挥其最大的优势。因此，本书选取层次分析法计算效果评价指标的权重，包括三个阶段步骤：第一，创建层级分析模型，指的是创建评价标准的层级模型；第二，专家意见，构建不同层级模型的判断矩阵群；第三，计算权重向量并做一致性检验。具体步骤如下。

（1）设计层次分析结构

在综合评价高校工科教师绩效时，第一步应理顺评价内容，将评价指标层次化，即将指标体系分为目标层、准则层和方案层。在高校工科教师绩效评价中，目标层即为高校工科教师绩效，准则层主要涉及两个维度：胜任力指标（PCI）和关键绩效指标（KPI），而方案层指评价项目的具体指标，即表 4-20 中的一级指标和二级指标。

（2）构造判断矩阵

本步骤需要参考教育领域专家和经验丰富的高校教师的专业意见，专家会对比各层级的评价指标，基于此做出比较重要性程度的判断，以此得到定量化的判断矩阵。对于指标 X 和指标 Y，其重要性的取值方法通常采用 1～9 比例标度法，如表 4-21 所示。

表 4-21　判断矩阵的 9 级标度及其意义

重要性取值	重要性对比
1	指标 X 与指标 Y 同等重要
3	指标 X 比指标 Y 稍重要
5	指标 X 比指标 Y 明显重要
7	指标 X 比指标 Y 强烈重要
9	指标 X 比指标 Y 极端重要
以上取值的倒数	指标 Y 与指标 X 的重要性比较

注：2、4、6、8、1/2、1/4、1/6、1/8 表示重要性在上述判断中间状态的取值。

（3）计算权重向量

运算判断矩阵时，核心指标为特征根与特征向量，借助统一指标、统一比率以及随机统一指标展开测验。假如测验结果达标，只要简单地处理特征向量，就可以得到指标的权重向量；若无法通过一致性检验，则需重新构造判断矩阵。一致性检验的目的在于要保证思维的一致性，保持同一判断矩阵中对各指标的重要性判断协调同一，避免出现甲比乙重要、乙比丙重要、丙比甲重要的矛盾结果。

综上所述，可依据基于胜任力的高校工科教师绩效评价指标体系的层次结构，分别求出准则层、方案层各指标的权重。

本章小结

本章着重于构建基于胜任力的高校工科教师绩效评价指标体系。由于高校工科教师胜任力是绩效的内在保障，关键绩效是胜任力的外在表现，因此本书所构建的基于胜任力的高校工科教师绩效评价指标体系主要分为“胜任力指标体系”和“关键绩效指标体系”两个部分。其中，在高校工科教师胜任力指标体系方面，首先构建高校工科教师胜任力模型，通过问卷调查法得出高校工科教师的胜任力要素，分为特质胜任力、教学胜任力、科研胜任力和工程实践胜任力。运用主成分分析法对初拟的四个维度 24 个指标进行遴选，最终得到特质胜任力、教学胜任力、科研胜任力和工程实践胜任力四个维度 12 个高校工科教师胜任力核心指标，并采用结构方程模型对所遴选的高校工科教师胜任力指标体系进行结构效度检验。在高校工科教师关键绩效指标体系方面，引入 KPI 理论，结合高校战略目标，将关键绩效指标划分为教学绩效、科研绩效和社会服务绩效，并进一步细分为八个关键绩效指标。最后，综合“胜任力指标体系”和“关键绩效指标体系”两个部分，建立基于胜任力和关键绩效的高校工科教师绩效评价指标体系。

第 5 章

基于胜任力模式的高校工科教师绩效评价模型设计

高校工科教师绩效评价的最终目的并不是单纯地进行利益分配，而是通过评价发现问题和改进问题[218-222]，找到差距进行提升，进而充分运用激励机制，使得高校健康有序地发展。对于工科教师本人而言，建立不断自我激励的心理和提高自己教师岗位的胜任能力能够达到学校、教师和学生发展的共赢。因此，仅仅通过单一的评价工科教师胜任力或者评价关键绩效指标来决定高校工科教师优秀与否，已不能满足当前卓越工程师背景下的高等工程教育评价需要[223]。这是因为，胜任力与关键绩效二者密不可分，胜任力是绩效的前提，绩效是胜任力的载体，因此有必要将两者结合起来，构建基于胜任力的高校工科教师绩效评价体系。本章首先分析了高校工科教师绩效评价体系的总体框架，探讨了高校工科教师胜任力对绩效的影响关系，并据此建立了基于胜任力的高校工科教师绩效评价定位矩阵模型。基于胜任力的高校工科教师绩效评价模型设计逻辑框架如图 5-1 所示。

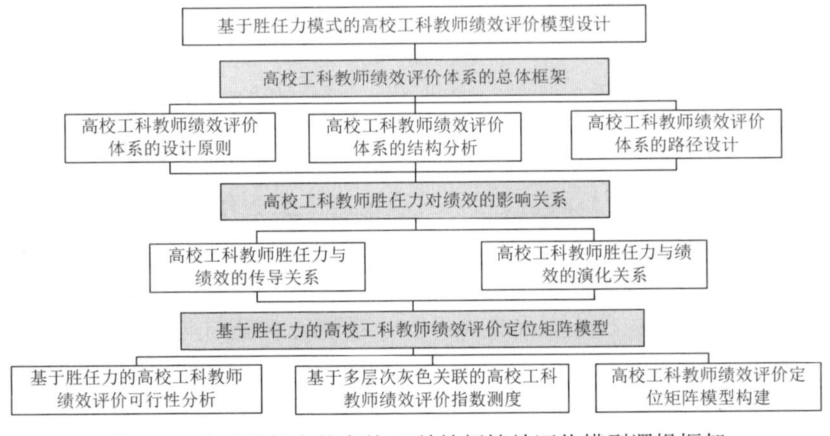

图 5-1　基于胜任力的高校工科教师绩效评价模型逻辑框架

5.1 高校工科教师绩效评价体系的总体框架

胜任力的质量将影响到绩效行为与工作绩效的发展[224]，所有的胜任力理论均遵守该原则。所以，要想真正地改善员工的绩效现状，核心在于关注胜任力[225]。相关研究表明，高等院校工科类教师的胜任力与绩效行为、具体绩效之间表现为显著的正相关。高等院校要积极关注工科教师专业化建设，推进工科教师绩效评价的科学化、规范化与标准化是关键。以胜任力理论为核心，以胜任力模型为基础，展开绩效评价，切实提升绩效考核的规范性、发展性与科学性，实现高等院校教师自主成长与发展，真正地提高教学水平与科研能力[226]。通过胜任力而打造的绩效评价模型，非常重视相关工作人员能力的培养，有助于教师个人的发展与成长。所以，基于高度操作性的前提下，寻求适用于高等院校教师绩效评价的体系，构建以胜任力为基础的评价模型，以此来提高绩效评价的效率，才能培养教师的教学能力与科研能力，真正地实现发展与成长。

5.1.1 高校工科教师绩效评价体系的设计原则

高校工科教师绩效评价带有明显的系统性与科学性，那么评价制度也要坚持特定的原则。

（1）目标一致性

绩效评价的所有步骤与环节，均服务于评价的最终目标，即得到高校工科教师的绩效评价结果[227]，以对高校工科教师的胜任力和关键绩效水平给出相关结论，进而做出优化，不断完善与健全。所以，设计过程中，所有的环节与步骤均要考虑战略目标，防止出现多余的步骤[228]。

（2）系统性原则

基于胜任力的高校工科教师绩效评价是对高校工科教师胜任力基础理论、绩效理论与具体方法实施全面性的改造，能够指导绩效考核顺利展开。研究发现，针对高等院校实施绩效考核时，其用到的理论与方法拥有很强的逻辑性[229]，所以，整个考核流程必须具备完整性，结构也要严谨，保证其为有机的整体。

（3）可行性与可控性原则

基于胜任力的高校工科教师绩效评价体系的所有环节与步骤必须可执行，也就是所有的步骤都要设计详细的操作方法，保证无阻碍实施[230]。除此之外，实际评价时，所有的设计与规划必须具有可控性，防止出现失控的步骤。

（4）逻辑顺序及并行原则

教师绩效考核过程中，如果实施步骤具有严格的逻辑性，那么步骤要设计为串行关系；如果实施步骤毫无逻辑性，往往同时实施，那么步骤要设计为并行关系，确保整个绩效评价过程充满灵活性。

（5）简明性原则

高校工科教师绩效评价属于复杂过程，要用到很多的知识与概念，对所有的环节实施绩效考核不现实，也没有必要，主要抓住重点与核心。所以，具体设计过程中，必须选择性忽视不重要的因素，关注重点因素。但是需要注意的是，很多情况下，不重要因素会随着环境的变化而变化，改变其在系统中的重要性，很可能导致最终绩效评价结果失真。所以，针对高等院校工科类教师设计绩效评价体系时，要关注全体因素的重要性，掌握其变化规律，然后按照标准化实施分类处理，提高结果的可靠性与真实性[231-233]。

（6）SMART 原则

要想设计出科学合理的绩效考评体系，就要沿用标准化技术指标。构建高校工科教师绩效评价指标体系，要求遵循 SMART 原则[234]。该原则可以划分为以下几点：第一，目标的具体性；第二，目标的可衡量性，不得出现无法量化指标；第三，目标要切实可行，避免出现不切实际的目标；第四，目标之间要具有良好的相关性；第五，所有的目标均要设计特定的时间期限。不管是设计组织性战略目标，还是个人绩效目标，都要严格遵循前面讲述的原则，缺少任意原则均被视为无效设计。另外，绩效评价指标采取什么措施实施标准化处理，也需要在构建绩效评价模型时予以考虑。

5.1.2　高校工科教师绩效评价体系的结构分析

借助胜任力建立的高等院校教师绩效考核模型，不仅是国家卓越工程师建设实施的重要工具，也是高等院校改善管理水平、提高教学与科研能力、解决相关问题的重要措施[235-237]。基于胜任力的高校工科教师绩效评价体系的总体结构如图 5-2 所示。

1. 评价目的

通过评价，可以全面掌握高校工科教师的胜任力的各方面情况，同时，能够及时发现高校工科教师在教学、科研和社会服务等环节中出现的问题，并探讨如何改善这些问题、提高胜任力和个人绩效，进而挖掘高校工科教师的发展潜力。

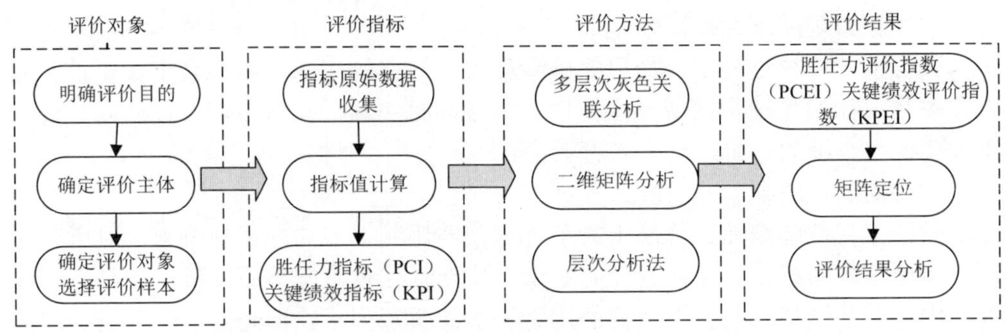

图 5-2　基于胜任力的高校工科教师绩效评价体系总体结构

2. 评价对象

基于胜任力的高校工科教师绩效评价对象为高校内各工科教师。

3. 评价步骤

（1）做好评价前的准备工作

评价的目标和评价指标都是依据评价主体确定的，所以要了解主体的关键作用[238]。然后，解决评价范围的问题，换句话说，确定评价对象相关的地区和部门，还有高校工科教师的职称级别问题，比如，本书的评价对象为高校内所有工科教师，按各教师不同职称级别，依据不同标准进行评价。对评价主体的评价目的、标准及评价方法在不同的职称级别是不同的，所以在评价的准备过程中应事先明确这些问题并加以解决。

（2）制定评价指标体系

进行高校工科教师绩效评价的指标有很多，因此，在制定评价指标体系的时候，使用的多层次的树状模型，包括目标、准则和指标[239]。目标即进行评价的目标，准则是由范围、特点和标准来共同决定的。在解决上述问题后，则能依照具体的目标选择相对应的评价指标来创建具体的标准模型。

（3）各项评价指标定量与定性分析

评价标准有定量和定性两类。前者指的是通过直接的数字运算就可得到的标准，如发表论文数、论文引用数等，进行定量分析；后者指的是一些无法通过数据运算的隐性指标，如事业心、责任心等，就只能进行定性的分析，可运用 360 度评价法，通过学生评价、同行评价、上级评价以及用人单位评价来进行量化分析。

（4）绩效综合评价

第一步，确定评价方法，具体来说，就是运用某种具体的方法对高校工科教师的胜任力和绩效进行衡量[240]。第二步，计算指标的权重。第三步，按照已选择的评价标准，计算目标数值，同时分析计算结果，找出高校工科教师胜任力和绩效中的问题。

4. 评价指标

基于 PCI 和 KPI 的高校工科教师绩效评价指标包括一级指标和二级指标。其中，一级指标有特质胜任力（F）、教学胜任力（T）、科研胜任力（R）、工程实践胜任力（P），教学绩效产出 KPI_1、科研绩效产出 KPI_2、社会服务绩效产出 KPI_3；二级指标为一级指标的细化，共 20 个二级指标。指标结构如图 5-3 所示。

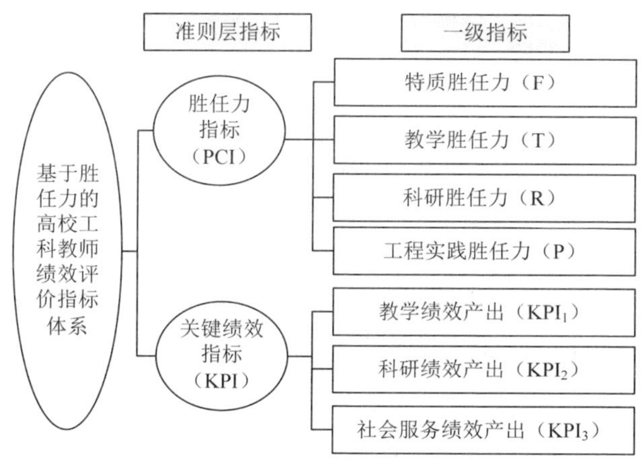

图 5-3　基于胜任力的高校工科教师绩效评价指标结构

按照式（5-1）、式（5-2）计算得出高校工科教师准则层的胜任力指标（PCI）和关键绩效指标（KPI）。

$$PCI=\omega_1\times F+\omega_2\times T+\omega_3\times R+\omega_4\times P \quad (5\text{-}1)$$

$$KPI=\omega_1'\times KPI_1+\omega_2'\times KPI_2+\omega_3'\times KPI_3 \quad (5\text{-}2)$$

其中，F、T、R、P 分别表示特质胜任力、教学胜任力、科研胜任力和工程实践胜任力，KPI_1、KPI_2、KPI_3 分别表示教学绩效产出、科研绩效产出、社会服务绩效产出。ω_i 表示各指标的权重。

5. 评价指数

基于胜任力的高校工科教师绩效评价指数包括高校工科教师胜任力评价指数（position competency evaluation index，PCEI）和关键绩效评价指数（key performance evaluation index，KPEI），分别由高校工科教师胜任力指标（PCI）和关键绩效指标（KPI）通过数学方法转换得到，如图 5-4 所示。

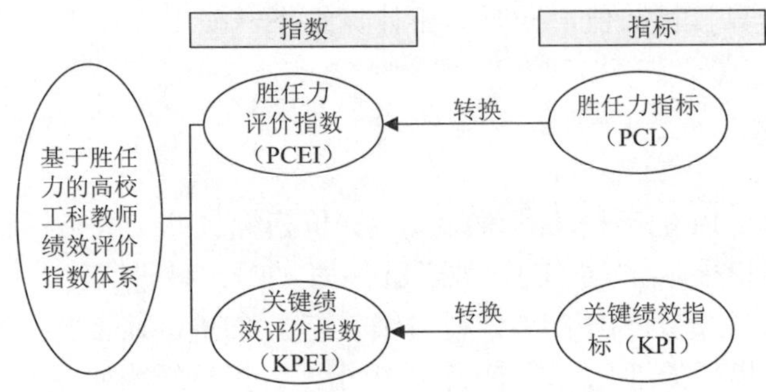

图 5-4 基于胜任力的高校工科教师绩效评价指数结构

按照式（5-3）、式（5-4）计算得出高校工科教师胜任力评价指数（PCEI）和关键绩效评价指数（KPEI）。

$$\mathrm{PCEI}_i = (\mathrm{PCI}_i - \mathrm{PCI}_0)/\mathrm{PCI}_0 \tag{5-3}$$

$$\mathrm{KPEI}_i = (\mathrm{KPI}_i - \mathrm{KPI}_0)/\mathrm{KPI}_0 \tag{5-4}$$

其中，PCI_i、KPI_i 分别表示第 i 位高校工科教师绩效评价的胜任力指标值和关键绩效指标值，PCI_0、KPI_0 分别表示高校工科教师绩效评价的胜任力指标平均值或标准值以及关键绩效指标平均值或标准值。

6. 评价方法

根据目前各种主流绩效评价方法的特点，结合高校工科教师胜任力的特点，本书构建出综合评价模型，即以灰色关联分析（grey relational analysis，GRA）和矩阵分析法为主线，层次分析法（analytic hierarchy process，AHP）和问卷调查法等方法为补充，在测度高校工科教师胜任力和关键绩效指标的基础上，得到胜任力和关键绩效评价指数，构建高校工科教师绩效评价矩阵模型，最后在此基础上得出高校工科教师绩效评价结果，使之既能对高校工科教师胜任力和关键绩效分别进行评价，又可结合高校工科教师胜任力和关键绩效进行综合定位评价，对高校工科教师综合绩效进行排序，以此推动高效工科教师绩效考评的完善，并起到激励的作用。

5.1.3 高校工科教师绩效评价体系的路径设计

基于胜任力建立的高等院校教师绩效考核体系，属于复杂的技术工具，核心内容有明确评价指标权重、收集评价指数数据、量化评价指数以及最终结果的定位分析等。

（1）高校工科教师绩效评价具体指标的获取

由于高校工科教师绩效评价指标体系中的胜任力指标是定性指标，因此这些指标是通过对高校学生、教师和行政人员的问卷调查获取的指标数据，而关键绩效指标数据则通过对高校工科教师本人的采访获得。

（2）高校工科教师绩效评价的权重系数确定

本书拟采用加权算术平均法进行高校工科教师绩效评价，为此需要确定各层次指标的权重系数，目前学术界对于这一过程所运用的方法主要有 AHP 和主成分分析法（principal component analysis，PCA）等，本书采用层次分析法确定高校工科教师绩效各层级评价指标的权重系数。

（3）高校工科教师绩效评价指数的测度

首先运用灰色关联分析（grey relational analysis，GRA）计算高校各工科教师二级指标的灰色关联度，作为该二级指标的基础指标值；其次，根据层次分析法得出各层次指标权重，运用加权算术平均法，计算各层次指标值；最后，运用数学方法计算得到高校工科教师胜任力评价指数（PCEI）和关键绩效评价指数（KPEI）。

（4）高校工科教师绩效评价结果定位分析

为将高校工科教师胜任力和关键绩效有机结合来评价高校工科教师绩效，采用矩阵定位的方法，以高校工科教师胜任力评价指数（PCEI）为纵轴，关键绩效评价指数（KPEI）为横轴，进行评价结果的定位分析。

基于胜任力的高效工科教师绩效评价技术路径如图 5-5 所示。

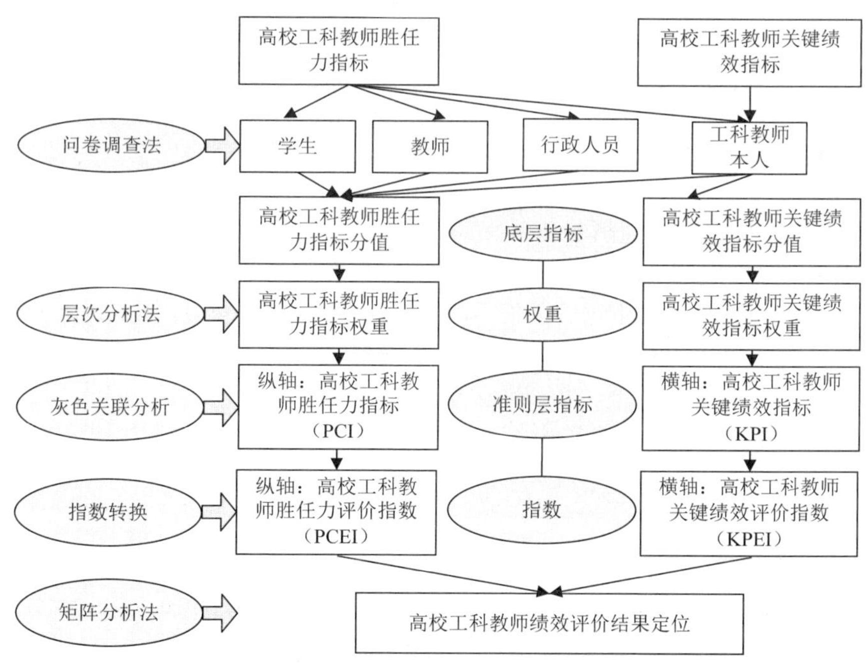

图 5-5　基于胜任力的高校工科教师绩效评价技术路径

5.2 高校工科教师胜任力对绩效的影响关系

胜任力是绩效的前提，绩效是胜任力的载体。高校工科教师胜任力对绩效始终存在一种传导关系和演化关系。高校工科教师就是在这样一种影响关系下不断提升岗位胜任力和绩效水平。

5.2.1 高校工科教师胜任力与绩效的传导关系

对比研究发现，胜任力评价与绩效评价不管是理论依据，还是实施目标，差距都比较大，只不过很多人将两者视为相同的概念。胜任力评价的目标更偏向于教育与培训，真正发挥作用为前期；而绩效评价重点关注教师的业绩与教学水平，主要是为了确定教师的福利待遇与晋升机会等，重点作用于任职过程。

教师绩效很可能在较短的时间范围内剧烈波动，但是胜任力相对而言比较稳定，短期内趋于平稳。总的来讲，尽管两者有非常明显的区别，不过两者又存在非常密切的关系，并且相互作用。

查阅相关文献可知，对绩效有影响作用的因素非常多，我们将其归纳为以下几点：能力、技能、特质、态度、环境、机会、知识以及激励等。研究过程中，P（performance）代表绩效；k（knowledge）代表知识；s（skill）代表技能；a（attitude）代表态度；c（capability）代表能力；i（idiosyncrasy）代表特质；o（opportunity）代表机会；e（environment）代表环境；m（motivation）代表激励。然后将所有有关系的因素表述为数学关系式：

$$P=f(k,s,a,c,i,o,e,m,\cdots)$$

其中，f为因素与因素间的函数关系。

影响胜任力的因素可以归纳为以下几点：自我概念、动机、价值观、特质、态度、知识和技能等。实际上这些因素中，很多都与上述因素重复，用C（competency）来表示胜任力，就可以得到有关绩效的数学关系式：

$$P=f(c,o,e,m,\cdots)$$

其中，f为因素与因素间的函数关系。

从上述公式中，可知高校工科教师胜任力与绩效之间存在如图 5-6 所示的传导关系。

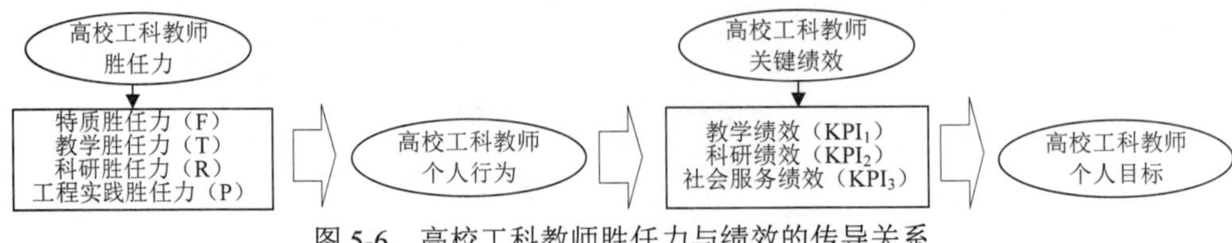

图 5-6 高校工科教师胜任力与绩效的传导关系

5.2.2　高校工科教师胜任力与绩效的演化关系

生态学中首次提出“演化”的概念，随后引入经济管理学中，不过至今仍然没有成熟的概念。根据《现代汉语词典》（第七版）的解释，演化多指自然界的变化。很多哲学家指出：演化其实就是时间的演变，将未来的事物拉进现实，然后将其拉回过去；在毫无察觉的情况下，将未来的事物提前让其出现，然后转化为过去的事物。本次研究中所涉及的演化现象与概念，指的是物体或现象变化、升级的全过程，即从简单到复杂、从低级向高级发展的整个过程，当然也指自然界的事物由于无法适应当前的环境而逐渐被淘汰。

随着社会的发展，“涌现”和“演化”成为学术界，尤其是演化经济学中的核心概念。实际生活过程中，“涌现”比较常见，从独特的角度描绘危机形成的原理。“涌现”的不断发展与完善，会演变为秩序；而演化属于秩序跃迁的过程。经济体系的演化是基于新的经济结构不断出现，覆盖原有经济结构进行的，体现出不连续平衡的现象以及对于调整措施产生依赖的特征。高校工科教师的胜任力与绩效相辅相成，当胜任力提升时，相应的绩效也得到提升。由于高校工科教师的自然惰性，以及内外部环境因素的影响，随着时间的推移，其胜任力相对降低，由此又带来绩效降低。由于绩效降低给高校工科教师带来一定压力，迫使其进一步提升自身胜任力，由此进入下一个循环演化的过程。可以看出，高校工科教师胜任力与绩效之间严格按照“胜任力提升→绩效提升→胜任力下降→绩效下降→胜任力再提升”的次序，呈现动态的、螺旋上升式的演化和运行。高校工科教师胜任力与绩效的演化关系如图 5-7 所示。

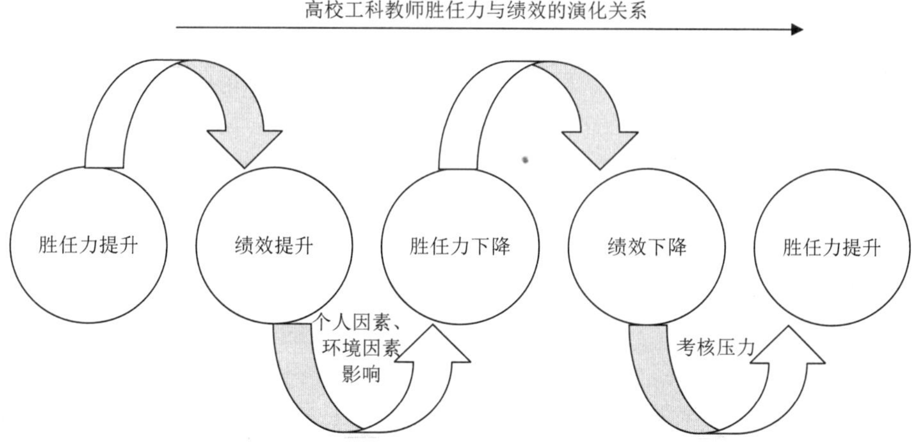

图 5-7　高校工科教师胜任力与绩效的演化关系

5.3 基于胜任力的高校工科教师绩效评价定位矩阵模型

高校工科教师的工作包含了教书育人、科学研究以及社会服务等方面，属于复杂性岗位。处于该岗位，要想获取最佳的绩效，起决定作用的是动机、特质、自我概念等，并不单单由基础知识、专业技能决定。按照现实生活可知，高等院校工科类教师的最高学历、知识储备与专业技能等相差无几，而且智商也没有太大的差异，不过工作过程中，获取的业绩差距却比较大。如果仅仅关注知识、技能等根本无法做出合理的解释，必须要深入挖掘动机、自我概念等胜任力，胜任力才是起到关键作用的影响因素，而传统的评价模式不能解决上述问题。因此在进行高校工科教师绩效评价时，应着重解决高校工科教师胜任力与优秀绩效指标的结合问题。

5.3.1 基于胜任力的高校工科教师绩效评价可行性分析

高校工科教师的评价制度，如同“高考的指挥棒”，能够保证工科教师岗位绩效和目标的实现。当前，我国教师绩效评价由于起步晚、经验少，原有的教师评价体系没有充分发挥应有的激励引导作用，更没有回归到工科教育工作岗位的价值需求。教师素质参差不齐，教学质量无法得到保证，教师师德无法体现，教师缺乏责任心、照本宣科、混课堂等现象屡见不鲜。教学水平较高的教师，并不见得获得领导的赏识、同事的爱戴，科研很难实现完全量化，因此这些教师被贴上“能力不足”的标签；课堂中，教学水平低下、混乱甚至丝毫没有魅力的教师，却是科研与学术的专家，备受人们的爱戴与敬仰。显然，工科教师的岗位行为会受到绩效评价内在驱动的影响。内在动机决定外在行为。鉴于绩效评价与工资奖金和职称评定等直接挂钩，而人都有趋利避害的特性，因而现有的教师岗位评价标准与工科教师岗位职业发展的内在要求有一定的偏差，甚至渐行渐远。

正是在当前不完善的“官方”评价制度的驱动下，工科教师由于忽略岗位客观要求而无法高质量地完成包括教学、科研工作在内的各项工作进而引发了各种矛盾，这也在客观上亟须对工科教师工作岗位所需要的胜任特征做出更为全面而科学的研究分析，对能够显著区分优秀与一般绩效的特质、教学能力、科研能力和工程实践能力等一组工科教师的个体特征进行可靠测量，并据此建立一套完整、科学的工科教师的绩效研究和评价体系，以解决传统评价轻视特质、态度、价值、动机等方面而表现出来的绩效标准上的不足和局限。这样，工科教师才能回归到胜任工作岗位所需要的那些行为特征上来，才能保证评价结果的准确性和公正性，真正从本质上提高高校工科教师的教学、科研和社会服务的水平，实现高校工科教师社会功能之根本目的。与现有的评价相比，对于基于高校工科教师胜任力来进行绩效评价能够克服以往评价中体现出来的种种不足，具有以下优点。

（1）具备相对科学完善的工科教师评价指标体系

按照能够决定工科教师胜任岗位的一组可以客观衡量的个体特征以及由此产生的可预测的、指向绩效的行为特征而建立指标体系，将这一组特征分解为具体的评价指标体系和行为标准，并将其转化为工科教师的个人目标。根据 Spencer 提出的冰山模型，水上冰山部分（知识和能力）指标是基准性特征，也是胜任者必须具备的基础素质，但其并不可以区分绩效优异者与表现普通者；水下冰山部分可以统称为鉴别性特征体系，是区分优异者和普通者的关键因素。胜任力评价既包括工科教师的知识和能力等可见的外显特征，又包括隐藏的、位于人格结构深层的特质和特质特征。通过强调能够将卓越成就者与普通者区分开来的深层次的个人特征，工科教师能够更清楚明白地按照岗位胜任特征的要求，通过自身的积极努力来实现优秀的岗位绩效。

（2）确定具体明晰的工科教师绩效评价内容

基于胜任力的高校工科教师绩效评价试图从“特质、教学能力、科研能力、工程实践能力”四个方面确定评价维度。特质主要指工科教师的品质、素养、性格品质和态度等特征，是工科教师从事工作的内在指导因素和价值观；教学能力和科研能力主要指教学和科学研究能力结构，是工科教师个体在工程领域拥有信息、发现信息、指导行为、完成教学以及研究任务的能力；工程实践能力是工科教师运用工程技术参与实践的能力。这四个方面的胜任特征组成一个完整的胜任力结构体系和评价体系，能够在一定程度上避免传统评价重外显轻内隐、重科研轻教学、重形式轻内容的功利性导向的弊端。

（3）探索具有操作性的评价测评方法和评价标准

评价测评方法和评价标准是评价指标体系的重要组成，是衡量评价对象工作表现优劣的尺度。胜任力评价测评的方法和标准具有一定的科学性和可操作性，并且将定量和定性相结合，进一步发挥工科教师绩效评价的巨大作用，促使高校工科教育目标和学校要求成为教师的自觉行动。

（4）达到高等院校工科类教师绩效考核的终极目标

系统性探索美国高等院校的绩效评价体系，能够划分为教学、科研与服务等模块，并且这些模块还可以继续细分，绩效评价更多的是为教师考虑，帮助教师收集有价值的反馈信息，有助于提高教师的教学水平与科研能力。绩效理念核心为服务，评价只是辅助，正是这种模式推动美国的教育事业蒸蒸日上。正如一位美国的教授所言：“只有二流和三流的大学才会仅以论文数量、著作数量、重大项目以及基金总额等量化的方式来评价教师的业绩。”

从本质上来讲，中国高等教育的根本任务是培养人才和服务社会，高校工科教师的教学科研活动应该服务于这一根本任务并通过提升工科教师胜任岗位的绩效来提高人才培养质量和服务社会的水平。工科教师肩负着改造世界、创造未来的使命，他们不仅要具有显著的特质胜任力和深厚的教学胜任力，还要具有较强的科研胜任力和丰富的工程实践胜任力，具备将理论联系实践分析和解决工程问题、能够将设想和概念转化为现实的潜力。因此，高校确定量化的胜任力评价指标及其权重，也是对高等教育根本价值和目的的回归。

综上，通过以胜任力理论为指导的绩效评价模式，能够使高等院校教师结合绩效评价结果掌握个人的胜任力水平，掌握自身的优势与不足，进而参照岗位需求，清楚自己哪些能力还需要提高与改善，如何充分利用自己的优势，将其转化为竞争力，不断调整胜任力的结构，更加出色地完成教学与科研任务，获取更多人的肯定与赏识，提高绩效水平。另外，借助胜任力而建立的高等院校绩效评价制度，能够帮助工科类教师实现横向对比，精确地进行职位定位，掌握自身的不足，明白与同事间的差距，积极采取措施完善自己，提高综合能力，掌握各个阶段工作与学习的重点与难点，为既定的目标而努力奋斗。

5.3.2 基于多层次灰色关联的高校工科教师绩效评价指数测度

目前主流绩效评价方法主要有模糊综合评价法、灰色关联分析法、主成分分析法以及数据包络分析法。各类绩效评价方法的优缺点比较如表 5-1 所示。

表 5-1 各类绩效评价方法的优缺点比较

绩效评价方法	优点	缺点
模糊综合评价法	对于比较模糊、不容易界定的评价对象，可以运用数字等精确的量化手段进行评价，也就是不能量化的主体及不确定性的问题，通过此方法可以进行明确的可量化的科学性评价。数字手段的评价得到的不是点或数值，是可以准确描绘被评价对象的向量，也可以在此基础上进行加工获得更多参考信息	计算可操作性较低； 主观性大，不能客观地对指标权重向量进行选择和确定； 易出现评价失败的现象，设置的指标个数较多，因此在权向量和为 1 的条件下，相对隶属度权系数会比预期的小，得到的结果不能匹配模糊矩阵，无法做出合理的判断
主成分分析法	主成分没有联系，各自独立；对于原始数据，可采用方差差距大的评价指标运算，降低运算复杂度	此方法只能解决线性问题。会对原始数据进行统一处理，以降低指标量纲和数量级对协方差的作用，因此会在一定程度上丢失原始信息
数据包络分析法	对于有多个输入输出的评价问题，可采用此方法。建立 DEA 模型前，不需要进行数据的无量纲化处理，计算过程中没有设置权重，因此更加客观	此方法具有一定的局限性，只能评价对象基于 DEA 是有效或者无效，以及非 DEA 对象在投入上是有冗余还是不足，不能具体显示决策单元的问题

续表

绩效评价方法	优点	缺点
灰色关联分析法	计算可操作性高，运算量少，只需少量可以反映主体的指标，定性与定量分析结合。可使用最初的数据，不做处理，以确保准确性	对数据的时间序列性要求高，且不能精确地对数据做评价，只能简单地区分评价对象的优劣。同时，选择恰当的评价指标体系和设定权重对结果有较大影响

针对工科类高等院校教师实施的绩效评价，需要关注的因素非常多，属于多层次、多目标的综合性问题，与常规高校实施的绩效评价差距较大，仅仅采取简单的定性、定量或者常规评价手段实施，很难保证结果的全面性、真实性与客观性。为了更好地解决上述问题，本次研究尝试将层次分析法与灰色关联分析法有机结合起来，实现定量分析与定性研究结合，最终构建极具层次性的灰色评价模型，而且引入灰色关联分析法（grey relational analysis，GRA）分别进行高校工科教师胜任力评价指数和关键绩效评价指数的测度。基本的操作流程如下。

（1）多层次灰色关联分析

分析主要是依据式（5-5）所示的模型

$$\boldsymbol{R}=\boldsymbol{E}\times\boldsymbol{W} \tag{5-5}$$

模型中，$\boldsymbol{R}=[r_1,r_2,\cdots,r_m]^{\mathrm{T}}$ 代表的是结果向量，是对 m 个被评价对象的综合评判，$\boldsymbol{W}=[\omega_1,\omega_2,\cdots,\omega_n]^{\mathrm{T}}$ 是权重分配向量，是对 n 个评价指标不同权重的表示，$\sum_{j=1}^{n}\omega_1=1$。

将所有指标进行综合评判，得到多综合评判矩阵 $\boldsymbol{E}$：

$$\boldsymbol{E}=\begin{bmatrix}\xi_1(1) & \xi_1(2) & \cdots & \xi_1(n)\\ \xi_2(1) & \xi_2(2) & \cdots & \xi_2(n)\\ \vdots & \vdots & & \vdots\\ \xi_m(1) & \xi_m(2) & \cdots & \xi_m(n)\end{bmatrix}$$

其中，$\xi_i(k)$ 为第 i 种方案的第 k 个指标与第 k 个最优指标的关联系数，$k=1,2,\cdots,n$，$i=1,2,\cdots,m$。

（2）确定二级指标最优指标集（$\boldsymbol{F}^*$）

已知 $\boldsymbol{D}=\begin{bmatrix}j_1^1 & j_2^1 & \cdots & j_n^1\\ j_1^2 & j_2^2 & \cdots & j_n^2\\ \vdots & \vdots & & \vdots\\ j_1^m & j_2^m & \cdots & j_n^m\end{bmatrix}$，模型中 j_k^i 为第 i 个方案中第 k 个指标进行了正向

化之后的值（$k=1,2,\cdots,n; i=1,2,\cdots,m$）。

设 $\boldsymbol{F}^*=[j_1^*,j_2^*,\cdots,j_n^*]$，$j_k^*=[k=1,2,\cdots,n]$ 指的是第 k 个指标的最优值，在上面的过程中已全部正向化，因此选取所有指标的最大值。基于此构造矩阵 $\boldsymbol{D}^*$，即最优指标集合

$$\boldsymbol{D}^*=\begin{bmatrix} j_1^* & j_2^* & \cdots & j_n^* \\ j_1^1 & j_2^1 & \cdots & j_n^1 \\ \vdots & \vdots & & \vdots \\ j_1^m & j_2^m & \cdots & j_n^m \end{bmatrix}$$

（3）归一化

存在多个指标的评价体系中，指标的数量级以及量纲上各不相同。为了增强同序性，须对指标进行灰色变换，常使用到的办法是初值化、均值化和区间值化等。本书运用的办法是最后一种，即区间值化。将 $\boldsymbol{D}^*$ 归一化，采用公式

$$c_k^i=\frac{j_k^i-\min(j_k^i)}{\max(j_k^i)-\min(j_k^i)} \tag{5-6}$$

把数据映射到 0～1 范围，通过归一化处理，把矩阵 $\boldsymbol{D}^*$ 转化为矩阵 $\boldsymbol{C}$:

$$\boldsymbol{C}=\begin{bmatrix} C_1^* & C_2^* & \cdots & C_n^* \\ C_1^1 & C_2^1 & \cdots & C_n^1 \\ \vdots & \vdots & & \vdots \\ C_1^m & C_2^m & \cdots & C_n^m \end{bmatrix}$$

（4）计算二级指标关联系数 $\xi_i(k)$

根据灰色系统理论，将 $\{\boldsymbol{C}^*\}=[C_1^*,C_2^*,\cdots,C_n^*]$ 作为参考数列，将 $\{\boldsymbol{C}\}=[C_1^i,C_2^i,\cdots,C_n^i]$ 作为被比较数列，采用灰色关联分析法分别求第 i 个方案中第 k 个指标与第 k 个最优指标的关联系数 $\xi_i(k)$，即

$$\xi_i(k)=\frac{\min\limits_i\min\limits_k\left|C_k^*-C_k^i\right|+\rho\max\limits_i\max\limits_k\left|C_k^*-C_k^i\right|}{\left|C_k^*-C_k^i\right|+\rho\max\limits_i\max\limits_k\left|C_k^*-C_k^i\right|} \tag{5-7}$$

其中，$\rho\in[0,1]$，一般取 $\rho=0.5$。

（5）权重的计算

不同层次各指标权重 w_k 可以通过层次分析法得到。

（6）计算胜任力指标（PCI）和关键绩效指标（KPI）

根据 $\boldsymbol{R}=\boldsymbol{E}\times\boldsymbol{W}$，首先根据二级指标权重，计算各一级指标值。再根据一级指标值权重计算准则层指标值，即高校工科教师胜任力指标（PCI）和关键绩效指标

(KPI)。计算公式如式(5-8)所示。

$$r_i = \sum_{k=1}^{n} \xi_i(k) \times \omega_k \tag{5-8}$$

其中，$i = 1,2,\cdots,m$，若 r_i 最大，则说明 $\boldsymbol{C}^i$ 与最优指标 $\boldsymbol{C}^*$ 最接近，亦即第 i 个方案最优，将所有方案进行排序，即可对教师绩效各指标进行排序。

(7)计算胜任力评价指数(PCEI)和关键绩效评价指数(KPEI)

根据式(5-3)、式(5-4)，将多层次灰色关联分析下的胜任力指标(PCI)和关键绩效指标(KPI)转换为胜任力评价指数(PCEI)和关键绩效评价指数(KPEI)。

5.3.3 高校工科教师绩效评价矩阵模型构建

由于高校工科教师绩效评价指数体系同时包含胜任力评价指数和关键绩效评价指数，因此可根据高校工科教师胜任力评价指数与关键绩效评价指数对高校工科教师绩效进行定位分析，形成高校工科教师绩效评价定位矩阵模型，如图 5-8 所示。根据指数测度水平的不同程度将高校工科教师绩效定位在矩阵的不同区域，建立二维平面坐标体系，x 轴指的是高校工科教师关键绩效评价指数(KPEI)，y 轴指的是高校工科教师胜任力评价指数(PCEI)，共包含 1～4 个象限，可精准地在矩阵识别模型中对高校工科教师绩效水平进行定位。

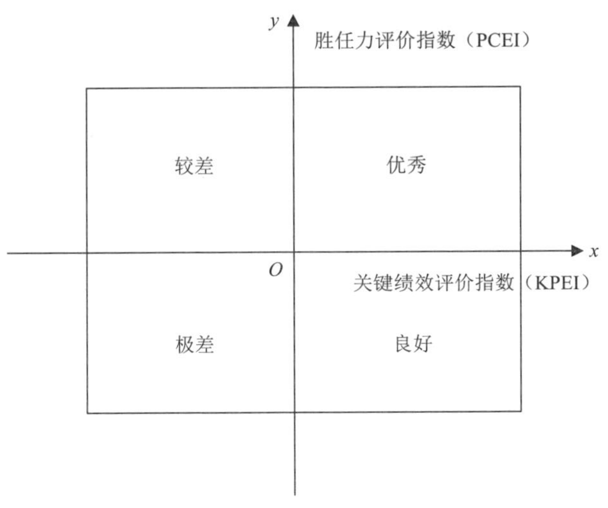

图 5-8 基于胜任力的高校工科教师绩效评价矩阵模型

其中，横坐标为高校工科教师关键绩效评价指数，纵坐标为高校工科教师胜任力评价指数，原点表示高校工科教师绩效指数的平均值。高校工科教师绩效评价矩阵遵循以下定位原则，如表 5-2 所示。

表 5-2　基于胜任力的高校工科教师绩效评价矩阵定位规则

象限	关键绩效评价指数	胜任力评价指数	绩效类型
第一象限	高于平均值	高于平均值	优秀
第二象限	低于平均值	高于平均值	较差
第三象限	低于平均值	低于平均值	极差
第四象限	高于平均值	低于平均值	良好

当工科教师绩效评价结果在第一象限时，表明其关键绩效评价指数和胜任力评价指数均高于教师评价的平均值，绩效评价结果为“优秀”。

当工科教师绩效评价结果在第二象限时，表明其关键绩效评价指数低于教师评价的平均值，胜任力评价指数高于教师评价的平均值，绩效评价结果为“较差”，而此时也表明该教师有提升绩效的潜力。

当工科教师绩效评价结果在第三象限时，表明其关键绩效评价指数和胜任力评价指数均低于教师评价的平均值，绩效评价结果为“极差”，而此时该教师应特别注重胜任力和绩效两方面的提升。

当工科教师绩效评价结果在第四象限时，表明其关键绩效评价指数高于教师评价的平均值，胜任力评价指数低于教师评价的平均值，绩效评价结果为“良好”，此时尽管关键绩效评价指数反映良好，但该教师应注重胜任力的培养，否则将不利于今后绩效的进一步提升。

本章小结

本章首先提出高校工科教师绩效评价体系的设计原则，从评价目的、评价对象、评价步骤、评价指标、评价指数和评价方法六个方面分析了高校工科教师绩效评价体系的结构，并从指标数据获取、权重系数确定、指数测度和评价结果定位四个方面进行了评价路径设计。同时，分析了高校工科教师胜任力对绩效的传导关系和演化关系，在此基础上运用多层次灰色关联分析法提出高校工科教师绩效评价指数的测度方法，并以胜任力评价指数（PCEI）为纵轴，关键绩效评价指数（KPEI）为横轴，建立高校工科教师绩效评价的定位矩阵模型，以便对高校工科教师绩效进行定位。

第6章 实证分析

本章选取21所第一批“卓越工程师教育培养计划”高校的243名工科教师为研究样本，并以其中一所大学同一学院的20名工科教师作为绩效评价对象，对所设计的基于胜任力的高校工科教师绩效评价体系进行实证分析和应用分析。运用结构方程模型对高校工科教师胜任力与绩效的影响关系进行实证检验，对实证的结果进行分析，了解高校工科教师胜任力对关键绩效的影响规律。同时，进行高校工科教师绩效评价，验证本书所设计的基于胜任力的高校工科教师绩效评价体系的可行性与合理性，最后依据实证结果，提出高校工科教师绩效优化对策，为高校工科教师的胜任力与绩效提升提供依据。本章的逻辑框架如图6-1所示。

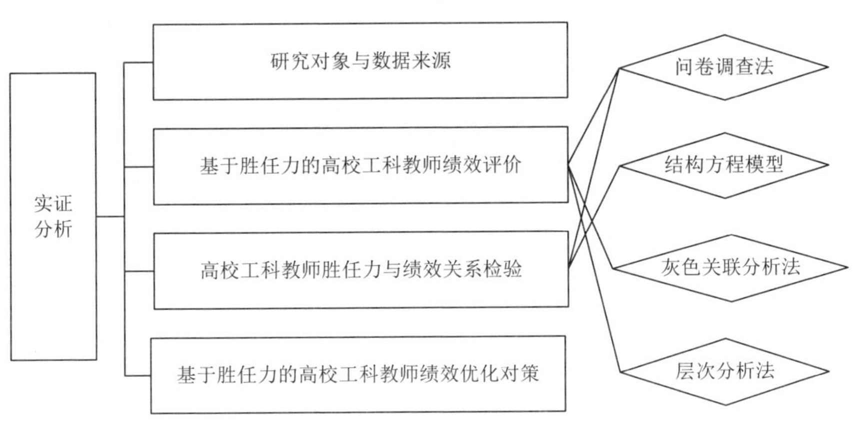

图6-1 实证分析逻辑框架

6.1 研究对象与数据来源

实证分析主要解决三大问题：基于胜任力的高校工科教师绩效评价；高校工科教师胜任力与绩效关系检验；基于胜任力的高校工科教师绩效优化对策。在实证分析中，主要采用问卷调查的方式收集高校工科教师胜任力指标原始数据和关键绩效指标原始数据。

6.1.1 研究对象

在 2010 年 6 月，教育部结合教育实际需求，给出首批 61 所率先落实“卓越工程师教育培养计划”高校名单。2011 年 9 月，批准 133 所高校为第二批卓越计划的高等院校。“卓越工程师教育培养计划”（以下简称为“卓越计划”），属于教育部坚决实施《国家中长期教育改革和发展规划纲要（2010—2020 年）》与《国家中长期人才发展规划纲要（2010—2020 年）》的教育改革活动，切实推动中国由工程教育大国上升到工程教育强国，最终目标就是培养大量具有创造能力、满足市场经济发展需求的综合性工程技术人才，进而推动国家快速实现工业化，打造创新型国家，解决社会对工程人才的需求。随着“卓越计划”的实施与推广，工科类高等院校为社会培养大量具有创新能力、满足市场经济发展需求的高质量、综合性工程技术人才，为建设创新型国家、完成战略目标、实现社会主义现代化储备大量的人才，进而提高我国核心竞争力，切实提升综合实力，在国际市场中占据更重要的位置。将“卓越计划”视为改革的重要措施，不断推动工程教育的创新与改革，为工程技术的发展储备大量的人才，打造独具中国特色的高等工程教育制度，实现国家的战略目标，真正地带动工程技术的发展，迈向工程教育强国的行列。在此背景下，本书从教育部公布的两批“卓越计划”高校中选取 21 所高校，将这些高校的工科教师作为研究对象，发出调查问卷，展开基于胜任力的高校工科教师绩效评价相关研究，高校名单如表 6-1 所示。

6.1.2 数据来源

依据表 4-13 设计《基于胜任力的高校工科教师绩效评价调查问卷》（详细内容见附录 C），分他评和自评两类。问卷中：最开始是样本的人口统计特征，包括性别、年龄、与被评价教师关系、职称、所在学院和工作年限六个测度项；第一部分为胜任力指标调查，由特质胜任力、教学胜任力、科研胜任力和工程实践胜任力四个维度的 12 个测度项组成。由工科教师本人、学生、同事以及行政人员分别填写；第二部分为关键绩效指标调查，由教学绩效产出、科研绩效产出和社会服务绩效产出三个维度 8 个测度项组成，由工科教师本人根据实际情况填写。

表 6-1 研究项目中“卓越计划”高校名单

序号	高校	“卓越计划”批次	序号	高校	“卓越计划”批次
1	华中科技大学	第一批	12	武汉大学	第二批
2	江南大学	第一批	13	中国地质大学（武汉）	第二批
3	武汉理工大学	第一批	14	武汉科技大学	第二批
4	华北电力大学	第一批	15	武汉纺织大学	第二批
5	江苏大学	第一批	16	长江大学	第二批
6	山东大学	第一批	17	湖北工业大学	第二批
7	郑州大学	第一批	18	湖北汽车工业学院	第二批
8	中南大学	第一批	19	三峡大学	第二批
9	四川大学	第一批	20	武汉工程大学	第二批
10	浙江工业大学	第一批	21	湖南工学院	第二批
11	湖南大学	第一批	—		

采用随机抽样的原则，向在职工科教师、行政人员和学生发放调查问卷 760 份，收回问卷 593 份，根据问卷填写情况，在其中选取了有效问卷 487 份，其中同行他评 154 份、学生他评 90 份、本人自评 243 份。选取的有效问卷的样本结构如表 6-2～表 6-4 所示。

表 6-2 工科教师绩效评价问卷有效问卷同行他评样本结构

统计指标		人数/人	比例/%
性别	男	112	72.73
	女	42	27.27
职称	初级	13	8.44
	中级	49	31.82
	高级	92	59.74
高校教龄（工作年限）	0～5 年	17	11.04
	6～10 年	71	46.10
	10 年以上	66	42.86
合计		154	100

表 6-3 工科教师绩效评价问卷有效问卷学生他评样本结构

统计指标		人数/人	比例/%
性别	男	62	68.89
	女	28	31.11
层次	本科生	34	37.78
	硕士研究生	31	34.44
	博士研究生	25	27.78
合计		90	100

表 6-4 工科教师绩效评价问卷有效问卷本人自评样本结构

统计指标		人数/人	比例/%
性别	男	151	62.14
	女	92	37.86
职称	初级	35	14.40
	中级	78	32.10
	高级	130	53.50
高校教龄（工作年限）	0～5 年	28	11.52
	5～10 年	78	32.10
	10 年以上	137	56.38
合计		243	100

6.2 基于结构方程模型的高校工科教师胜任力与绩效关系检验

胜任力是指某一岗位所具备的主要能力，是绩效目标完成的前提和基础。胜任力与绩效相辅相成，密切关联，高校教师胜任力的提升有利于推动绩效水平的提高。为探索高校工科教师胜任力对绩效的影响关系，采用结构方程模型方法，对高校工科教师胜任力与绩效的关系进行检验。

6.2.1 研究假设

在高校教育中，教师个人特质是影响其工作绩效的因素之一 Danielson[33]；Srinivasan 等[35]；Janiunaite 等[32]；陈岩松[14]；陈万思和赵曙明[25]），如对教学工作是否热情、是否勤奋工作或吃苦耐劳、是否善于钻研科研学术等，这些对于教师个人成功都具有直接或间接的影响（Milanowski[27]；兰利琼和张红伟[42]）。教师个人越具备与胜任力贴合的特质，其在绩效表现上就越优秀；高校教师对学科的热爱、为人师表以及关爱学生，使得其个人与岗位匹配性更高，其在个人教学成就上也会取得更丰硕的成果，往往其指导的学生也将拥有更多的研究成果（朱新卓等[49]）。高校教师特质胜任力也会影响其科研产出绩效（何齐宗和熊思鹏[20]；严尧[62]），对教学事业热情度较低的教师明显在科研产出上的优势较弱，反之，钻研学术、严谨求实等优秀品质更有利于教师高产，科研成果也会对社会服务产生积极、正向的影响，教师在科研和学术上取得的成绩对社会贡献较大，成果转化率的提高，最终会推动社会创新进步。

对于高校教师群体而言，教学和科研胜任力是区分教师绩效的重要因素（Papay[28]；汤舒俊等[72]；谢晔和周军[63]）。除了具备高校教师应有的特质胜任力外，是否具有较强的教学和科研胜任力也是评判教师是否胜任岗位的前提和保障。在语言组织和表达能力上具有较强优势，并将学科知识融入教学和科研中，有利于增加教师在教学和科研中的产出（Janiunaite 等[32]；罗小兰和林崇德[39]；牛端和张敏强[60]）。此外，对学生培养方面技巧和能力的高低在一定程度上影响学生的学习和产出能力，因此，教师的教学科研胜任力正向影响科研绩效，同时，探索和创新以及具备较强的团队意识和开拓意识能够推动科研创新并将研究成果运用到科技中并服务社会，所以科研胜任力对于社会服务绩效的提升具有正向影响作用。

高校工科教师区别于文科教师和理科教师，在胜任力内涵的确认上也应与其他科目的教师具有一定的差别（周文叶和周淑琪[43]）。对于高校工科教师而言，掌握工程实践胜任力是影响其教学、科研绩效差异大小的重要因素。工科教师所具备的特殊专业知识和技能，如将教学和科研成果转化到实际操作中以解决实际工程问题，对技术操作掌握的技巧等均可为教师创造科研成果产生有利影响（丁敬达和邱均平[38]），而其对于工科知识的理解以及自身的能力优势促使其发明更多的专利，在一定程度上提高其科研绩效水平，在社会服务方面，具有实用性、创新性的研究成果对社会的贡献利大于弊，能够带动社会创新及进步。因此，工程实践胜任力正向影响教师的绩效。

综上所述，结合本书对变量的定义和理解，可提出以下假设。

假设 1　高校工科教师的特质胜任力对教学绩效具有正向影响。

假设 2　高校工科教师的特质胜任力对科研绩效具有正向影响。

假设 3　高校工科教师的特质胜任力对社会服务绩效具有正向影响。

假设 4　高校工科教师的教学胜任力对教学绩效具有正向影响。

假设 5　高校工科教师的教学胜任力对科研绩效具有正向影响。

假设 6　高校工科教师的教学胜任力对社会服务绩效具有正向影响。

假设 7　高校工科教师的科研胜任力对教学绩效具有正向影响。

假设 8　高校工科教师的科研胜任力对科研绩效具有正向影响。

假设 9　高校工科教师的科研胜任力对社会服务绩效具有正向影响。

假设 10　高校工科教师的工程实践胜任力对教学绩效具有正向影响。

假设 11　高校工科教师的工程实践胜任力对科研绩效具有正向影响。

假设 12　高校工科教师的工程实践胜任力对社会服务绩效具有正向影响。

6.2.2 描述性统计

对本书变量和维度的相关数据进行描述性统计分析，结果如表 6-5 所示。

表 6-5　描述性统计分析

变量和维度		N	极小值	极大值	均值	标准差	方差
胜任力	特质胜任力	243	2	5	3.56	0.979	0.960
	教学胜任力	243	2	5	3.71	0.917	0.840
	科研胜任力	243	2	5	3.65	0.923	0.852
	工程实践胜任力	243	2	5	3.78	0.941	0.885
关键绩效指标	教学绩效	243	2	5	3.39	0.919	0.846
	科研绩效	243	2	5	3.34	0.961	0.924
	社会服务绩效	243	2	5	3.41	0.978	0.958

本书使用 SPSS 19.0 软件对数据进行描述性统计，主要指标如表 6-5 所示。其中，胜任力变量中，四个维度特质胜任力、教学胜任力、科研胜任力、工程实践胜任力的极小值和极大值均为 2 和 5，四个维度中，教学胜任力、科研胜任力及工程实践胜任力均值较高，特质胜任力均值较小，由此可预测，高校工科教师的胜任力中，教学胜任力、科研胜任力以及工程实践胜任力对于绩效表现的影响较明显，也是区分绩效优秀和绩效平庸者的主要胜任力要素。在关键绩效指标中，三个维度即教学绩效、科研绩效和社会服务绩效极小值皆为 2，极大值为量表中最大值，三者的均值较稳定，可见在所调查的对象中，以教学绩效、科研绩效以及社会服务绩效指标衡量高校工科教师的关键绩效认可度较高。数据中，所有维度的标准差和方差值较为均衡，表现了量表结构的稳定性和可行性，也在一定程度上反映出不同维度间的关系。

6.2.3 信度与效度分析

1. 基于胜任力的高校工科教师绩效评价体系的效度分析

在构建模型得出研究结果前需要判断数据效度如何，因此要进行 KMO 检验与 Bartlett 球状检验。KMO 检验统计量是对比不同变量之间相关系数与偏相关系数的重要指标。一般情况下，其取值范围为0～1。如果各个变量的简单相关系数平方和超过偏相关系数平方和时，其值无限趋于1，直接表明变量之间具有很强的相关性，原变量可以进行因子分析；如果各个变量的简单相关系数平方和趋于零时，指标的值也趋于零，直接表明变量之间相关性并不强，原变量不能进行因子分析。Kaiser通过研究为KMO制定了相关的标准：其值大于0.9时，为非常合适；大于0.8小于0.9为合适；大于0.7小于0.8为一般合适；大于0.6小于0.7为不太合适；大于0.5小于0.6为非常不合适。

Bartlett球状检验经常用在检验数据的分布中、变量间的独立性。对于调查问卷的结果，将全体数据都分布于球体的内部。假如对数据分布不执行球形检验，而是直接进行因子分析，将会严重违背因子分析必须遵循的原则，即所有变量必须独立存在。一般来说，Bartlett球状检验的卡方统计值χ^2（chi-square）的显著性概率$P<0.05$时，问卷才有结构效度，才能进行因子分析。

用统计软件SPSS 19.0对487份调查问卷的数据进行KMO检验和Bartlett球状检验，结果如表6-6所示。

表6-6 KMO和Bartlett球状检验

取样足够多的 Kaiser-Meyer-Olkin 度量		0.879
Bartlett 球状检验	近似卡方	1781.882
	df	203.000
	Sig.	0.000

从结构效度分析来看，Bartlett球状检验统计量为1781.882，在0. 000的水平上具有统计学意义，KMO检验统计量为0.879，说明变量之间具有较强的相关关系，问卷具有较好的结构效度。

2. 基于胜任力的高校工科教师绩效评价体系的信度分析

本书应用SPSS 19.0统计软件对各变量的信度进行了分析，具体结果如表6-7所示。一般认为，当测量题项的内部一致性系数Cronbach值大于0.7时，则其内在一致性具有良好的效果。在本书的研究中，潜变量F（特质胜任力）、T（教学胜任力）、R（科研胜任力）、P（工程实践能力）、KPI_1（教学绩效）、KPI_2（科研绩效）、KPI_3（社会服务绩效）的Cronbach值分别为0.731、0.723、0.825、0.733、0.780、0.769、0.729，整体的Cronbach值为0.756，均大于0.7，表明本书数据的信度较好。

表 6-7 基于胜任力的高校工科教师绩效评价指标的信度检验

潜变量	可观测变量		Cronbach α
F	F_1	教师能够不断学习并熟练掌握工程技术，以提高教师的教学质量，为科研创新提供思路	0.731
	F_2	教师具有无私、公正、公平的服务社会的品质	
	F_3	教师热爱工作并为之奋斗	
T	T_1	教师能够自觉主动地做好分内分外一切有益的事情	0.723
	T_2	教师在口头语言（说话、讲课、演讲、做报告）以及书面语言（科研论文）运用的过程中能够流畅自如地运用字、词、句、段的能力	
	T_3	教师上课时会结合工程科技在实践中的应用情况，引用案例进行知识点讲解，注重培养学生技能的操作能力、思维能力，通过提高教学效率达到预期的教学目标	
R	R_1	教师能够自发真诚地去帮助和引导学生提高工程实践能力，提高学生的知识技能和方法等	0.825
	R_2	教师能够保持终身学习的热忱，主动学习知识并通过各种途径和手段获取知识	
	R_3	教师具有较强的创新意识，并乐于探索和挖掘新课题	
P	P_1	教师重视团队合作，拥有较强的团队意识和合作精神	0.733
	P_2	教师具备较强的数学、物理等自然学科扎实的理论知识基础，并能够运用较强的逻辑思维能力进行相关教学和科研工作	
	P_3	教师在掌握先进、科学的试验研究方法基础上能够往复地在理论和实践中进行转换，不断推进工程实践能力的提高	
KPI_1	KPI_{11}	超过要求的课时数和课程数，学生平均成绩达到标准，并获得校级及以上奖励	0.780
	KPI_{12}	超过要求的教学质量工程项目数量	
	KPI_{13}	指导学生超过要求数量的研究成果并获得奖励	
KPI_2	KPI_{21}	超过要求的 SCI、EI 等国际权威检索收录学术论文	0.769
	KPI_{22}	超过学校要求的发明专利数量	
	KPI_{23}	学术论文引用数超过平均教师水平	
KPI_3	KPI_{31}	工程技术服务项目超过平均教师水平	0.729
	KPI_{32}	研究成果转化收益超过平均教师水平	

6.2.4 结构方程模型的构建

本书采用 AMOS 17.0 结构方程模型分析软件，基于前文相关假设，对基于高校工科教师胜任力绩效评价进行验证性因子分析，如图 6-2 所示得出初始模型。

模型中包括两层关系：第一层为高校工科教师的胜任力，即特质胜任力、教学胜任力、科研胜任力以及工程实践胜任力；第二层为关键绩效指标，它们分别用相应的观测指标测度，即教学绩效、科研绩效和社会服务绩效。根据概念模型和前文的假设，建立的结构方程模型存在四个外因潜变量与三个内因潜变量之间的因果关系。除此之外，按照结构方程模型常规的分析经验，整个模型设计有 a_1～a_{12}、b_1～b_8，总计二十个显变量的误差变量；m_1、m_2、m_3，总计三个潜变量的残差变量。研究过程中将使用到结构方程模型，将全体误差变量与残差变量的初始路径系数设置为常数 1，只要出现潜变量，必然存在观测路径，并且其系数为 1。

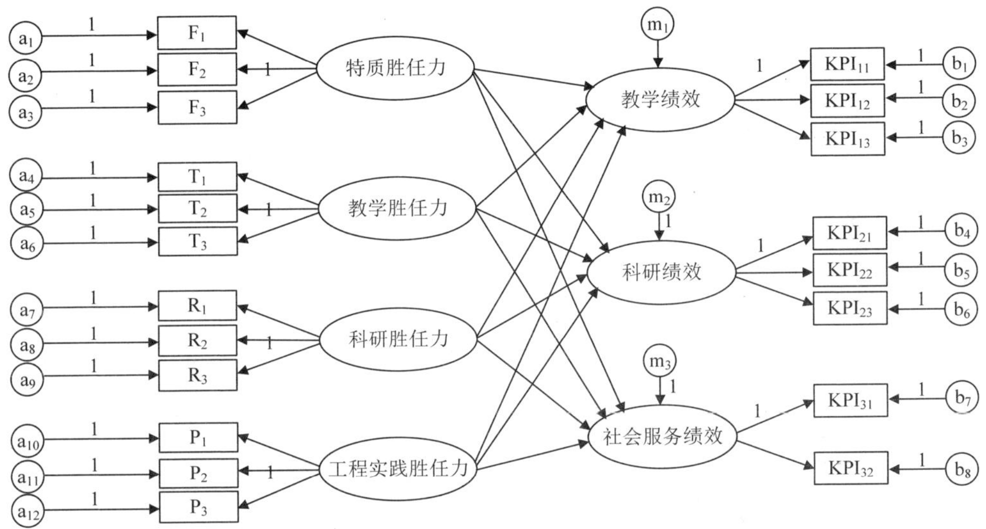

图 6-2　结构方程的测度路径关系

6.2.5　结构方程模型的估计与检验

在运用 AMOS 软件进行结构方程模型拟合分析过程中，可以划分为如下几个步骤：①给出因果模型图；②给定变量具体名称；③结合具体需求挑选统计量；④对模型进行预估；⑤对模型进行检验；⑥修正模型，做出解释。按照收集的相关数据与构建的概念模型，本次研究借助 AMOS 17.0 软件，将其视为分析的工具，使用极大似然估计法（maximum likelihood estimates）实施验证性因子分析。结合实际情况，挑选估计选项，提前预估策略模型，通过 11 次叠加处理后，就能够得到最终的结果，具体情况如图 6-3 所示。

针对结构方程模型的适配度进行综合性评价，能够直接验证假设模型与预测数据的差距。有研究者通过研究发现，判断假设模型与实际数据的契合度时，往往参照以下三个指标，具体为基本适配指标、整体模型适配指标以及模型内在结构适配指标。其中，基本适配指标指的是所有模型中不得有任何误差，只要出现误差就要显著，标注误差要控制在特定的范围内，因子负荷要控制在 0.4～0.95。整体模型适配指标种类繁多，常见的有卡方自由度比、RMR、卡方值、GFI 以及 RFI 等。模型内在结构适配指标也有多个具体量，常见的有潜在变量的平均方差抽取量、组合信度、标准化残差及修正指标等。前文已对变量效度进行分析，因此不再对模型结构适配指标赘述。本模型中适配指标达成度如表 6-8 所示。

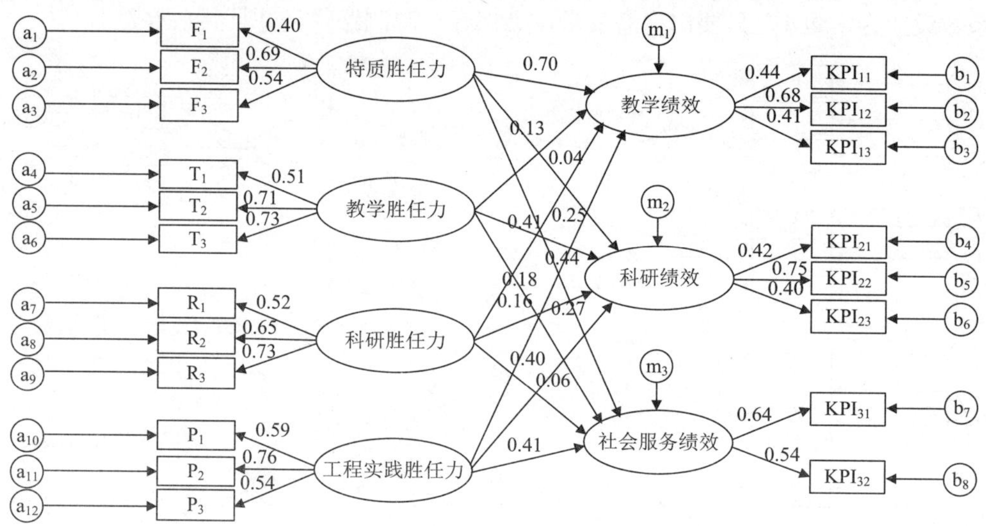

图 6-3　高校工科教师胜任力对关键绩效指标影响结构方程模型

表 6-8　模型的适配指标

项目	适配指标	验证模型的指标值	判定标准	判定结果
基本适配度检验	是否没有负的误差变异量	是	没有负的误差变异量	是
	因子负荷是否介于0.5～0.95	是	因子负荷介于0.4～0.95	是
	误差变异达到显著水平	是	T值绝对值＞1.96	是
整体模型适配检验	卡方χ^2	203.14	靠近自由度	是
	自由度df	123	越大越好	是
	卡方自由度比χ^2/df	1.65	<2	是
	适配度指数GFI	0.91	>0.9	是
	残差均方和平方根RMR	0.044	<0.05	是
	渐进残差均方和平方根RMSEA	0.051	<0.08	适配合理
	规准适配指数NFI	0.94	>0.9	是
	相对适配指数RFI	0.92	>0.9	是
	增值适配指数IFI	0.97	>0.9	是
	比较适配指数ACFI	0.97	>0.9	是

将没有实现标准化的估计结构方程模型与标准化处理后的估计结构方程模型进行横向对比可知：前者不存在任何的负误差，所有的路径系数全部为整数，直接表明估计方式与模型的界定科学合理；而后者中所有的潜变量因子载荷全部超过 0.71（合理取值范围为 0.5～0.95，最佳范围要超过 0.71）(Hulland)，直接表明建立的模型其聚合效度达到相关标准。按照我们研究的结果可知：其自由度等于 123，卡方值等于 203.14，显著性概率值为 0.268，大于临界值 0.05。构建的模型不满足显著性要求，满足虚无假设的使用标准，也就是说本次构建的假设模型与观测数据之间相互匹配。不管是整体模型适配指标，还是模型内在结构适配指标，全部满足相关标准需求，表明该模型具有良好的适配性。

结构方程模型的路径关系显著性检验的主要指标有关键比率（critical ratio，CR）和显著性水平 *P*（probability）。关键比率与相关参数预估计与估计值标准误差的比值相等，类似于统计检验中用到的 *t* 检验值。假如关键比率的绝对值介于 1.96～2.58，直接表明：0.05 水平下，路径关系显著；假如关键比率的绝对值介于 2.58～3.84，直接表明：0.01 水平下，参数估计值显著；假如关键比率的绝对值超过 3.84，直接表明：0.01 水平下，参数估计值显著。根据模型的拟合结果，可以得到表 6-9 所示的路径系数检验指标数据。

表 6-9 假设模型的路径系数检验

检验指标			估计值	S.E.	C.R.	*P*
教学绩效	←	特质胜任力	0.267	0.100	2.671	**
科研绩效	←	特质胜任力	0.294	0.116	2.536	*
社会服务绩效	←	特质胜任力	0.335	0.105	3.197	**
教学绩效	←	教学胜任力	0.331	0.111	2.985	***
科研绩效	←	教学胜任力	0.312	0.103	3.028	**
社会服务绩效	←	教学胜任力	0.325	0.104	3.123	**
教学绩效	←	科研胜任力	0.296	0.121	2.446	*
科研绩效	←	科研胜任力	0.371	0.118	3.146	**
社会服务绩效	←	科研胜任力	0.253	0.109	2.320	*
教学绩效	←	工程实践胜任力	0.336	0.107	3.137	**
科研绩效	←	工程实践胜任力	0.310	0.122	2.543	*
社会服务绩效	←	工程实践胜任力	0.297	0.145	2.045	*

注：*表示 $P<0.05$；**表示 $P<0.01$；***表示 $P<0.001$。

根据结构方程模型的路径系数分析可知，潜变量相互间的影响效果均达到了预期设想。通过以上研究，假设 1～假设 12 均得到了支持，因此可以得出如下结论：高校工科教师特质胜任力与教学绩效、特质胜任力与科研绩效、特质胜任力与社会服务绩效、教学胜任力与教学绩效、教学胜任力与科研绩效、教学胜任力与社会服务绩效、科研胜任力与教学绩效、科研胜任力与科研绩效、科研胜任力与社会服务绩效、工程实践胜任力与教学绩效、工程实践胜任力与科研绩效、工程实践胜任力与社会服务绩效具有显著的因果关系，是基于胜任力的高校工科教师绩效评价体系的重要参照。

6.2.6 研究结论

基于上文分析，构建了基于胜任力的高校工科教师绩效评价体系结构方程模型，验证了所提出的研究假设，结合已有学者对胜任力与绩效评价关系的研究，本书总结、分析得出以下结论。

1）高校工科教师的特质胜任力对教学绩效具有正向影响，教师特质胜任力与胜任力要素越匹配，教学绩效越优秀；反之教学绩效越差。胜任力中特质胜任力要素是决定岗位差异的首要因素，不同岗位的从业人员由于自身的特质胜任力选择不同的岗位，才可实现“人岗匹配”（周金元等[140]；史东风[129]）。对于高校工科教师而言，热爱工程事业、热爱学生、善于钻研学术等是其应具备的特质胜任力要素，教师越贴合这些职业素养，其在教学绩效的表现就越优异。教学成果和绩效是评价教师胜任力的主要指标（周榕[69]），只有具备了高校工科教师特有的特质胜任力，才有利于提高教学绩效。因此，高校工科教师的特质胜任力正向影响教学绩效。

2）高校工科教师的特质胜任力对科研绩效具有正向影响，教师特质胜任力与胜任力要素越匹配，科研绩效越优秀；反之科研绩效越差。一方面教学是高校教师的任务和目标，另一方面科研绩效也是衡量其绩效的重要指标（白学磊[73]；Yu J H 等[30]）。特质胜任力对于教师个人的科研绩效具有较大影响，例如教师热爱事业以及善于钻研学术，其在科研方面也会更容易产生奉献精神。对事业没有崇高的热爱，只是为了完成绩效任务而进行教学以及从事科研，其绩效成果产出率往往较低（Rodolfa 等[36]；黄翔[21]）。综上所述，高校工科教师的特质胜任力正向影响科研绩效。

3）高校工科教师的特质胜任力对社会服务绩效具有正向影响，教师特质胜任力与胜任力要素越匹配，社会服务绩效越优秀；反之社会服务绩效越差。评判教师绩效水平的指标不仅体现在教学绩效和科研绩效上，其对于社会服务的贡献也应纳入评价体系（刘宇[19]）。教育是服务行业，高校教师对于社会的服务职能尤为重要（陆慧[18]）。对教育事业的热爱、愿意为社会服务和做贡献、关心学生等特质都是教师胜任力的集中体现，教师只有具备高校工科教师应具备的主要特质，将科研成果转换为科技成果，运用于社会工程实践的可能性更大，有利于推动社会进步和创新。所以，高校工科教师的特质胜任力正向影响社会服务绩效。

4）高校工科教师的教学胜任力对教学绩效具有正向影响，教师教学能力与胜任力要素越匹配，教学绩效越优秀；反之教学绩效越差。教学能力是评价教师胜任力和绩效的重要指标，教学是高校教师的主要任务及绩效目标（陈斌和刘轩[15]；何齐宗和熊思鹏[20]）。教学方法的选择、科学知识的储备、对学科知识的运用等是区分教师教学成效的因素，教师绩效差异主要体现在教学能力的区别上（朱雪波等[23]）。教学能力越优秀，培养和指导学生并获得成功的可能性越大，教学绩效就越优秀。由此可知，高校工科教师的教学胜任力正向影响教学绩效。

5）高校工科教师的教学胜任力对科研绩效具有正向影响，教师教学能力与胜任力要素越匹配，科研绩效越优秀；反之科研绩效越差。高校教师的教学胜任力不仅正向影响教学绩效水平，对于教师的科研绩效也有一定程度的影响（周光礼和马海泉[26]；高永惠等[40]；汤舒俊[46]）。教师的教学胜任力是决定其科研绩效的主要因素，教学胜任力越强、对于科研事业的热爱越高，所产出的科研成果就越多。因此，高校工科教师的教学胜任力正向影响科研绩效。

6）高校工科教师的教学胜任力对社会服务绩效具有正向影响，教师教学能力与胜任力要素越匹配，社会服务绩效越优秀；反之社会服务绩效越差。高校教师教学成果具备社会服务职能，可以转换成现实运用并造福社会（汤舒俊[46]；罗小兰和林崇德[39]）。时代的进步使得科技成为各国核心竞争力的重要因素，工程教育是诞生技术人才的摇篮，为此高校对社会的人才输出是提升国家整体科技水平的重要保障（李中国[88]）。高校工科教师的教学胜任力与胜任力要素越匹配，越利于培养出优秀的工科人才，创造出的学术论文及专利发明等对于社会创新和科技进步具有引导作用，同时将其先进的理念和研究成果运用于工程实践中，转换为实际生产力，一定程度上促进了社会服务绩效的增长。综上所述，高校工科教师的教学胜任力正向影响社会服务绩效。

7）高校工科教师的科研胜任力对教学绩效具有正向影响，教师教学能力与胜任力要素越匹配，教学绩效越优秀，反之教学绩效越差。高校教师的科研能力与教学绩效之间也存在相互影响的关系（罗小兰和林崇德[39]；牛端和张敏强[60]）。科研水平是除了教学胜任力以外教师所需具备的重要胜任力要素，教师在科研成果上取得的成就反映其对学科科目的理解和掌握，因此其也将自己的思想和知识融入教学过程中，体现在教学中，以不同的形式进行表现。综上所述，高校工科教师的科研胜任力正向影响教学绩效。

8）高校工科教师的科研胜任力对科研绩效具有正向影响，教师科研能力与胜任力要素越匹配，科研绩效越优秀；反之科研绩效越差。高校工科教师科研胜任力与科研绩效直接挂钩（许安国等[67]）。科研任务是高校教师绩效任务之一，是除了教学任务以外另一大主要工作。教师的科研胜任力也是促使教师绩效水平产生差异的主要因素，科研胜任力越优异，其在科研领域产出的成果越多，对学校、社会输出越多（Papay[28]；高永惠等[40]）。高校工科教师区别于文理科教师，在科技创新事业的贡献中取得成效也是区分工科教师绩效差异的重要指标。发明专利以及在重要学术期刊、索引中发表学术论文并被较多学者引用，都是其高校工科教师科研绩效的体现。所以，高校工科教师的科研胜任力正向影响科研绩效。

9）高校工科教师的科研胜任力对社会服务绩效具有正向影响，教师教学能力与胜任力要素越匹配，社会服务绩效越优秀；反之社会服务绩效越差。随着科学技术对国家发展重要性的不断增强，“产学研”的结合越来越引起国家重视，逐渐被提到战略角度。高校科研成果是社会创新的重要来源（陈斌和刘轩[15]；徐薇薇等[22]），因此科研绩效也是高校教师的重要绩效考核指标，教师在科研绩效方面表现越优异，其对社会产生的服务价值越大，科研转换为社会实践运用的可能性越大（van Dam 等[34]；汤舒俊[46]）。由此可见，高校工科教师科研胜任力正向影响社会服务绩效。

10）高校工科教师的工程实践胜任力对教学绩效具有正向影响，工程实践能力与胜任力要素越匹配，教学绩效越优秀；反之教学绩效越差。高等教育中，学科的差异性决定不同学科教师胜任力要素的要求区别（丁志同[86]；刘仁义和陈士俊[84]）。高校工科教师在数理思维能力上具备的优势使其更具备工科教学与科研的能力，同时较好的语言组织和表达能力使得其在教学过程中获得高绩效，对学生的指导以及自身对事业的崇高敬意使得其更愿意奉献事业，力争在教学中获得更多的成果。对创新的追求和拥有团队意识可以集中智慧，更利于高校工科教学成果的产出，也利于高校工科教师教学绩效的提升。因此，高校工科教师的工程实践胜任力正向影响教学绩效。

11）高校工科教师的工程实践胜任力对科研绩效具有正向影响，工程实践能力与胜任力要素越匹配，科研绩效越优秀；反之科研绩效越差。一方面，高校工科教师教学绩效的提升是培养和输出更多优秀工科人才的前提（林杰等[111]；袁振国等[112]）；另一方面，高校工科教师的科研绩效也是社会和高校关注的重点（孙颖等[135]）。高校工科教师将所储备的工程技术知识与能力融入教学与科研中，科研成果可用于解决实际中的科学技术问题，对于社会进步具有指导意义，因此，高校工科教师发表学术论文、发明专利的可能性更大，科研绩效更优。工程实践能力越差，对于论文完成、学生指导、专利申请等方面则不具有优势，科研绩效也难以提高。综上所述，高校工科教师的工程实践胜任力正向影响科研绩效。

12）高校工科教师的工程实践胜任力对社会服务绩效具有正向影响，工程实践能力与胜任力要素越匹配，社会服务绩效越优秀；反之社会服务绩效越差。高校工科教师的工程实践能力一定程度上影响其教学绩效与科研绩效（丁敬达和邱均平[38]），皆存在正向影响的作用。工科教育质量影响和制约着社会发展，教师的工程实践能力越强，所产出的教学和科研成果越优秀（林立杰[59]），培养众多优秀学生，对社会服务的辐射越大。发表的论文以及科研成果转换为企业科学技术，为企业和社会带来巨大的经济效益，推动社会进步、科学创新并产生社会效益。因此，高校工科教师的工程实践胜任力正向影响社会服务绩效。

6.3 基于胜任力的高校工科教师绩效评价

为验证基于胜任力的高校工科教师绩效评价指标体系和评价定位矩阵模型的可行性和合理性，选取高校工科教师胜任力指标和关键绩效指标数据进行绩效评价的实证分析。

6.3.1 基本数据分析

为控制绩效评价的合理性和可比性，参与评价的教师应具有同质性，即在同一所高校从事相同类别工科教学科研任务。因此，本书从所调查的 243 名教师中选出同一所高校材料学院的 20 名工科教师进行绩效评价的实证分析。考虑到该大学数据来源的保密性及评估结果可能带来的不便或可能产生的其他影响，本书隐去该样本大学的真实校名，仅用 W 大学作为其代号。W 大学是教育部直属的理工类高等院校，为国家“211 工程”“985 工程”类院校，也属于教育部制定的“卓越工程师教育培养计划”“111 计划”“海外高层次人才引进计划”“国家建设高水平大学公派研究生项目”入选高校，由教育部、交通运输部和国家海洋局共建。W 大学有普通本科生 37300 余人，博士生、硕士生 15000 余人，外国留学生 800 余人。其学校类型是工科、研究教学型大学，所以适合进行实证分析。现阶段，总共设计试行班级 24 个。按照相关专业中教师的具体情况进行数据统计，结果显示：为“卓越计划”服务的工科教师总计 733 人，其中包含教授级别 220 人，副教授级别 294 人；博士学位 485 人，硕士学位 147 人。为了更好地掌握全体教师的胜任力、绩效情况以及可能出现的问题，进行相关的问卷调查。本次问卷调查的对象为该校材料学院所有“卓越计划”试点班级的工科教师、院校的管理层、其他的全体教师。设计的调查问卷全部以邮件形式发放与回收。

结合表 4-20 基于 PCI 和 KPI 的高校工科教师绩效评价指标体系，运用多层次灰色关联分析法对 20 名工科教师 2011 年、2012 年、2013 年、2014 年、2015 年共五个年度的绩效进行评价。根据调查问卷（见附录 C）分值设定规则，以 5 分制进行评分（1 分为最低值，5 分为最高值，3 分为平均值）。通过教师本人、同行评价及学生根据工科教师实际情况对各底层指标进行测评。

以 2015 年为例，20 名专任教师的平均得分如表 6-10 所示，为便于对工科教师的绩效进行分级，同时虚拟一位所有指标均达到平均值 3 的教师 0 参与绩效评价，以便在评价时以此教师为绩效评价的标准线。

表 6-10　2015 年高校各工科教师底层指标测评值

指标	教师1	教师2	教师3	教师4	教师5	教师6	教师7	教师8	教师9	教师10	教师11	教师12	教师13	教师14	教师15	教师16	教师17	教师18	教师19	教师20	教师0
F_1	2.9	4.5	3.6	2.6	2.5	3.5	4.1	3	2.6	3.9	2.9	4.5	3.2	4.1	3.2	3.5	4.1	3.4	2.8	3.9	3
F_2	3.6	3.9	4	2.9	4.5	4.1	3.9	3.9	3.8	3.8	3.6	3.9	3.2	3.3	3.8	4.1	3.9	4	3.2	3.8	3
F_3	3.4	4.8	2.6	3	3.9	2.3	4.2	4.5	4.2	4.3	3.4	4.8	4.2	4.5	3.1	2.3	4.2	3.8	3.7	4.3	3
T_1	3.9	4.1	4.1	3	4.3	4	4.1	4.5	3.2	3.9	3.9	4.1	3.9	4	4.2	4	4.1	3.9	4	3.9	3
T_2	4.1	3.7	4.6	2.7	3.9	3	3.6	4.1	2.9	3.1	4.1	3.7	4.1	3.9	4.2	3	3.6	4.1	3.9	3.1	3
T_3	2.3	3.7	3.6	3.2	4.1	2.5	3.2	4.5	3.9	4	2.3	3.7	2.4	4	3.5	2.5	3.2	2.4	4	4	3
R_1	4.1	4.8	2.7	2.2	4	3.6	2.2	3.9	3.7	4.1	3.8	3.8	4	4.2	3.4	4.5	3.9	2.5	3.7	4.1	3
R_2	4.2	2.8	3	2.9	3.2	4.1	4.3	2.1	3.4	2.8	4.2	4.3	4.3	3	2.7	4.1	4.3	4.2	3	4.3	3
R_3	2.8	3.2	2.1	2.2	3.8	2.2	3.5	4.5	3	3.2	3.2	3.9	3.2	3.1	3.5	2.2	3.5	2.9	2.7	3.9	3
P_1	4	4.8	3.6	2.8	4.9	3.9	4.1	4.8	4.2	3.9	2.9	3.1	3.9	4.2	3.8	3.9	4.1	4.1	3.2	4.1	3
P_2	4.7	2.9	3.4	2.9	2.9	3.3	4.1	3.4	3.8	4.2	3.0	4	4.3	3.1	3.3	3.3	4.1	4.3	3.8	4.2	3
P_3	3.6	2.8	4	3.2	3.2	2.9	4.1	3.1	4.1	3.4	3.6	2.8	3.5	3.2	4	2.9	4.1	4	3	3.4	3
KPI_{11}	3	4	4	2	4	3	4	2	3	4	2	4	3	3	3	3	4	3	3	2	3
KPI_{12}	2	2	2	3	4	3	3	4	4	4	3	4	2	2	2	3	3	3	3	3	3
KPI_{13}	2	2	1	3	2	2	5	3	4	2	3	2	2	2	3	2	5	4	2	3	3
KPI_{21}	4	3	2	3	3	2	4	3	2	3	3	2	2	4	3	2	4	3	4	3	3
KPI_{22}	4	2	2	2	3	2	4	3	2	2	4	2	4	3	2	2	4	4	4	2	3
KPI_{23}	2	4	1	2	4	1	2	4	3	3	2	4	3	3	2	2	2	3	4	3	3
KPI_{31}	4	3	4	3	2	3	2	4	3	3	4	3	2	3	2	3	2	4	3	3	3
KPI_{32}	1	2	3	1	2	3	2	3	2	2	1	2	2	3	4	3	2	3	2	2	3

6.3.2　指标权重计算

依据表 4-20 对高校工科教师绩效评价指标进行分层，对各层指标两两比较，构建出判断矩阵。判断矩阵表示针对上一层次的教师绩效，评判本层次与之有关的胜任力或绩效之间相对重要性的比较。以高校工科教师绩效评价指标体系中的

“教学胜任力”的一级指标和二级指标为例，“教学胜任力”的一级指标涉及“语言文字表达能力”“工程科技与教学相结合能力”“学生工程实践能力的培养指导能力”三个二级评价指标。“教学胜任力”记为 T，“语言文字表达能力”“工程科技与教学相结合的能力”“学生工程实践能力的培养指导能力”分别记为 T_1、T_2、T_3。根据表 4-21，针对 T，两个元素 T_i、T_j（i，j=1,2,3），比较谁更重要。根据对专家的问卷调查，得出 T_1 比 T_2 重要、T_2 又比 T_3 重要，则判断矩阵为

$$\begin{bmatrix} 1 & 3 & 2 \\ 1/3 & 1 & 1/3 \\ 1/2 & 3 & 1 \end{bmatrix}$$

经计算，该判断矩阵特征向量为：（52.78%，13.96%，33.25%），最大特征根 $\lambda_{\max}=3.05$。为判断该判断矩阵是否与实际相吻合，须进一步进行一致性检验。一致性检验公式为 CR=CI/RI，其中 $CI=(\lambda_{\max}-n)/(n-1)$，RI 指的是平均随机一致性指标，如果 n 的取值为 3～9，那么 RI 对应的取值为 0.58、0.9、1.12、1.24、1.32、1.41、1.45。如果该指标的值不大于零时，直接表明判断矩阵具有满意的一致性，反之则为不一致。对于本判断矩阵而言，CI=(3.05−3)/(3−1)=0.025，由于 n=3，因此对应取 RI=0.58，故一致性比例 CR=0.025/0.58=0.043，小于 0.1，因此“教学与科研能力”的判断矩阵通过了一致性检验，可以将特征向量（52.78%，13.96%，33.25%）作为 u_1、u_2 和 u_3 的权重。同理，可以建立其他指标的判断矩阵。

评价两个准则层指标在不同的具体指标下的影响程度排序方法如下：首先对比在不同的准则层下各一级指标的重要性，得到判断矩阵，为后续的研究奠定基础；随后，计算一级指标下所有二级指标中的权重值，如表 6-11 所示。

表 6-11 基于胜任力的高校工科教师绩效评价指标权重

目标层	准则层	一级指标	代码	权重	二级指标	代码	权重
高校工科教师绩效	胜任力评价指数（PCEI）	特质胜任力	F	0.090	善于钻研学术	F_1	0.260
					事业心	F_2	0.413
					责任心	F_3	0.327
		教学胜任力	T	0.205	语言文字表达能力	T_1	0.528
					工程科技与教学相结合能力	T_2	0.140
					学生工程实践能力的培养指导能力	T_3	0.332
		科研胜任力	R	0.263	主动获取知识能力	R_1	0.170
					创新探索能力	R_2	0.443
					团队合作能力	R_3	0.387

续表

目标层	准则层	一级指标	代码	权重	二级指标	代码	权重
高校工科教师绩效	胜任力评价指数（PCEI）	工程实践胜任力	P	0.442	数理思维能力	P_1	0.196
					实验实践能力	P_2	0.493
					解决工程实际问题能力	P_3	0.311
	关键绩效评价指数（KPI）	教学绩效	KPI_1	0.413	教学研究成果奖励	KPI_{11}	0.413
					教学质量工程数	KPI_{12}	0.260
					学生研究成果奖数	KPI_{13}	0.327
		科研绩效	KPI_2	0.260	发表论文数（SCI、EI 等）	KPI_{21}	0.493
					获得专利数	KPI_{22}	0.196
					论文引用数	KPI_{23}	0.311
		社会服务绩效	KPI_3	0.327	工程技术服务项目数	KPI_{31}	0.5
					成果转化收益	KPI_{32}	0.5

6.3.3 绩效评价指标分析

1. 高校工科教师绩效评价参照序列

由表 6-10 可以得出高校工科教师绩效评价的参照序列，即以同一个底层指标得到 20 名工科教师得分的最高值作为最优绩效评价值，2011 年、2012 年、2013 年、2014 年、2015 年基于灰色关联的高校工科教师绩效评价参照序列如表 6-12～表 6-16 所示。

表 6-12　基于灰色关联的高校工科教师绩效评价参照序列（2011 年）

指标	代码	最高值	指标	代码	最高值
善于钻研学术	F_1	4.2	实验实践能力	P_2	4.7
事业心	F_2	4.5	解决工程实际问题能力	P_3	4.3
责任心	F_3	4.8	教学研究成果奖励	KPI_{11}	4
语言文字表达能力	T_1	4.8	教学质量工程数	KPI_{12}	4
工程科技与教学相结合能力	T_2	4.6	学生研究成果奖数	KPI_{13}	4
学生工程实践能力的培养指导能力	T_3	4.5	发表论文数（SCI、EI 等）	KPI_{21}	4
主动获取知识能力	R_1	4.3	获得专利数	KPI_{22}	4
创新探索能力	R_2	4.3	论文引用数	KPI_{23}	4
团队合作能力	R_3	4.5	工程技术服务项目数	KPI_{31}	4
数理思维能力	P_1	4.9	成果转化收益	KPI_{32}	4

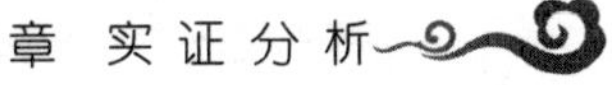

表 6-13 基于灰色关联的高校工科教师绩效评价参照序列（2012 年）

指标	代码	最高值	指标	代码	最高值
善于钻研学术	F_1	4.2	实验实践能力	P_2	4.5
事业心	F_2	4.5	解决工程实际问题能力	P_3	4.1
责任心	F_3	4	教学研究成果奖励	KPI_{11}	4
语言文字表达能力	T_1	4.3	教学质量工程数	KPI_{12}	4
工程科技与教学相结合能力	T_2	4.2	学生研究成果奖数	KPI_{13}	5
学生工程实践能力的培养指导能力	T_3	4.5	发表论文数（SCI、EI 等）	KPI_{21}	4
主动获取知识能力	R_1	4.8	获得专利数	KPI_{22}	5
创新探索能力	R_2	4.5	论文引用数	KPI_{23}	4
团队合作能力	R_3	4.3	工程技术服务项目数	KPI_{31}	4
数理思维能力	P_1	4.5	成果转化收益	KPI_{32}	4

表 6-14 基于灰色关联的高校工科教师绩效评价参照序列（2013 年）

指标	代码	最高值	指标	代码	最高值
善于钻研学术	F_1	4.5	实验实践能力	P_2	4.3
事业心	F_2	4.5	解决工程实际问题能力	P_3	4.9
责任心	F_3	4.8	教学研究成果奖励	KPI_{11}	4
语言文字表达能力	T_1	4.2	教学质量工程数	KPI_{12}	4
工程科技与教学相结合能力	T_2	4.3	学生研究成果奖数	KPI_{13}	5
学生工程实践能力的培养指导能力	T_3	4.9	发表论文数（SCI、EI 等）	KPI_{21}	4
主动获取知识能力	R_1	4.2	获得专利数	KPI_{22}	4
创新探索能力	R_2	4.3	论文引用数	KPI_{23}	4
团队合作能力	R_3	4.1	工程技术服务项目数	KPI_{31}	4
数理思维能力	P_1	4.5	成果转化收益	KPI_{32}	4

表 6-15 基于灰色关联的高校工科教师绩效评价参照序列（2014 年）

指标	代码	最高值	指标	代码	最高值
善于钻研学术	F_1	4.1	实验实践能力	P_2	4.2
事业心	F_2	4.3	解决工程实际问题能力	P_3	4.1
责任心	F_3	4.2	教学研究成果奖励	KPI_{11}	4
语言文字表达能力	T_1	4.2	教学质量工程数	KPI_{12}	4
工程科技与教学相结合能力	T_2	4.6	学生研究成果奖数	KPI_{13}	5

续表

指标	代码	最高值	指标	代码	最高值
学生工程实践能力的培养指导能力	T_3	4	发表论文数（SCI、EI 等）	KPI_{21}	4
主动获取知识能力	R_1	4.6	获得专利数	KPI_{22}	5
创新探索能力	R_2	4.4	论文引用数	KPI_{23}	4
团队合作能力	R_3	4.1	工程技术服务项目数	KPI_{31}	5
数理思维能力	P_1	4.5	成果转化收益	KPI_{32}	3

表 6-16　基于灰色关联的高校工科教师绩效评价参照序列（2015 年）

指标	代码	最高值	指标	代码	最高值
善于钻研学术	F_1	4.5	实验实践能力	P_2	4.2
事业心	F_2	4.3	解决工程实际问题能力	P_3	4.2
责任心	F_3	4.8	教学研究成果奖励	KPI_{11}	4
语言文字表达能力	T_1	4.3	教学质量工程数	KPI_{12}	4
工程科技与教学相结合的能力	T_2	4.6	学生研究成果奖数	KPI_{13}	5
学生工程实践能力的培养指导能力	T_3	4	发表论文数（SCI、EI 等）	KPI_{21}	4
主动获取知识能力	R_1	4.6	获得专利数	KPI_{22}	5
创新探索能力	R_2	4.4	论文引用数	KPI_{23}	4
团队合作能力	R_3	4.1	工程技术服务项目数	KPI_{31}	5
数理思维能力	P_1	4.5	成果转化收益	KPI_{32}	4

2. 二级指标层灰色关联系数

以表 6-12～表 6-16 中“最高值”数据列作为参照序列，应用多层次灰关联模型，对表 6-10 所示高校工科教师胜任力指标和关键绩效指标测评结果计算二级指标层灰色关联系数，其中分辨系数 ρ 取典型值 0.5。经计算，2011 年 $\min_i \max_k \left|C_k^* - C_k^i\right| = 0$，$\max_i \max_k \left|C_k^* - C_k^i\right| = 3$；2012 年 $\min_i \min_k \left|C_k^* - C_k^i\right| = 0$，$\max_i \max_k \left|C_k^* - C_k^i\right| = 4$；2013 年 $\min_i \min_k \left|C_k^* - C_k^i\right| = 0$，$\max_i \max_k \left|C_k^* - C_k^i\right| = 3$；2014 年 $\min_i \min_k \left|C_k^* - C_k^i\right| = 0$，$\max_i \max_k \left|C_k^* - C_k^i\right| = 3$；2015 年 $\min_i \min_k \left|C_k^* - C_k^i\right| = 0$，$\max_i \max_k \left|C_k^* - C_k^i\right| = 4$，结果如表 6-17～表 6-21 所示。

表 6-17　高校工科教师绩效二级指标层灰色关联系数（2011 年）

指标	关联系数										
	教师 1	教师 2	教师 3	教师 4	教师 5	教师 6	教师 7	教师 8	教师 9	教师 10	教师 11
F_1	0.714	0.938	0.536	0.833	0.600	0.517	0.682	0.682	0.682	0.556	0.500

续表

指标	关联系数										
	教师 1	教师 2	教师 3	教师 4	教师 5	教师 6	教师 7	教师 8	教师 9	教师 10	教师 11
F_2	0.536	1.000	0.714	0.750	1.000	0.789	1.000	0.714	0.682	0.405	0.625
F_3	0.517	1.000	0.405	0.556	0.625	0.375	0.536	0.652	0.600	0.600	0.517
T_1	0.625	0.682	0.682	0.536	0.652	0.556	0.682	0.536	0.714	0.750	0.625
T_2	0.750	0.625	1.000	0.682	0.500	0.517	0.938	0.625	0.625	0.500	0.750
T_3	0.405	0.652	0.682	0.652	0.714	0.395	0.714	1.000	0.625	0.417	0.750
R_1	0.405	0.417	0.600	0.625	0.882	1.000	0.405	0.789	0.577	0.455	0.714
R_2	0.682	0.500	0.833	0.833	0.429	0.500	1.000	0.405	1.000	0.484	0.500
R_3	0.577	0.484	0.625	0.682	0.682	0.395	0.600	1.000	0.536	0.536	0.536
P_1	0.625	0.455	0.469	0.625	1.000	0.600	0.652	0.938	0.536	0.625	0.517
P_2	1.000	0.429	0.375	0.652	0.455	0.517	0.714	0.536	0.750	0.750	0.536
P_3	0.682	0.714	1.000	0.652	0.577	0.517	0.882	0.556	0.882	0.536	0.484
KPI_{11}	0.600	0.429	0.600	0.600	1.000	0.600	1.000	0.429	0.600	0.600	1.000
KPI_{12}	0.429	0.429	0.429	0.600	0.429	1.000	1.000	1.000	0.429	0.600	0.429
KPI_{13}	0.429	0.429	0.333	0.600	0.429	0.429	0.600	1.000	0.429	0.429	0.600
KPI_{21}	1.000	0.600	0.429	1.000	0.600	0.429	1.000	0.600	0.429	0.429	0.600
KPI_{22}	1.000	0.429	0.429	0.600	0.429	0.429	1.000	0.600	0.429	0.429	0.600
KPI_{23}	0.429	1.000	0.333	0.429	1.000	0.333	0.429	1.000	0.600	0.600	0.600
KPI_{31}	1.000	0.600	1.000	0.600	0.429	0.600	0.429	1.000	0.600	0.600	1.000
KPI_{32}	0.333	0.429	0.600	0.333	0.429	0.600	0.429	0.600	0.429	0.429	0.333

指标	关联系数										
	教师 12	教师 13	教师 14	教师 15	教师 16	教师 17	教师 18	教师 19	教师 20	教师 0	
F_1	0.577	1.000	0.682	0.833	0.938	0.938	0.652	0.517	0.833	0.556	
F_2	0.714	0.536	0.556	0.682	0.652	0.714	0.789	0.536	0.500	0.500	
F_3	1.000	0.625	0.484	0.429	0.455	0.682	0.750	0.600	0.714	0.455	
T_1	0.682	1.000	0.714	0.750	0.652	0.375	0.625	0.652	0.625	0.455	
T_2	0.625	0.750	0.517	0.500	0.714	0.652	0.750	0.682	0.500	0.484	
T_3	0.750	0.938	0.536	0.484	0.600	0.833	0.469	0.882	0.750	0.500	
R_1	0.882	0.833	0.938	0.625	0.714	0.714	0.625	0.652	0.882	0.536	
R_2	1.000	1.000	0.536	0.484	0.882	0.536	0.789	0.833	0.938	0.536	
R_3	0.714	0.455	0.469	0.600	0.833	0.517	0.484	0.714	0.833	0.500	
P_1	0.385	0.469	0.469	0.577	0.455	0.536	0.652	0.625	0.517	0.441	
P_2	0.882	0.789	0.484	0.517	0.517	0.714	0.789	0.625	0.750	0.469	
P_3	0.882	0.652	0.577	0.833	0.517	0.882	0.833	0.536	0.625	0.536	

续表

指标	关联系数										
	教师 12	教师 13	教师 14	教师 15	教师 16	教师 17	教师 18	教师 19	教师 20	教师 0	
KPI_{11}	0.429	0.600	0.600	0.600	1.000	0.429	0.600	0.600	0.429	0.600	
KPI_{12}	0.600	0.429	0.429	0.429	0.429	0.600	0.600	0.600	0.600	0.600	
KPI_{13}	0.429	0.429	0.429	0.600	0.429	0.429	1.000	0.429	0.600	0.600	
KPI_{21}	0.600	0.600	0.429	0.600	0.429	1.000	0.600	1.000	0.600	0.600	
KPI_{22}	0.429	1.000	0.600	0.600	0.429	1.000	1.000	1.000	0.429	0.600	
KPI_{23}	1.000	0.333	0.429	1.000	0.429	0.600	0.600	0.600	0.600	0.600	
KPI_{31}	0.600	0.429	0.600	0.429	0.600	0.600	0.429	1.000	0.600	0.600	
KPI_{32}	0.429	0.429	0.600	1.000	0.600	0.600	1.000	0.333	0.429	0.600	

表 6-18　高校工科教师绩效二级指标层灰色关联系数（2012 年）

指标	关联系数										
	教师 1	教师 2	教师 3	教师 4	教师 5	教师 6	教师 7	教师 8	教师 9	教师 10	教师 11
F_1	0.625	1.000	0.741	0.556	0.541	0.741	0.952	0.625	0.556	0.870	0.952
F_2	0.606	0.541	0.667	0.606	0.645	0.833	0.833	0.833	0.909	0.606	0.870
F_3	0.909	0.667	0.870	0.645	0.952	0.541	0.714	0.714	0.952	0.645	1.000
T_1	0.645	0.645	0.952	0.833	1.000	0.870	0.909	0.833	0.909	0.667	0.833
T_2	0.870	0.606	0.714	0.769	0.606	0.714	0.769	0.952	0.606	0.645	0.952
T_3	0.870	0.769	0.800	0.606	0.833	0.500	0.606	1.000	0.769	0.741	0.476
R_1	0.741	1.000	0.488	0.435	0.714	0.625	0.435	0.606	0.714	0.667	0.667
R_2	0.667	0.800	0.741	0.741	0.741	0.606	0.606	0.606	0.667	0.870	0.909
R_3	0.645	0.714	0.952	1.000	0.645	0.833	0.588	0.741	0.769	0.769	0.625
P_1	0.690	0.714	0.714	0.588	0.800	0.870	0.769	1.000	0.833	0.571	0.526
P_2	1.000	0.833	0.571	0.526	0.541	0.645	0.690	0.645	0.741	0.800	0.769
P_3	0.800	0.606	0.952	0.690	0.690	0.625	1.000	0.667	1.000	0.741	0.800
KPI_{11}	0.667	0.667	1.000	0.667	1.000	0.667	1.000	0.500	0.667	1.000	0.500
KPI_{12}	0.667	0.500	0.500	1.000	0.667	0.500	0.667	1.000	1.000	0.667	0.667
KPI_{13}	0.667	0.400	0.333	0.500	0.400	0.500	1.000	0.500	0.667	0.400	0.500
KPI_{21}	0.667	0.667	0.667	0.667	0.500	1.000	1.000	0.667	1.000	0.667	0.500
KPI_{22}	0.500	0.400	0.667	0.500	1.000	0.400	0.667	0.500	0.500	0.400	0.400
KPI_{23}	0.667	1.000	0.400	0.667	1.000	0.400	0.500	1.000	0.667	0.667	0.667
KPI_{31}	1.000	0.667	1.000	0.667	0.500	0.667	0.500	1.000	0.667	0.667	0.500
KPI_{32}	0.500	0.500	0.667	0.667	0.500	0.667	0.500	0.667	0.500	0.667	0.667

指标	关联系数										
	教师 12	教师 13	教师 14	教师 15	教师 16	教师 17	教师 18	教师 19	教师 20	教师 0	
F_1	0.714	0.870	0.952	0.667	0.741	0.952	0.714	0.588	0.870	0.625	
F_2	0.667	0.556	0.769	0.741	0.833	0.800	0.769	1.000	0.741	0.571	

续表

指标	关联系数										
	教师 12	教师 13	教师 14	教师 15	教师 16	教师 17	教师 18	教师 19	教师 20	教师 0	
F_3	0.714	0.714	0.645	0.690	0.541	0.800	1.000	0.909	0.909	0.667	
T_1	0.870	0.645	0.645	0.952	0.870	0.645	0.714	0.952	1.000	0.606	
T_2	0.800	0.952	0.870	1.000	0.625	0.769	0.800	0.800	0.645	0.625	
T_3	0.714	0.488	0.800	0.667	0.500	1.000	0.833	0.571	0.526	0.571	
R_1	0.667	0.714	0.769	0.588	0.870	0.690	0.714	0.690	0.870	0.526	
R_2	0.909	0.870	0.800	0.769	1.000	0.909	0.690	0.500	0.488	0.571	
R_3	0.714	0.588	0.741	0.526	0.513	0.714	0.769	0.667	0.606	0.606	
P_1	0.833	0.833	0.714	0.625	0.571	0.769	0.833	0.606	0.833	0.571	
P_2	0.800	0.909	0.588	0.870	0.667	0.556	0.909	0.741	0.870	0.571	
P_3	0.606	0.769	0.690	0.952	0.690	0.690	0.952	0.645	0.741	0.645	
KPI_{11}	1.000	0.500	1.000	0.667	0.667	0.500	0.500	0.667	0.500	0.667	
KPI_{12}	1.000	1.000	0.667	0.500	0.667	0.500	0.667	0.667	0.667	0.667	
KPI_{13}	0.400	0.333	0.400	0.400	0.500	0.400	0.400	0.500	0.400	0.500	
KPI_{21}	0.500	0.500	1.000	0.667	0.500	0.667	0.667	1.000	1.000	0.667	
KPI_{22}	0.400	0.667	0.400	0.667	0.500	0.500	0.400	0.400	0.500	0.500	
KPI_{23}	0.667	0.500	1.000	0.667	0.500	0.667	0.500	0.667	1.000	0.667	
KPI_{31}	0.667	0.500	0.500	0.500	0.500	0.667	1.000	0.667	0.667	0.667	
KPI_{32}	1.000	1.000	0.667	1.000	0.667	0.500	0.667	0.500	0.667	0.667	

表 6-19　高校工科教师绩效二级指标层灰色关联系数（2013 年）

指标	关联系数										
	教师 1	教师 2	教师 3	教师 4	教师 5	教师 6	教师 7	教师 8	教师 9	教师 10	教师 11
F_1	0.536	0.789	0.536	0.600	0.536	0.750	0.577	0.469	0.517	0.484	0.484
F_2	0.536	0.556	0.682	0.484	0.652	0.882	0.750	0.536	1.000	0.833	0.625
F_3	0.500	0.714	0.469	0.469	0.455	0.375	0.600	0.577	0.652	0.833	0.517
T_1	0.833	0.882	1.000	0.600	0.500	0.789	0.682	1.000	0.789	0.750	0.833
T_2	0.882	0.789	0.938	0.536	0.652	0.750	0.833	0.789	0.600	0.536	0.882
T_3	0.375	0.625	0.517	0.417	0.625	0.417	0.455	0.682	0.625	0.625	0.366
R_1	0.882	1.000	0.652	0.556	0.833	0.882	0.469	0.750	0.682	0.882	0.789
R_2	1.000	0.536	0.536	0.714	0.556	0.833	0.938	0.500	0.577	0.652	0.938
R_3	0.625	0.600	0.714	0.577	0.517	0.600	0.556	0.833	0.750	0.789	0.789
P_1	0.714	0.833	0.682	0.517	0.652	0.882	0.789	1.000	1.000	0.789	0.500
P_2	1.000	0.556	0.600	0.536	0.536	0.556	1.000	0.750	0.682	0.938	0.556
P_3	0.517	0.469	0.625	0.455	0.441	0.429	0.625	0.441	0.682	0.455	0.536
KPI_{11}	0.600	0.600	0.600	0.429	0.600	0.600	1.000	0.429	0.600	0.600	0.429
KPI_{12}	0.429	0.429	0.429	0.600	0.600	0.429	0.600	0.600	1.000	0.429	0.600

续表

指标	关联系数										
	教师 1	教师 2	教师 3	教师 4	教师 5	教师 6	教师 7	教师 8	教师 9	教师 10	教师 11
KPI_{13}	0.333	0.333	0.429	0.429	0.429	0.429	0.600	0.429	0.429	0.600	0.429
KPI_{21}	0.600	1.000	0.600	0.600	0.429	0.600	0.600	1.000	0.429	0.600	0.600
KPI_{22}	1.000	0.600	0.600	0.600	0.600	1.000	1.000	1.000	0.429	0.429	0.600
KPI_{23}	0.600	0.600	0.429	0.600	1.000	0.429	0.600	1.000	0.600	0.600	1.000
KPI_{31}	0.429	1.000	0.429	0.429	0.600	0.600	1.000	0.600	0.600	1.000	0.429
KPI_{32}	0.429	0.600	1.000	0.429	0.429	0.600	0.600	0.429	0.600	0.600	0.333

指标	关联系数										
	教师 12	教师 13	教师 14	教师 15	教师 16	教师 17	教师 18	教师 19	教师 20	教师 0	
F_1	1.000	0.536	0.789	0.536	0.600	0.789	0.577	0.469	0.714	0.500	
F_2	0.714	0.536	0.556	0.682	0.789	0.714	0.750	0.833	0.517	0.500	
F_3	1.000	0.714	0.714	0.750	0.517	1.000	0.600	0.652	0.652	0.455	
T_1	0.536	0.600	0.600	0.833	0.833	0.938	0.833	0.833	0.577	0.556	
T_2	0.417	0.750	0.517	0.556	0.882	0.714	0.882	0.789	1.000	0.536	
T_3	0.417	1.000	0.600	0.652	0.385	0.556	0.375	0.625	0.625	0.441	
R_1	0.789	0.882	1.000	0.652	1.000	0.556	0.556	0.750	0.938	0.556	
R_2	1.000	1.000	0.536	0.484	0.517	0.484	0.405	0.536	0.429	0.536	
R_3	0.600	0.441	0.938	0.714	1.000	0.625	0.750	0.517	0.789	0.577	
P_1	0.455	0.484	0.536	0.682	0.500	0.455	0.789	0.536	0.500	0.500	
P_2	0.938	0.417	0.750	0.600	0.556	0.938	1.000	0.750	0.938	0.536	
P_3	0.417	0.417	1.000	0.625	0.429	0.652	0.625	0.441	0.500	0.441	
KPI_{11}	1.000	0.600	0.600	0.600	0.600	1.000	0.600	0.429	0.429	0.600	
KPI_{12}	1.000	0.429	0.429	0.429	0.600	0.600	0.429	0.600	0.600	1.000	
KPI_{13}	0.333	0.333	0.333	0.429	0.333	1.000	0.429	0.429	0.600	0.333	
KPI_{21}	0.429	0.429	0.429	0.600	0.429	1.000	0.600	0.600	0.600	0.600	
KPI_{22}	0.429	1.000	1.000	0.600	1.000	1.000	0.600	0.429	0.429	0.600	
KPI_{23}	1.000	0.600	0.600	0.429	0.600	0.429	0.600	1.000	0.600	0.600	
KPI_{31}	0.600	0.429	0.600	0.600	0.600	0.429	1.000	0.600	0.600	0.600	
KPI_{32}	0.429	0.429	0.600	1.000	0.600	0.429	0.600	0.429	0.429	0.600	

表 6-20 高校工科教师绩效二级指标层灰色关联系数（2014 年）

指标	关联系数										
	教师 1	教师 2	教师 3	教师 4	教师 5	教师 6	教师 7	教师 8	教师 9	教师 10	教师 11
F_1	0.625	0.789	0.750	0.500	0.500	0.536	0.714	0.500	0.517	0.789	0.484
F_2	0.577	0.600	0.938	0.484	0.882	0.789	0.938	1.000	0.882	0.577	0.577
F_3	0.600	0.714	0.469	0.441	0.500	0.441	0.536	0.600	0.577	0.625	0.441

续表

指标	关联系数										
	教师 1	教师 2	教师 3	教师 4	教师 5	教师 6	教师 7	教师 8	教师 9	教师 10	教师 11
T_1	0.714	0.789	0.789	0.517	0.536	0.938	0.652	0.789	0.882	0.625	0.789
T_2	0.789	0.750	1.000	0.517	0.517	0.455	0.577	0.577	0.789	0.577	0.469
T_3	0.600	0.577	0.600	0.750	0.882	0.600	0.833	0.789	1.000	0.652	0.652
R_1	0.682	1.000	0.500	0.405	0.652	0.517	0.455	0.625	0.750	0.714	0.682
R_2	0.789	0.441	0.441	0.625	0.517	0.789	0.625	0.500	1.000	0.484	0.882
R_3	0.517	0.600	0.417	0.484	1.000	0.536	0.625	1.000	0.714	0.833	0.625
P_1	0.714	0.789	0.750	0.714	1.000	0.882	0.750	0.714	0.789	0.750	0.500
P_2	1.000	0.536	0.714	0.469	0.455	0.714	0.882	0.714	0.682	0.833	0.417
P_3	0.600	0.500	0.750	0.625	0.556	0.484	0.833	0.750	0.938	0.625	0.714
KPI_{11}	0.600	0.600	0.600	0.429	0.600	0.429	0.600	0.429	0.600	1.000	0.429
KPI_{12}	0.600	0.429	0.333	0.600	0.600	0.429	0.600	0.600	0.600	1.000	0.600
KPI_{13}	0.333	0.333	0.333	0.333	0.429	0.429	1.000	0.429	0.600	0.333	0.429
KPI_{21}	0.600	1.000	0.429	0.600	0.600	0.333	1.000	0.600	0.429	0.600	0.600
KPI_{22}	0.600	0.333	0.333	0.333	0.429	0.333	0.429	1.000	0.429	0.333	0.600
KPI_{23}	0.429	0.600	0.600	0.429	0.429	0.600	0.600	1.000	1.000	0.600	0.429
KPI_{31}	0.429	0.429	0.429	0.333	0.333	0.429	0.600	0.429	1.000	0.333	0.600
KPI_{32}	0.333	0.429	0.429	0.429	0.600	0.600	0.429	0.600	0.600	0.600	0.333

指标	关联系数										
	教师 12	教师 13	教师 14	教师 15	教师 16	教师 17	教师 18	教师 19	教师 20	教师 0	
F_1	1.000	0.536	0.750	0.600	0.600	0.789	0.577	0.469	0.714	0.500	
F_2	0.789	0.577	0.500	0.682	0.938	0.789	0.833	0.577	0.750	0.536	
F_3	1.000	0.714	0.750	0.714	0.469	0.714	0.600	0.577	0.750	0.455	
T_1	0.882	0.577	0.556	1.000	0.536	0.536	0.789	0.682	0.938	0.536	
T_2	0.882	0.517	0.469	0.714	0.500	0.517	0.750	0.789	0.500	0.484	
T_3	0.750	0.484	1.000	0.750	0.500	0.789	0.484	1.000	1.000	0.600	
R_1	0.750	0.714	0.789	0.556	0.500	0.517	0.417	0.625	0.750	0.484	
R_2	0.938	0.938	0.517	0.469	0.833	0.938	0.882	0.517	0.938	0.517	
R_3	0.882	0.625	0.600	0.714	0.441	0.625	0.625	0.517	0.882	0.577	
P_1	0.405	0.833	0.833	0.682	0.714	0.625	0.833	0.536	0.789	0.500	
P_2	0.882	0.938	0.577	0.625	0.625	1.000	0.577	0.789	1.000	0.556	
P_3	0.517	0.714	1.000	0.882	0.536	0.938	0.882	0.556	0.652	0.556	
KPI_{11}	1.000	1.000	0.600	0.600	0.600	1.000	0.600	0.600	0.429	0.600	
KPI_{12}	1.000	0.429	0.429	0.429	0.600	0.600	0.600	0.600	0.600	0.600	
KPI_{13}	0.333	0.333	0.333	0.429	0.333	1.000	0.600	0.333	0.429	0.429	
KPI_{21}	0.429	0.429	1.000	0.600	0.429	1.000	0.600	1.000	0.600	0.600	

续表

指标	关联系数										
	教师 12	教师 13	教师 14	教师 15	教师 16	教师 17	教师 18	教师 19	教师 20	教师 0	
KPI_{22}	0.333	0.600	0.429	0.333	0.333	0.600	0.600	0.600	0.333	0.429	
KPI_{23}	1.000	0.600	0.600	0.429	0.429	0.429	0.600	1.000	0.600	0.600	
KPI_{31}	0.429	0.333	0.429	0.333	0.429	0.333	0.600	0.429	0.429	0.429	
KPI_{32}	0.429	0.429	0.600	1.000	0.600	0.429	0.600	0.429	0.429	0.600	

表 6-21　高校工科教师绩效二级指标层灰色关联系数（2015 年）

指标	关联系数										
	教师 1	教师 2	教师 3	教师 4	教师 5	教师 6	教师 7	教师 8	教师 9	教师 10	教师 11
F_1	0.556	1.000	0.690	0.513	0.500	0.667	0.833	0.571	0.513	0.769	0.556
F_2	0.690	0.769	0.800	0.556	1.000	0.833	0.769	0.769	0.741	0.741	0.690
F_3	0.588	1.000	0.476	0.526	0.690	0.444	0.769	0.870	0.769	0.800	0.588
T_1	0.769	0.833	0.833	0.571	0.909	0.800	0.833	1.000	0.606	0.769	0.769
T_2	0.800	0.690	1.000	0.513	0.741	0.556	0.667	0.800	0.541	0.571	0.800
T_3	0.476	0.714	0.690	0.606	0.833	0.500	0.606	1.000	0.769	0.800	0.476
R_1	0.741	1.000	0.488	0.435	0.714	0.625	0.435	0.690	0.645	0.741	0.667
R_2	0.952	0.571	0.606	0.588	0.645	0.909	1.000	0.476	0.690	0.571	0.952
R_3	0.541	0.606	0.455	0.465	0.741	0.465	0.667	1.000	0.571	0.606	0.606
P_1	0.690	0.952	0.606	0.488	1.000	0.667	0.714	0.952	0.741	0.667	0.500
P_2	1.000	0.526	0.606	0.526	0.526	0.588	0.769	0.606	0.690	0.800	0.714
P_3	0.800	0.606	0.952	0.690	0.690	0.625	1.000	0.667	1.000	0.741	0.800
KPI_{11}	0.667	1.000	1.000	0.500	1.000	0.667	1.000	0.500	0.667	1.000	0.500
KPI_{12}	0.500	0.500	0.500	0.667	1.000	0.667	0.667	1.000	1.000	1.000	0.667
KPI_{13}	0.400	0.400	0.333	0.500	0.400	0.400	1.000	0.500	0.667	0.400	0.500
KPI_{21}	1.000	0.667	0.500	0.667	0.667	0.500	1.000	0.667	0.500	0.667	0.667
KPI_{22}	1.000	0.500	0.500	0.500	0.667	0.500	1.000	0.667	0.500	0.500	1.000
KPI_{23}	0.500	1.000	0.400	0.500	1.000	0.400	0.500	1.000	0.667	0.667	0.500
KPI_{31}	1.000	0.667	1.000	0.667	0.500	0.667	0.500	1.000	0.667	0.667	1.000
KPI_{32}	0.400	0.500	0.667	0.400	0.500	0.667	0.500	0.667	0.500	0.500	0.400
指标	关联系数										
	教师 12	教师 13	教师 14	教师 15	教师 16	教师 17	教师 18	教师 19	教师 20	教师 0	
F_1	1.000	0.606	0.833	0.606	0.667	0.833	0.645	0.541	0.769	0.571	
F_2	0.769	0.606	0.625	0.741	0.833	0.769	0.800	0.606	0.741	0.571	
F_3	1.000	0.769	0.870	0.541	0.444	0.769	0.667	0.645	0.800	0.526	
T_1	0.833	0.769	0.800	0.870	0.800	0.833	0.769	0.800	0.769	0.571	

续表

指标	关联系数										
	教师 12	教师 13	教师 14	教师 15	教师 16	教师 17	教师 18	教师 19	教师 20	教师 0	
T_2	0.690	0.800	0.741	0.833	0.556	0.667	0.800	0.741	0.571	0.556	
T_3	0.714	0.488	0.800	0.667	0.500	0.606	0.488	0.800	0.800	0.571	
R_1	0.667	0.714	0.769	0.588	0.870	0.690	0.465	0.645	0.741	0.526	
R_2	1.000	1.000	0.606	0.556	0.909	1.000	0.952	0.606	1.000	0.606	
R_3	0.769	0.606	0.588	0.667	0.465	0.667	0.556	0.526	0.769	0.571	
P_1	0.526	0.667	0.741	0.645	0.667	0.714	0.714	0.541	0.714	0.513	
P_2	0.741	0.833	0.556	0.588	0.588	0.769	0.833	0.690	0.800	0.541	
P_3	0.606	0.769	0.690	0.952	0.625	1.000	0.952	0.645	0.741	0.645	
KPI_{11}	1.000	0.667	0.667	0.667	0.667	1.000	0.667	0.667	0.500	0.667	
KPI_{12}	0.667	1.000	0.500	0.500	0.667	0.667	0.667	0.667	0.667	0.667	
KPI_{13}	0.500	0.400	0.400	0.500	0.400	1.000	0.667	0.400	0.500	0.500	
KPI_{21}	0.667	0.500	1.000	0.667	0.500	1.000	0.667	1.000	0.667	0.667	
KPI_{22}	0.500	1.000	0.667	0.500	0.500	1.000	1.000	1.000	0.500	0.667	
KPI_{23}	1.000	0.667	0.667	0.500	0.500	0.500	0.667	1.000	0.667	0.667	
KPI_{31}	0.667	0.500	0.667	0.500	0.667	0.500	1.000	0.667	0.667	0.667	
KPI_{32}	0.500	0.500	0.667	1.000	0.667	0.500	0.667	0.500	0.500	0.667	

3. 一级指标层灰色关联系数

由表 6-11 的 20 个二级指标的权重以及表 6-17～6-21 的二级指标层灰色关联系数，通过加权求和的方式可计算出这 20 名工科教师的特质胜任力（F）、教学胜任力（T）、科研胜任力（R）、工程实践胜任力（P），以及教学绩效（KPI_1）、科研绩效（KPI_2）、社会服务绩效（KPI_3）的灰色关联系数，如表 6-22～6-26 所示。

表 6-22 高校工科教师绩效一级指标层灰色关联系数（2011 年）

教师	灰色关联系数						
	F	T	R	P	KPI_1	KPI_2	KPI_3
教师 1	0.576	0.569	0.594	0.828	0.499	0.822	0.667
教师 2	0.984	0.664	0.480	0.522	0.429	0.691	0.514
教师 3	0.567	0.726	0.713	0.588	0.468	0.399	0.800
教师 4	0.708	0.595	0.739	0.647	0.600	0.744	0.467
教师 5	0.773	0.652	0.603	0.599	0.664	0.691	0.429
教师 6	0.583	0.497	0.544	0.533	0.648	0.399	0.600
教师 7	0.765	0.728	0.744	0.754	0.869	0.822	0.429

续表

教师	关联系数						
	F	T	R	P	KPI_1	KPI_2	KPI_3
教师 8	0.686	0.703	0.701	0.621	0.764	0.724	0.800
教师 9	0.655	0.672	0.749	0.749	0.499	0.482	0.514
教师 10	0.508	0.604	0.499	0.659	0.544	0.482	0.514
教师 11	0.557	0.684	0.550	0.516	0.720	0.600	0.667
教师 12	0.772	0.697	0.869	0.785	0.473	0.691	0.514
教师 13	0.686	0.944	0.761	0.684	0.499	0.595	0.429
教师 14	0.565	0.627	0.578	0.510	0.499	0.462	0.600
教师 15	0.638	0.627	0.553	0.627	0.555	0.724	0.714
教师 16	0.662	0.643	0.835	0.505	0.664	0.429	0.600
教师 17	0.762	0.566	0.559	0.732	0.473	0.876	0.600
教师 18	0.741	0.591	0.643	0.776	0.731	0.678	0.714
教师 19	0.552	0.733	0.757	0.597	0.544	0.876	0.667
教师 20	0.657	0.649	0.888	0.666	0.529	0.566	0.514
教师 0	0.500	0.474	0.522	0.484	0.600	0.600	0.600

表 6-23　高校工科教师绩效一级指标层灰色关联系数（2012 年）

教师	关联系数						
	F	T	R	P	KPI_1	KPI_2	KPI_3
教师 1	0.710	0.751	0.671	0.877	0.667	0.634	0.750
教师 2	0.701	0.681	0.801	0.739	0.536	0.718	0.583
教师 3	0.752	0.868	0.780	0.718	0.652	0.584	0.833
教师 4	0.606	0.749	0.789	0.589	0.699	0.634	0.667
教师 5	0.719	0.890	0.699	0.638	0.717	0.753	0.500
教师 6	0.713	0.725	0.697	0.683	0.569	0.696	0.667
教师 7	0.825	0.789	0.570	0.802	0.913	0.779	0.500
教师 8	0.740	0.905	0.658	0.721	0.630	0.738	0.833
教师 9	0.831	0.820	0.714	0.839	0.753	0.798	0.583
教师 10	0.687	0.688	0.796	0.737	0.717	0.614	0.667
教师 11	0.934	0.731	0.758	0.731	0.543	0.532	0.583
教师 12	0.695	0.808	0.793	0.746	0.804	0.532	0.833
教师 13	0.689	0.636	0.734	0.851	0.575	0.533	0.750
教师 14	0.776	0.728	0.772	0.644	0.717	0.883	0.583
教师 15	0.705	0.864	0.645	0.847	0.536	0.667	0.750

续表

教师	关联系数						
	F	T	R	P	KPI_1	KPI_2	KPI_3
教师 16	0.713	0.713	0.789	0.655	0.612	0.500	0.583
教师 17	0.840	0.780	0.797	0.639	0.467	0.634	0.583
教师 18	0.831	0.766	0.725	0.908	0.511	0.563	0.833
教师 19	0.863	0.804	0.597	0.685	0.612	0.779	0.583
教师 20	0.829	0.793	0.598	0.822	0.511	0.902	0.667
教师 0	0.617	0.597	0.577	0.594	0.612	0.634	0.667

表 6-24 高校工科教师绩效一级指标层灰色关联系数（2013 年）

教师	关联系数						
	F	T	R	P	KPI_1	KPI_2	KPI_3
教师 1	0.524	0.688	0.835	0.794	0.468	0.678	0.429
教师 2	0.668	0.784	0.639	0.583	0.468	0.797	0.800
教师 3	0.574	0.831	0.625	0.624	0.499	0.547	0.714
教师 4	0.509	0.530	0.634	0.507	0.473	0.600	0.429
教师 5	0.557	0.563	0.588	0.529	0.544	0.640	0.514
教师 6	0.682	0.660	0.751	0.580	0.499	0.625	0.600
教师 7	0.656	0.627	0.710	0.842	0.765	0.678	0.800
教师 8	0.532	0.865	0.671	0.703	0.473	1.000	0.514
教师 9	0.761	0.708	0.662	0.744	0.648	0.482	0.600
教师 10	0.743	0.679	0.744	0.758	0.555	0.566	0.800
教师 11	0.553	0.685	0.855	0.539	0.473	0.724	0.381
教师 12	0.882	0.480	0.809	0.681	0.782	0.606	0.514
教师 13	0.594	0.754	0.764	0.430	0.468	0.594	0.429
教师 14	0.668	0.588	0.770	0.786	0.468	0.594	0.600
教师 15	0.666	0.734	0.602	0.624	0.499	0.547	0.800
教师 16	0.651	0.691	0.786	0.505	0.513	0.594	0.600
教师 17	0.827	0.779	0.551	0.754	0.896	0.822	0.429
教师 18	0.656	0.688	0.564	0.842	0.499	0.600	0.800
教师 19	0.679	0.758	0.565	0.612	0.473	0.691	0.514
教师 20	0.613	0.652	0.654	0.716	0.529	0.566	0.514
教师 0	0.485	0.515	0.555	0.499	0.617	0.600	0.600

表 6-25　高校工科教师绩效一级指标层灰色关联系数（2014 年）

教师	关联系数						
	F	T	R	P	KPI_1	KPI_2	KPI_3
教师 1	0.597	0.687	0.666	0.820	0.513	0.547	0.381
教师 2	0.687	0.713	0.597	0.574	0.468	0.745	0.429
教师 3	0.735	0.756	0.442	0.732	0.443	0.463	0.429
教师 4	0.474	0.595	0.533	0.565	0.442	0.495	0.381
教师 5	0.658	0.648	0.727	0.593	0.544	0.513	0.467
教师 6	0.609	0.758	0.645	0.676	0.429	0.416	0.514
教师 7	0.748	0.702	0.596	0.841	0.731	0.764	0.514
教师 8	0.739	0.760	0.715	0.725	0.473	0.803	0.514
教师 9	0.687	0.909	0.847	0.782	0.600	0.606	0.800
教师 10	0.648	0.627	0.658	0.752	0.782	0.548	0.467
教师 11	0.508	0.699	0.749	0.525	0.473	0.547	0.467
教师 12	0.913	0.838	0.884	0.675	0.782	0.588	0.429
教师 13	0.611	0.538	0.779	0.848	0.633	0.515	0.381
教师 14	0.647	0.691	0.595	0.759	0.468	0.764	0.514
教师 15	0.671	0.877	0.579	0.716	0.499	0.495	0.667
教师 16	0.696	0.519	0.625	0.615	0.513	0.410	0.514
教师 17	0.765	0.618	0.745	0.907	0.896	0.744	0.381
教师 18	0.690	0.682	0.704	0.722	0.600	0.600	0.600
教师 19	0.549	0.803	0.535	0.667	0.513	0.922	0.429
教师 20	0.741	0.897	0.884	0.851	0.473	0.548	0.429
教师 0	0.500	0.550	0.535	0.545	0.544	0.566	0.514

表 6-26　高校工科教师绩效一级指标层灰色关联系数（2015 年）

教师	关联系数						
	F	T	R	P	KPI_1	KPI_2	KPI_3
教师 1	0.622	0.676	0.757	0.877	0.536	0.845	0.700
教师 2	0.905	0.774	0.657	0.635	0.674	0.738	0.583
教师 3	0.665	0.809	0.527	0.714	0.652	0.469	0.833
教师 4	0.535	0.575	0.515	0.570	0.543	0.582	0.533
教师 5	0.768	0.860	0.694	0.670	0.804	0.770	0.500
教师 6	0.663	0.666	0.689	0.615	0.579	0.469	0.667
教师 7	0.786	0.734	0.775	0.830	0.913	0.845	0.500
教师 8	0.751	0.972	0.715	0.693	0.630	0.770	0.833

续表

教师	关联系数						
	F	T	R	P	KPI_1	KPI_2	KPI_3
教师 9	0.691	0.651	0.636	0.796	0.753	0.552	0.583
教师 10	0.768	0.752	0.613	0.755	0.804	0.634	0.583
教师 11	0.622	0.676	0.770	0.699	0.543	0.680	0.700
教师 12	0.905	0.774	0.854	0.657	0.750	0.738	0.583
教师 13	0.659	0.680	0.799	0.781	0.666	0.650	0.500
教师 14	0.759	0.792	0.627	0.633	0.536	0.831	0.667
教师 15	0.640	0.797	0.604	0.713	0.569	0.582	0.750
教师 16	0.663	0.666	0.730	0.615	0.579	0.500	0.667
教师 17	0.786	0.734	0.818	0.830	0.913	0.845	0.500
教师 18	0.716	0.680	0.716	0.847	0.667	0.732	0.833
教师 19	0.602	0.792	0.582	0.647	0.579	1.000	0.583
教师 20	0.768	0.752	0.867	0.765	0.543	0.634	0.583
教师 0	0.557	0.569	0.579	0.568	0.612	0.667	0.667

4. 准则层灰色关联系数

由表 6-11 的 7 个一级指标的权重以及表 6-22～6-26 的一级指标层灰色关联系数，通过加权求和的方式可计算出这 20 名工科教师胜任力指标（PCI）和关键绩效指标（KPI）的灰色关联系数及相应的排名，如表 6-27～6-31 所示。（以下评价指标值保留 3 位小数，为得到更精确的结果，采用未保留小数位数的评价指标值作为排名依据。下同。）

表 6-27　高校工科教师绩效准则层灰色关联系数（2011 年）

教师	胜任力指标（PCI）	排名	关键绩效指标（KPI）	排名
教师 1	0.691	7	0.638	7
教师 2	0.582	17	0.525	17
教师 3	0.648	12	0.559	14
教师 4	0.667	8	0.594	11
教师 5	0.627	14	0.594	10
教师 6	0.534	20	0.567	13
教师 7	0.748	3	0.713	2
教师 8	0.665	9	0.766	1
教师 9	0.725	4	0.500	21
教师 10	0.593	16	0.518	19

续表

教师	胜任力指标（PCI）	排名	关键绩效指标（KPI）	排名
教师 11	0.564	18	0.672	4
教师 12	0.789	1	0.543	15
教师 13	0.759	2	0.501	20
教师 14	0.557	19	0.523	18
教师 15	0.609	15	0.651	6
教师 16	0.635	13	0.582	12
教师 17	0.655	11	0.619	8
教师 18	0.701	6	0.712	3
教师 19	0.664	10	0.670	5
教师 20	0.721	5	0.534	16
教师 0	0.494	21	0.600	9

表 6-28　高校工科教师绩效准则层灰色关联系数（2012 年）

教师	胜任力指标（PCI）	排名	关键绩效指标（KPI）	排名
教师 1	0.783	4	0.685	7
教师 2	0.741	12	0.599	18
教师 3	0.769	5	0.693	6
教师 4	0.677	20	0.671	9
教师 5	0.714	15	0.655	11
教师 6	0.699	19	0.634	15
教师 7	0.741	11	0.743	1
教师 8	0.745	10	0.724	3
教师 9	0.803	2	0.709	5
教师 10	0.739	13	0.674	8
教师 11	0.757	9	0.554	20
教师 12	0.767	6	0.743	2
教师 13	0.762	7	0.621	17
教师 14	0.708	17	0.716	4
教师 15	0.785	3	0.640	13
教师 16	0.708	16	0.574	19
教师 17	0.728	14	0.549	21
教师 18	0.824	1	0.630	16
教师 19	0.703	18	0.646	12
教师 20	0.759	8	0.663	10
教师 0	0.593	21	0.636	14

表 6-29 高校工科教师绩效准则层灰色关联系数（2013 年）

教师	胜任力指标（PCI）	排名	关键绩效指标（KPI）	排名
教师 1	0.759	1	0.510	18
教师 2	0.647	14	0.662	3
教师 3	0.663	11	0.582	11
教师 4	0.546	20	0.492	20
教师 5	0.555	19	0.559	14
教师 6	0.651	13	0.565	12
教师 7	0.747	2	0.754	1
教师 8	0.713	7	0.624	7
教师 9	0.717	6	0.589	10
教师 10	0.738	3	0.638	5
教师 11	0.654	12	0.508	19
教师 12	0.692	9	0.649	4
教师 13	0.600	18	0.488	21
教师 14	0.731	4	0.544	15
教师 15	0.645	15	0.610	8
教师 16	0.631	17	0.562	13
教师 17	0.713	8	0.724	2
教师 18	0.721	5	0.624	6
教师 19	0.636	16	0.543	16
教师 20	0.678	10	0.534	17
教师 0	0.516	21	0.607	9

表 6-30 高校工科教师绩效准则层灰色关联系数（2014 年）

教师	胜任力指标（PCI）	排名	关键绩效指标（KPI）	排名
教师 1	0.733	7	0.478	17
教师 2	0.620	17	0.527	12
教师 3	0.662	14	0.444	20
教师 4	0.555	20	0.436	21
教师 5	0.646	16	0.511	14
教师 6	0.679	13	0.453	19
教师 7	0.741	6	0.669	2
教师 8	0.732	8	0.572	8
教师 9	0.818	2	0.667	3

续表

教师	胜任力指标（PCI）	排名	关键绩效指标（KPI）	排名
教师 10	0.693	11	0.618	4
教师 11	0.619	18	0.490	15
教师 12	0.786	4	0.616	5
教师 13	0.745	5	0.520	13
教师 14	0.693	12	0.560	9
教师 15	0.710	9	0.553	10
教师 16	0.606	19	0.486	16
教师 17	0.793	3	0.688	1
教师 18	0.707	10	0.600	6
教师 19	0.650	15	0.592	7
教师 20	0.860	1	0.478	18
教师 0	0.540	21	0.540	11

表 6-31　高校工科教师绩效准则层灰色关联系数（2015 年）

教师	胜任力指标（PCI）	排名	关键绩效指标（KPI）	排名
教师 1	0.782	4	0.670	9
教师 2	0.694	14	0.661	11
教师 3	0.681	15	0.664	10
教师 4	0.554	21	0.550	21
教师 5	0.725	9	0.696	5
教师 6	0.650	19	0.579	20
教师 7	0.793	2	0.760	1
教师 8	0.762	6	0.733	4
教师 9	0.716	11	0.645	13
教师 10	0.719	10	0.687	8
教师 11	0.707	12	0.630	16
教师 12	0.756	7	0.692	6
教师 13	0.755	8	0.607	17
教师 14	0.676	16	0.655	12
教师 15	0.696	13	0.632	15
教师 16	0.661	17	0.587	18
教师 17	0.804	1	0.760	1
教师 18	0.767	5	0.738	3
教师 19	0.656	18	0.690	7
教师 20	0.790	3	0.580	19
教师 0	0.571	20	0.644	14

6.3.4 绩效评价指数分析

根据表 6-27～表 6-31 所计算的 20 名工科教师胜任力指标和关键绩效指标可得到胜任力评价指数（PCEI）和关键绩效评价指数（KPEI）。根据式（5-3）和式（5-4），先确定高校工科教师胜任力指标和关键绩效指标的标准值。由于本书在最初进行绩效评价时，将各项底层指标均为平均值 3 的教师 0 纳入多层次灰色关联分析中，因此教师 0 所计算得出的胜任力指标和关键绩效指标值即为计算绩效评价指数时所依据的标准值。

以教师 1 为例，计算其在 2015 年的胜任力评价指数（PCEI）和关键绩效评价指数（KPEI）。由表 6-31 可知，教师 0 的 PCI_0 和 KPI_0 分别为 0.571 和 0.644；教师 1 的 PCI_1 和 KPI_1 分别为 0.782 和 0.670。因此，教师在 2015 年的 $PCEI_1$ 和 $KPEI_1$ 的计算过程如下：

$$PCEI_1=(PCI_1-PCI_0)/PCI_0=(0.782-0.571)/0.571=0.370$$

$$KPEI_1=(KPI_1-KPI_0)/KPI_0=(0.670-0.644)/0.644=0.040$$

同理可得，不同年份其他教师胜任力评价指数（PCEI）和关键绩效评价指数（KPEI）。由此可以得到，2011—2015 年高校工科教师绩效评价指数测评结果如表 6-32 所示。

表 6-32 高校工科教师绩效评价指数

教师	2011 年		2012 年		2013 年		2014 年		2015 年	
	胜任力评价指数（PCEI）	关键绩效评价指数（KPEI）	胜任力评价指数（PCEI）	关键绩效评价指数（KPEI）	胜任力评价指数（PCEI）	关键绩效评价指数（KPEI）	胜任力评价指数（PCEI）	关键绩效评价指数（KPEI）	胜任力评价指数（PCEI）	关键绩效评价指数（KPEI）
教师 1	0.400	0.063	0.320	0.078	0.471	−0.160	0.358	−0.114	0.370	0.040
教师 2	0.179	−0.125	0.249	−0.058	0.254	0.091	0.148	−0.024	0.217	0.026
教师 3	0.312	−0.069	0.297	0.091	0.284	−0.041	0.226	−0.178	0.193	0.030
教师 4	0.350	−0.010	0.141	0.056	0.057	−0.190	0.029	−0.193	−0.030	−0.146
教师 5	0.271	−0.010	0.203	0.031	0.074	−0.079	0.197	−0.054	0.271	0.080
教师 6	0.081	−0.054	0.178	−0.003	0.261	−0.069	0.259	−0.160	0.139	−0.101
教师 7	0.515	0.188	0.250	0.169	0.447	0.242	0.372	0.238	0.390	0.180
教师 8	0.347	0.276	0.256	0.140	0.381	0.028	0.356	0.060	0.336	0.138
教师 9	0.469	−0.167	0.354	0.116	0.389	−0.029	0.515	0.235	0.254	0.002
教师 10	0.200	−0.137	0.246	0.060	0.428	0.052	0.284	0.144	0.261	0.067
教师 11	0.142	0.119	0.277	−0.129	0.266	−0.162	0.147	−0.092	0.238	−0.022
教师 12	0.597	−0.095	0.294	0.168	0.340	0.069	0.457	0.140	0.325	0.075
教师 13	0.536	−0.165	0.285	−0.022	0.161	−0.196	0.381	−0.037	0.323	−0.057

续表

教师	2011年		2012年		2013年		2014年		2015年	
	胜任力评价指数（PCEI）	关键绩效评价指数（KPEI）	胜任力评价指数（PCEI）	关键绩效评价指数（KPEI）	胜任力评价指数（PCEI）	关键绩效评价指数（KPEI）	胜任力评价指数（PCEI）	关键绩效评价指数（KPEI）	胜任力评价指数（PCEI）	关键绩效评价指数（KPEI）
教师 14	0.129	−0.129	0.193	0.127	0.416	−0.104	0.283	0.037	0.185	0.018
教师 15	0.233	0.085	0.325	0.007	0.249	0.005	0.315	0.024	0.219	−0.020
教师 16	0.286	−0.030	0.194	−0.098	0.222	−0.073	0.122	−0.099	0.158	−0.088
教师 17	0.327	0.032	0.228	−0.137	0.381	0.193	0.470	0.274	0.409	0.180
教师 18	0.419	0.186	0.390	−0.009	0.397	0.028	0.310	0.111	0.345	0.146
教师 19	0.344	0.117	0.185	0.016	0.232	−0.105	0.205	0.095	0.150	0.071
教师 20	0.459	−0.110	0.280	0.044	0.313	−0.120	0.594	−0.115	0.385	−0.100

6.3.5 绩效评价矩阵定位分析

根据表 6-32 所计算的 W 大学材料学院 20 名工科教师胜任力评价指数和关键绩效评价指数，可进一步将这 20 名教师的绩效进行矩阵定位。如图 5-8 所示，基于胜任力的高校工科教师绩效评价定位矩阵以 0 为分界点，若胜任力评价指数和关键绩效评价指数大于 0，则表示高于平均水平；若胜任力评价指数和关键绩效评价指数小于 0，则表示低于平均水平；若胜任力评价指数和关键绩效评价指数等于 0，则表示与平均水平持平，表明该教师刚好达到基本绩效要求。由此得到 20 名工科教师矩阵定位情况，如表 6-33～表 6-37 所示。

表 6-33　高校工科教师绩效评价矩阵定位情况（2011 年）

教师	胜任力评价指数（PCEI）	关键绩效评价指数（KPEI）	所处象限	绩效级别
教师 1	0.400	0.063	第一象限	优秀
教师 2	0.179	−0.125	第二象限	较差
教师 3	0.312	−0.069	第二象限	较差
教师 4	0.350	−0.010	第二象限	较差
教师 5	0.271	−0.010	第二象限	较差
教师 6	0.081	−0.054	第二象限	较差
教师 7	0.515	0.188	第一象限	优秀
教师 8	0.347	0.276	第一象限	优秀
教师 9	0.469	−0.167	第二象限	较差
教师 10	0.200	−0.137	第二象限	较差
教师 11	0.142	0.119	第一象限	优秀
教师 12	0.597	−0.095	第二象限	较差

续表

教师	胜任力评价指数（PCEI）	关键绩效评价指数（KPEI）	所处象限	绩效级别
教师 13	0.536	−0.165	第二象限	较差
教师 14	0.129	−0.129	第二象限	较差
教师 15	0.233	0.085	第一象限	优秀
教师 16	0.286	−0.030	第二象限	较差
教师 17	0.327	0.032	第一象限	优秀
教师 18	0.419	0.186	第一象限	优秀
教师 19	0.344	0.117	第一象限	优秀
教师 20	0.459	−0.110	第二象限	较差

表 6-34　高校工科教师绩效评价矩阵定位情况（2012 年）

教师	胜任力评价指数（PCEI）	关键绩效评价指数（KPEI）	所处象限	绩效级别
教师 1	0.320	0.078	第一象限	优秀
教师 2	0.249	−0.058	第二象限	较差
教师 3	0.297	0.091	第一象限	优秀
教师 4	0.141	0.056	第一象限	优秀
教师 5	0.203	0.031	第一象限	优秀
教师 6	0.178	−0.003	第二象限	较差
教师 7	0.250	0.169	第一象限	优秀
教师 8	0.256	0.140	第一象限	优秀
教师 9	0.354	0.116	第一象限	优秀
教师 10	0.246	0.060	第一象限	优秀
教师 11	0.277	−0.129	第二象限	较差
教师 12	0.294	0.168	第一象限	优秀
教师 13	0.285	−0.022	第二象限	较差
教师 14	0.193	0.127	第一象限	优秀
教师 15	0.325	0.007	第一象限	优秀
教师 16	0.194	−0.098	第二象限	较差
教师 17	0.228	−0.137	第二象限	较差
教师 18	0.390	−0.009	第二象限	较差
教师 19	0.185	0.016	第一象限	优秀
教师 20	0.280	0.044	第一象限	优秀

表 6-35　高校工科教师绩效评价矩阵定位情况（2013 年）

教师	胜任力评价指数（PCEI）	关键绩效评价指数（KPEI）	所处象限	绩效级别
教师 1	0.471	−0.160	第二象限	较差
教师 2	0.254	0.091	第一象限	优秀
教师 3	0.284	−0.041	第二象限	较差
教师 4	0.057	−0.190	第二象限	较差
教师 5	0.074	−0.079	第二象限	较差
教师 6	0.261	−0.069	第二象限	较差
教师 7	0.447	0.242	第一象限	优秀
教师 8	0.381	0.028	第一象限	优秀
教师 9	0.389	−0.029	第二象限	较差
教师 10	0.428	0.052	第一象限	优秀
教师 11	0.266	−0.162	第二象限	较差
教师 12	0.340	0.069	第一象限	优秀
教师 13	0.161	−0.196	第二象限	较差
教师 14	0.416	−0.104	第二象限	较差
教师 15	0.249	0.005	第一象限	优秀
教师 16	0.222	−0.073	第二象限	较差
教师 17	0.381	0.193	第一象限	优秀
教师 18	0.397	0.028	第一象限	优秀
教师 19	0.232	−0.105	第二象限	较差
教师 20	0.313	−0.120	第二象限	较差

表 6-36　高校工科教师绩效评价矩阵定位情况（2014 年）

教师	胜任力评价指数（PCEI）	关键绩效评价指数（KPEI）	所处象限	绩效级别
教师 1	0.358	−0.114	第二象限	较差
教师 2	0.148	−0.024	第二象限	较差
教师 3	0.226	−0.178	第二象限	较差
教师 4	0.029	−0.193	第二象限	较差
教师 5	0.197	−0.054	第二象限	较差
教师 6	0.259	−0.160	第二象限	较差
教师 7	0.372	0.238	第一象限	优秀
教师 8	0.356	0.060	第一象限	优秀
教师 9	0.515	0.235	第一象限	优秀
教师 10	0.284	0.144	第一象限	优秀
教师 11	0.147	−0.092	第二象限	较差

续表

教师	胜任力评价指数（PCEI）	关键绩效评价指数（KPEI）	所处象限	绩效级别
教师 12	0.457	0.140	第一象限	优秀
教师 13	0.381	−0.037	第二象限	较差
教师 14	0.283	0.037	第一象限	优秀
教师 15	0.315	0.024	第一象限	优秀
教师 16	0.122	−0.099	第二象限	较差
教师 17	0.470	0.274	第一象限	优秀
教师 18	0.310	0.111	第一象限	优秀
教师 19	0.205	0.095	第一象限	优秀
教师 20	0.594	−0.115	第二象限	较差

表 6-37　工科教师绩效评价矩阵定位情况（2015 年）

教师	胜任力评价指数（PCEI）	关键绩效评价指数（KPEI）	所处象限	绩效级别
教师 1	0.370	0.040	第一象限	优秀
教师 2	0.217	0.026	第一象限	优秀
教师 3	0.193	0.030	第一象限	优秀
教师 4	-0.030	−0.146	第三象限	极差
教师 5	0.271	0.080	第一象限	优秀
教师 6	0.139	−0.101	第二象限	较差
教师 7	0.390	0.180	第一象限	优秀
教师 8	0.336	0.138	第一象限	优秀
教师 9	0.254	0.002	第一象限	优秀
教师 10	0.261	0.067	第一象限	优秀
教师 11	0.238	−0.022	第二象限	较差
教师 12	0.325	0.075	第一象限	优秀
教师 13	0.323	−0.057	第二象限	较差
教师 14	0.185	0.018	第一象限	优秀
教师 15	0.219	−0.020	第二象限	较差
教师 16	0.158	−0.088	第二象限	较差
教师 17	0.409	0.180	第一象限	优秀
教师 18	0.345	0.146	第一象限	优秀
教师 19	0.150	0.071	第一象限	优秀
教师 20	0.385	−0.100	第二象限	较差

根据表 6-33～表 6-37 可得到 20 名工科教师绩效评价矩阵定位图，如图 6-4～图 6-8 所示。（由于部分教师绩效评价指数超过了坐标轴范围，因此未显示在图中。下同。）

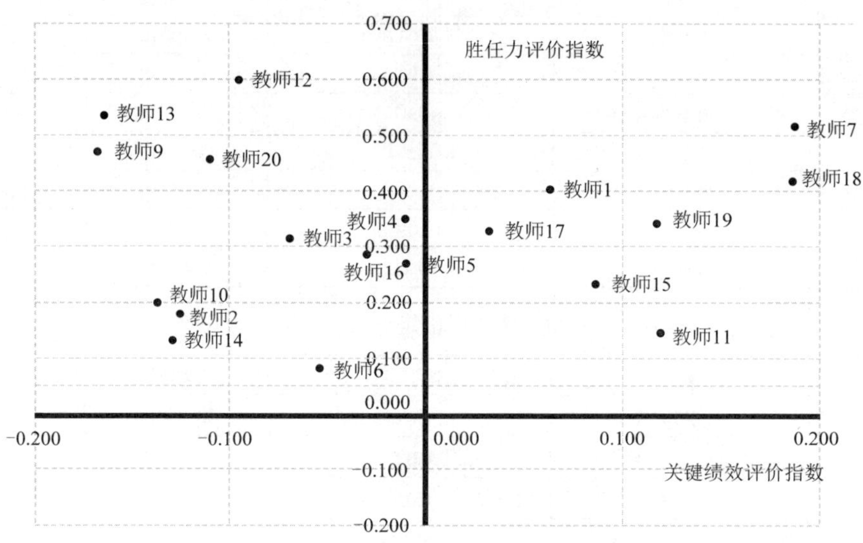

图 6-4　2011 年高校工科教师绩效评价定位矩阵

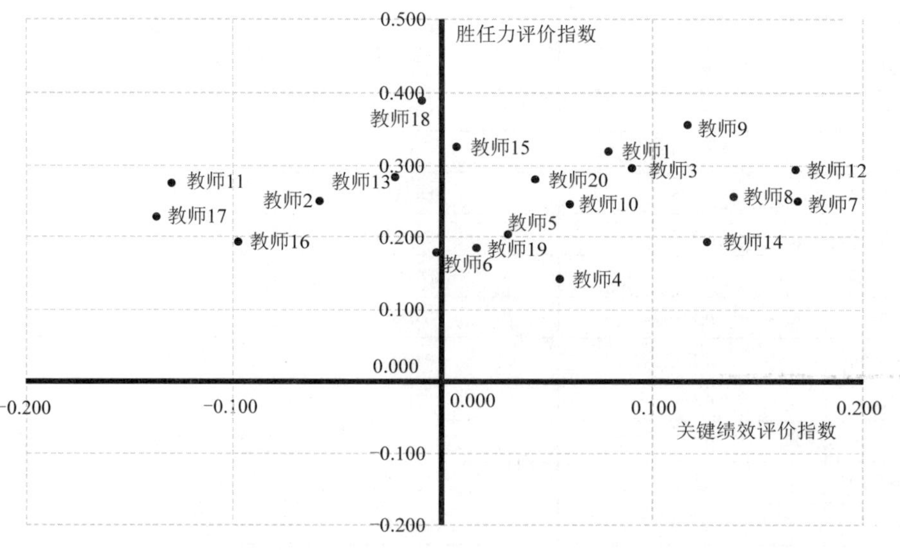

图 6-5　2012 年高校工科教师绩效评价定位矩阵

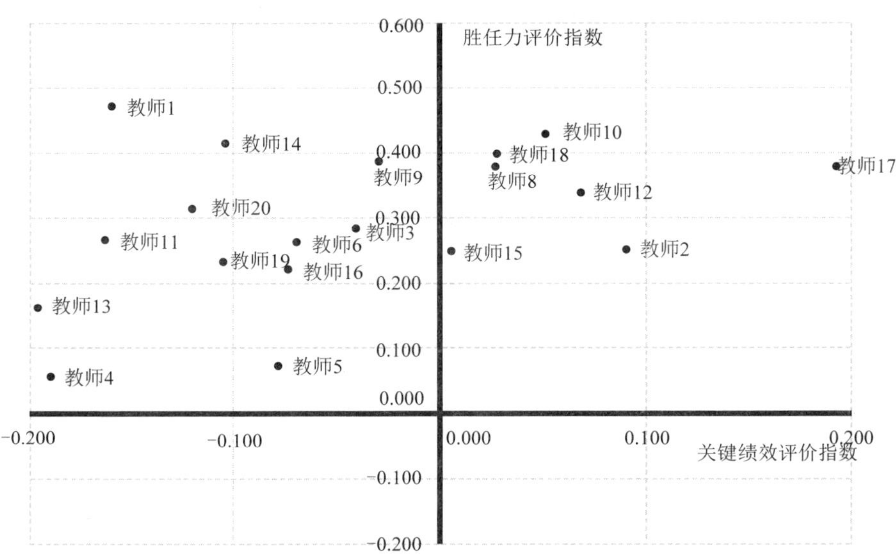

图 6-6 2013 年高校工科教师绩效评价定位矩阵

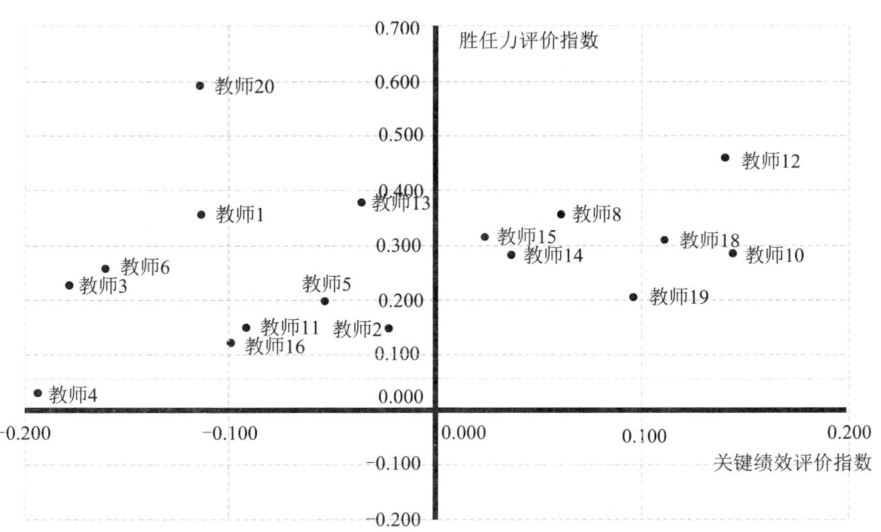

图 6-7 2014 年高校工科教师绩效评价定位矩阵

由图 6-4～图 6-8 可以看出，2011 年 20 名工科教师中绩效处于第一象限的有 8 名，绩效表现为优秀；处于第二象限的有 12 名，绩效表现为较差；没有教师的绩效处于第三象限和第四象限。2012 年 20 名工科教师中绩效处于第一象限的有 13

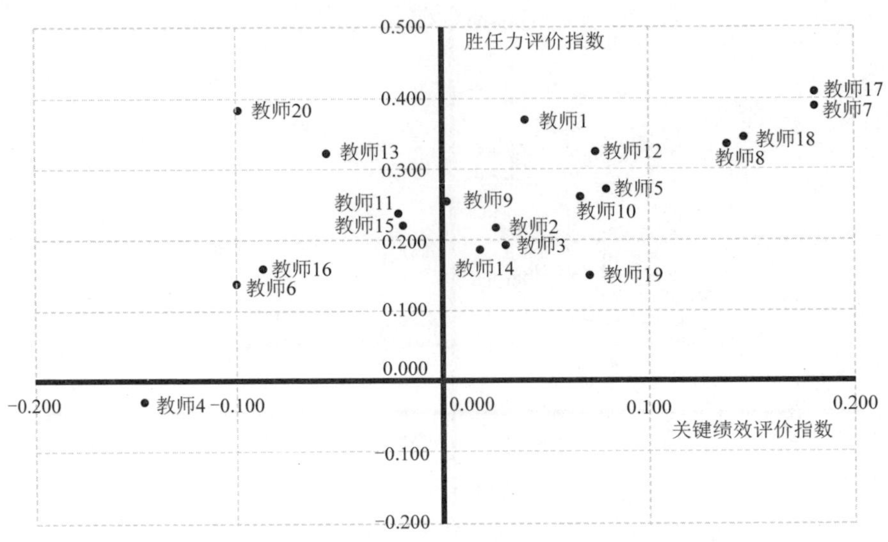

图 6-8　2015 年高校工科教师绩效评价定位矩阵

名，绩效表现为优秀；处于第二象限的有 7 名，绩效表现为较差；没有教师的绩效处于第三象限和第四象限。2013 年 20 名工科教师中绩效处于第一象限的有 8 名，绩效表现为优秀；处于第二象限的有 12 名，绩效表现为较差；没有教师的绩效处于第三象限和第四象限。2014 这 20 名工科教师中绩效处于第一象限的有 10 名，绩效表现为优秀；处于第二象限的有 10 名，绩效表现为较差；没有教师的绩效处于第三象限和第四象限。2015 年 20 名工科教师中绩效处于第一象限的有 13 名，绩效表现为优秀；处于第二象限的有 6 名，绩效表现为较差；处于第三象限的有 1 名，绩效表现为极差。通过观察可以看出，2011—2014 年该学院全部工科教师的胜任力评价指数大于标准水平，2015 年有 19 名工科教师的胜任力评价指数大于标准水平，这表明这些教师十分注重对特质胜任力、教学胜任力、科研胜任力和工程实践胜任力等方面的提升，能够达到并超过预期的工科教师胜任力。此外，2011 年和 2013 年该学院工科教师的关键绩效评价指数大于标准水平的共有 8 名，即仅有不到一半的教师能够在教学绩效、科研绩效和社会服务绩效等方面全面达到并超过考核的基本要求，而 2012 年和 2015 年关键绩效评价指数大于标准水平的工科教师达到 13 名，这表明该学院工科教师关键绩效水平在这两年有所加强。

此外，根据 2011—2015 年绩效评价指数分析结果，还可以对具体教师各年度绩效情况进行动态评价，以 2015 年绩效定位结果为极差的教师 4 为例，如图 6-9 所示。

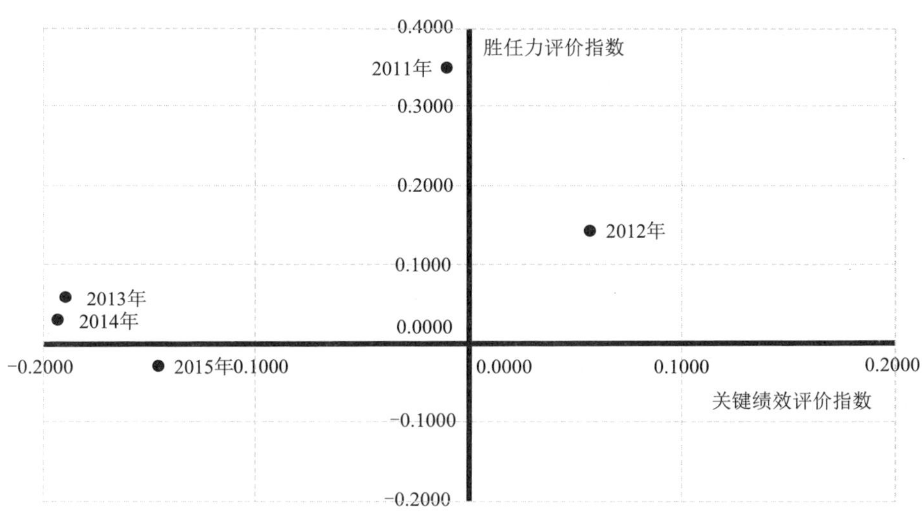

图 6-9　2011—2015 年“教师 4”绩效评价定位矩阵动态评价

由图 6-9 可知，工科教师 4 在 2011—2015 年，胜任力评价指数总体处于下滑趋势，由于胜任力未得到足够重视和培养，相应的关键绩效也很难得到提升。最终，该教师绩效由较差下滑到第三象限的极差状态。因此对于该教师，应将工作重点放在胜任力水平的培养和提高上，以适应“卓越计划”背景下的人才培养要求。

6.3.6　研究结论

根据灰色关联系统理论，关联系数越大，说明被评价教师和构建的绩效最优教师间的相关性越强，被评价教师的绩效相对较高；反之则相反。具体胜任力评价指数和关键绩效评价指数排名表现为：如果被评价教师与构建的绩效最优教师间关联系数越大，那么被评价教师的胜任力和关键绩效的排名越高，说明其胜任力或关键绩效与绩效最优教师相差无几，排名越接近说明其绩效评价结果越优秀。为便于分析，对关联系数大于 0.7 的指标进行统计分析，关联系数大于 0.7 用“○”表示，关联系数小于 0.7 的用“×”表示。以 2015 年为例。

1. 二级指标评价结果分析

高校工科教师二级指标评价情况如表 6-38 所示。从各指标关联系数大于 0.7 的工科教师数量来看，胜任力指标维度的事业心 F_2、语言文字表达能力 T_1 的人数最多，分别有 14 名和 18 名教师在这两项指标上关联系数大于 0.7，接近绩效最优教师。这表明该学院的工科教师大部分都具备良好的事业心和语言文字表达能力，其中事业心体现出工科教师在本专业领域的职业操守，语言文字表达能力则体现出工科教师在教学与科研过程中经常参与沟通以及科研写作的工作特点。关键绩效指标维度的教学研究成果奖励 KPI_{11} 和发表论文 KPI_{21} 的人数最多，分别为 6 名教师和 7 名教师。其次是论文引用数 KPI_{23}，为 5 名教师。由此可以看出，W 大学对于工科教师的关键绩效基本要求较高，能够真正达到基本要求的教师人数占比不大。从难易程度来说，教学研究成果奖励 KPI_{11} 和发表论文 KPI_{21} 对于工科教师来说是相对较易达到的，而科研绩效方面，获得专利数 KPI_{22} 对于工科教师来说不易达成。此外，由于工科教师的工程技术特征，工科教师能够有渠道获得相应的工程技术服务项目，达到社会服务的关键绩效，但是在成果转让的收益上均表现不佳。

表 6-38 高校工科教师绩效评价二级指标关联系数统计

二级指标	关联系数统计										
	教师 1	教师 2	教师 3	教师 4	教师 5	教师 6	教师 7	教师 8	教师 9	教师 10	教师 11
F_1	×	○	×	×	×	×	○	×	×	○	×
F_2	×	○	○	×	○	○	○	○	○	○	×
F_3	×	○	×	×	×	×	○	○	○	○	×
T_1	○	○	○	×	○	○	○	○	×	○	○
T_2	○	×	○	×	○	×	×	○	×	×	○
T_3	×	○	×	×	○	×	×	○	○	○	×
R_1	○	○	×	×	○	×	×	×	×	○	×
R_2	○	×	×	×	×	○	○	×	×	×	○
R_3	×	×	×	×	○	×	×	○	×	×	×
P_1	×	○	×	×	○	×	○	○	○	×	×
P_2	○	×	×	×	×	×	○	×	×	○	○
P_3	○	×	○	×	×	×	○	×	○	○	○
KPI_{11}	×	○	○	×	○	×	○	×	×	○	×
KPI_{12}	×	×	×	×	○	×	×	○	○	×	×
KPI_{13}	×	×	×	×	×	×	○	×	×	×	×
KPI_{21}	○	×	×	×	×	×	○	×	×	×	○
KPI_{22}	○	×	×	×	×	×	○	×	×	×	×
KPI_{23}	×	○	×	×	○	×	×	○	×	×	○
KPI_{31}	○	×	○	×	×	×	×	○	×	×	×
KPI_{32}	×	×	×	×	×	×	×	×	×	×	×
二级指标	关联系数统计										
	教师 12	教师 13	教师 14	教师 15	教师 16	教师 17	教师 18	教师 19	教师 20	○数量	
F_1	○	×	○	×	×	○	×	×	○	7	
F_2	○	×	×	○	○	○	○	×	○	14	

续表

二级指标	关联系数统计										
	教师 12	教师 13	教师 14	教师 15	教师 16	教师 17	教师 18	教师 19	教师 20	○数量	
F_3	○	○	○	×	×	○	×	×	○	10	
T_1	○	○	○	○	○	○	○	○	○	18	
T_2	×	○	○	○	×	×	○	○	×	10	
T_3	○	×	○	×	×	×	×	○	○	9	
R_1	×	○	○	×	○	×	×	×	○	8	
R_2	○	○	×	×	○	○	○	×	○	10	
R_3	○	×	×	×	×	×	×	×	○	4	
P_1	×	×	○	×	×	○	○	×	○	9	
P_2	○	○	×	×	×	○	○	×	○	9	
P_3	×	○	×	○	×	○	○	×	○	11	
KPI_{11}	×	○	×	×	×	×	×	×	×	6	
KPI_{12}	×	×	×	×	×	○	×	×	×	4	
KPI_{13}	×	×	○	×	×	○	×	○	×	4	
KPI_{21}	×	○	×	×	×	○	○	○	×	7	
KPI_{22}	○	×	×	×	×	×	×	○	×	4	
KPI_{23}	×	×	×	×	×	×	○	×	×	5	
KPI_{31}	×	×	×	○	×	×	×	×	×	4	
KPI_{32}	×	×	×	×	×	×	×	×	×	0	

2. 一级指标评价结果分析

高校工科教师一级指标评价情况如表 6-39 所示。从各指标关联系数大于 0.7 的工科教师数量来看，胜任力指标的教学胜任力 T 关联系数大于 0.7 的人数最多，共有 12 名教师在该项指标上接近绩效最优教师。这表明该学院工科教师大部分都具备良好的教学胜任力。关键绩效指标的科研绩效关联系数大于 0.7 的人数最多，共有 10 名教师在该项指标上接近绩效最优教师，但是该项人数仅占总人数的 1/2。这表明在 W 大学对工科教师较高考核要求下，20 名教师的关键绩效整体表现并不十分出色。

表 6-39　高校工科教师一级指标关联系数统计

教师	关联系数统计						
	F	T	R	P	KPI_1	KPI_2	KPI_3
教师 1	×	×	○	○	×	○	○
教师 2	○	○	×	×	×	○	×

续表

教师	关联系数统计						
	F	T	R	P	KPI_1	KPI_2	KPI_3
教师 3	×	○	×	○	×	×	○
教师 4	×	×	×	×	×	×	×
教师 5	○	○	×	×	○	○	×
教师 6	×	×	×	×	×	×	×
教师 7	○	○	○	○	○	○	×
教师 8	○	○	○	×	×	○	○
教师 9	×	×	×	○	○	×	×
教师 10	○	○	×	○	○	×	×
教师 11	×	×	○	×	×	×	○
教师 12	○	○	○	×	○	○	×
教师 13	×	×	○	○	×	×	×
教师 14	○	○	×	×	×	○	×
教师 15	×	○	×	○	×	×	○
教师 16	×	×	○	×	×	×	×
教师 17	○	○	○	○	○	○	×
教师 18	○	×	○	○	×	○	○
教师 19	×	○	×	×	×	○	×
教师 20	○	○	○	○	×	×	×
○数量	10	12	10	10	6	10	6

3. 准则评价结果分析

高校工科教师准则评价情况如表 6-40 所示。从各指标关联系数大于 0.7 的工科教师数量来看，胜任力指标大于 0.7 的人数明显多于关键绩效指标，共有 12 名教师胜任力指标接近绩效最优教师。这表明 W 大学材料学院的教师大部分都具备良好的岗位胜任能力。在关键绩效方面，仅有 4 人灰色关联系数评价结果大于 0.7，说明在整体上该学院工科教师的关键绩效表现有待加强。

表 6-40　高校工科教师准则指标统计

教师	胜任力指标（PCI）	关键绩效指标（KPI）
教师 1	○	×
教师 2	×	×
教师 3	×	×
教师 4	×	×

续表

教师	胜任力指标（PCI）	关键绩效指标（KPI）
教师 5	○	×
教师 6	×	×
教师 7	○	○
教师 8	○	○
教师 9	○	×
教师 10	○	×
教师 11	○	×
教师 12	○	×
教师 13	○	×
教师 14	×	×
教师 15	×	×
教师 16	×	×
教师 17	○	○
教师 18	○	○
教师 19	×	×
教师 20	○	×
数量	12	4

6.4 基于胜任力的高校工科教师绩效优化对策

6.4.1 特质胜任力优化对策

工科教师的特质胜任力是提升关键绩效的保障和前提，为此将从以下几个方面进行优化。

（1）钻研学术

促使高校工科教师钻研学术并为其奋斗终生，须培养两点意识。第一，要有钻研学术的准备和自觉性。正确认识教师是培养优秀人才和为社会服务的中坚力量，既需要将所掌握的知识全部传授给学生，也需要严格要求自己，在学术上有所作为，通过科研成果及其转化实现自我价值，为社会做贡献。第二，要有认真做事和吃苦耐劳的职业觉悟。充分认识到教师是一个高尚且受人尊敬的职业，选择这个职业意味着对其价值观和使命感的认同、对教学科研工作的热爱以及对科学真理的不断追求。

（2）事业心

社会之所以能够不断发展，科学技术的进步是一个重要的推动力量。具有事业心的教师，往往能够在教学和科研上取得更大更好的发展和成就。培养工科教师的事业心应从以下方面入手。第一，培养教师的好胜心、赢的意志和坚毅的精神。鼓励教师向未知领域挑战，以强烈的求知欲、好奇心和成功的事实去证明自身的才华。第二，制定明确的教师发展目标。根据组织总的目标，制定教师个人的发展目标，帮助其提高教学能力和科研水平。

（3）责任心

责任心的培养主要包括以下三个方面。第一，加强教师的自我责任心。要求教师认真负责地做人、做事，对自身行为和生活负责。第二，加强教师的工作责任心。制定工科教师的工作职责、任务和计划，对教师的各项工作任务予以评价、反馈和支持。第三，加强教师对他人的责任心。加强教师对学生、对家长、对学校和对社会负责的责任心，培养教师的历史使命感，视国家兴旺和社会发展为己任，积极参与国家工程事业建设。

6.4.2 教学胜任力优化对策

高校工科教师的教学胜任力对于高校工科教师绩效水平的提升有重要影响，对其进行优化可从以下几点展开。

（1）语言文字表达

教师工作本质上是教师和学生之间的双向互动的过程，教师语言的修养及其准确性、逻辑性、趣味性、感染性、说服力和时代性等直接关系到课堂教学的成败、教书育人的效果和学生脑力劳动的效率。因此，良好的语言表达能力成为教师传递知识和分享科研成果的重要能力。培养工科教师的语言表达能力应做到以下三方面。第一，让学生听得懂。语言表述用词准确、语意明白、语句简洁、合乎规范，能把客观概念表述得清晰准确并没有语病。第二，使学生喜欢听。能够条理清晰、富有逻辑地完成知识点的讲解，实现思想性、科学性和趣味性的有机统一。第三，改变教学的死板和僵硬，增强课堂的趣味性。这就需要工科教师在刻苦钻研语言表达的技巧的同时积累丰富的学识，使课堂言之有物，能够脑口同步运转，形成特有的语言风格。

（2）工程实践与教学相结合

对于工程学科而言，其学科的内容植根于工程实践。培养工科教师工程理论联系实践的能力，可以从以下三个方面开展工作。第一，培养工科教师理论与实际相结合、进行案例教学的能力。工程教学和工程研究根据国家方针、社会热点，结合科学前沿和经济发展需要实际，进行有针对性的讲授。第二，实施教师顶岗实践方案，将企业工作经历、工程项目设计、产学合作和技术服务等方面的要求逐步纳入工程类学科专业教师的职务聘任及考核的要求，要求其具备行业工程师资格认证，并对其进行专业考核。第三，培养工科教师面向社会的工程应用和生产力转化的能力。要求其关注工程行业的最新动态和发展趋势，能够对科研课题和理论探索成果进行转化，服务企业和社会。

（3）学生工程实践能力的培养指导

工程实践能力是工科教师运用专业知识、外化专业情感和教育教学的基本能力。要提高工科教师培养指导学生工程实践的能力，需要从以下三方面对教师加以引导。第一，培养教师帮助学生成功的倾向、意愿和影响力，能够自发真诚地通过工程设计与实践去引导学生提高工程知识、方法和技能。第二，健全教师师德师风建设，鼓励工科教师接受短期的教师专业教育和企业学习，接受系统的培养指导学生的理论和方法。第三，加强同行之间的学习和交流。通过实施学生指导双导师制，促进工科教师与企业导师之间的交流，提高工科教师培养指导学生的水平。

6.4.3 科研胜任力优化对策

高校工科教师的科研胜任力是高校工科教师提升科研绩效的基本保障，对其进行优化可从以下几点展开。

（1）主动获取知识

荀子在《劝学》中云："学不可以已。"对于工科教师来讲，学习是一种态度，也是一种能力，不仅是出于工作的需要，更是自我完善的需要，对工程知识的理解、掌握、更新以及应用体现了工科教师的独特的职业特点。要想提高工科教师主动获取知识的能力，可从以下几个方面加以努力。第一，确定终身学习的理念并构建终身学习的教育体系。鼓励工科教师进行长期的专业知识学习，提供跨学科知识迁移的平台和学习机会，并将工科教师各种形式的在职学习经历纳入评价体系。第二，制定完善的工科教师人才交流机制。组织工科教师参加培训、研讨、出国交流和访问；积极创造多种学习途径和资源，帮助工科教师与时俱进地更新知识结构。第三，制定完备的工科教师人才流动机制。适当地进行工科教师校内外的岗位轮岗流动和人才市场的自由流动，如在工程科研实验室或研究所进行产学研合作与技术转化、在国企进行实习或在外企从事技术顾问、工程师工作，进而培养工科教师进行思维创新和实践反思的能力。

（2）探索创新

托尔斯泰曾指出："如果一个人在读书时不会创造，那么他的一生就只会模仿和抄袭。”对于工程学科来讲，探索创新是工程学科存在的意义以及民族进步和社会发展的源动力。培养工科教师创新探索的能力，应从以下四个方面开展工作。第一，激发工科教师的创新动机和成就动机。调动工科教师从事创造活动的内在驱动力，开展合作学习和研究，发挥不同类型工科教师的特长，使其在学习过程中获得成功的体验和满足感。第二，积极推进制度创新、技术创新、管理创新，强化创新意识和创新思维。培养工科教师批判、质疑和求新的精神以及用新思路、新方法去解决问题的意愿和态度。要求工科教师在教学科研中勇于树立创新目标、充分发挥创新潜力、全力释放创新激情、敢于发表不同意见和挑战学术权威，用创造性的方式进行工程学科的研究。第三，解决好信息和知识的高效流动、创新合作和技术外溢的问题。加强工科教师创新技能的训练，培养工科教师熟练掌握和运用创新技法的能力、创新成果的表现能力和物化能力等。第四，营造良好的氛围和环境。完善基础设施建设，注重硬环境的影响，同时也需要兼顾软环境，注重文化环境等软环境的影响作用。

（3）团队合作

团队合作是工科教师事业成功的重要保证。工程教育的学科性质决定了一项纷繁杂乱的工程项目需要一群有能力、有信念并且具有不同学科背景的人团结在一起合作奋斗，以此借助各种资源和才智的合力实现技术创新，进而推动社会的进步和发展。在工科教师团队合作的培养上，可以采取以下途径。第一，政府加大扶持力度，构造区域性的技术创新平台。以各大高校为核心，建立各类孵化器，引导高校工科类教师积极参与高校内外部各种跨学科团队，或与企业研发人员形成科研互动与转化团队，提高产学研合作的效率。第二，整合学术资源和塑造团队的合作意识。共享并整合实验室、设备、教材、数据库和智力资源等，努力营造主动积极、友好热情的合作氛围。第三，组建工程科技创新团队并制定相应的团队合作机制。严格要求并监督工科教师遵守学术道德和行业规范，防止学术抄袭和技术外泄；充分发挥团队成员的才智并对团队建设给予人力、物力以及财力的支持和管理。

6.4.4 工程实践胜任力优化对策

工程实践胜任力使得高校工科教师具备了其他学科教师所没有的能力，这也是区分高校工科教师绩效优良的主要指标，对其进行优化时可从下面几个方面展开。

（1）数理思维能力

对于工科教师来说，具有系统化的专业知识结构和理论体系是工科教师安身立命之本，这就对高校工科教师的数理思维能力提出了较高的要求。启发学生和论证问题需要数理思维能力和专业知识做支撑，科研报告和学术论文需要数理思维和专业知识进行表达。提高工科教师的数理思维能力及专业知识应注意以下两点。第一，创造积极的条件和学术氛围帮助教师养成终身学习的良好习惯，通过开展不同形式的学习和培训帮助其掌握系统扎实的工程专业知识。第二，学科深度和广度两手抓。在注重培养教师工程专业知识深度的同时兼顾数学和理学学科的广度，加深其对工程知识创新性、综合性和复杂性的理解，并同时提高在社会学、哲学、经济学、教育学和心理学等领域的修养，以此树立综合的“大工程”专业理论观。

（2）实验实践能力

实验实践是工程学科教学和科研的重要组成部分。工科教师在工程现场的实习或操作，包括工程设计、制造运行、技术开发、计算机应用、产业经营、工程管理和技术支持等，能够帮助工科教师获得直接的经验知识，加深其对工业生产的理解和对所学专业的性质、内容以及在工程技术领域中地位的认知。提高工科教师工程实践主要有以下途径。第一，转变思想观念，加强工程实践意识。从只注重理论知识传授向理论知识和实践技能“双并重”进行转变；从只注重学术水平提升向学术和工程实践“双提升”进行转变；从只注重教室小课堂向注重生产实践的“大课堂”进行转变。第二，参与工程实践。培养工科教师理论应用于实践，在实践中积累知识的学习程序，提供包括研究所、实验室、工程研究中心、国家创业基地、产学研中心和校企合作企业等工程实践基地，以此提高工科教师在生产实际中观察、研究、分析和解决问题的能力。

（3）解决工程实践问题

高校工科教师解决工程实践问题的能力是绩效考核的重要指标，其对于促进社会发展、科学进步具有重要影响。为了提高高校工科教师解决工程实践问题的能力，可从以下几点出发。第一，组织相关工科教师与企业搭建实践训练平台，或者通过产学研模式提高工科教师专业实践能力，使得工科教师在生活和工作中不断地将理论知识与实践相结合，并追求创新，与时俱进。第二，组织相关工科教师积极参与各类与专业相关的实践，与企业进行合作，开展培训、合作项目，最终使得工科教师的专业实践能力不断提高，使得高校工科教师解决工程实践问题的能力逐步提高。

本章小结

本章以21所“卓越工程师教育培养计划”高校的243名工科教师为绩效评价对象，通过问卷调查法得出243名工科教师绩效评价的基础指标测评值，从中选取W大学材料学院的20名工科教师进行基于胜任力的高校工科教师绩效评价，并运用高校工科教师绩效评价矩阵模型对 20 名工科教师的绩效进行定位。同时，采用结构方程模型对高校工科教师胜任力和关键绩效指标之间的影响关系进行实证检验。在此基础上，根据实证结果，提出基于胜任力的高校工科教师绩效优化对策，包括工科教师特质胜任力优化、教学胜任力优化、科研胜任力优化和工程实践胜任力优化四个方面，并得到了如下结论。

1）W 大学材料学院 20 名工科教师大部分具备良好的胜任力，但是仅有一半工科教师达到关键绩效的考评要求。一方面表明该校在“卓越计划”建设背景下对高校工科教师提出了较高的绩效要求，另一方面也反映出该校工科教师在关键绩效方面整体表现并不优异。

2）高校工科教师的特质胜任力、教学胜任力、科研胜任力和工程实践胜任力对教学绩效、科研绩效和社会服务绩效均具有正向影响，但这种影响程度存在一定差异。

参 考 文 献

[1] MARSHALL J H, SORTO M A, STATE T. Teaching what you know or knowing how to teach? The effects of different forms of teacher mathematics knowledge on student achievement in rural Guatemala[J]. Harvard Educational Review, 2007(6): 3-35.

[2] MAPOLELO D C, AKINSOLA M K. Preparation of mathematics teachers: lessons from review of literature on teachers' knowledge, beliefs, and teacher education[J]. American Journal of Educational Research, 2015, 3(4): 505-513.

[3] ISAYEVA O. Modeling cultural competence in teaching humanities to medical students[J]. American Journal of Educational Research, 2014, 2(12): 51-55.

[4] SURACHIM A. Dual education system (PSG) effectiveness to improving SMK graduates quality[J]. International Journal of Science and Research (IJSR), 2013, 2(6): 421-425.

[5] KOEHLER A A, NEWBY T J, BESSER E D. In the eye of the beholder: using student narratives to explore memorable teachers[J]. Educational Review, 2016(5): 1-23.

[6] MALECHWANZI J M, LEI H, WANG L. Students' perceptions and faculty measured competencies in higher education[J]. International Journal of Higher Education, 2016, 5(3): 56.

[7] KABILAN M K. Online professional development: a literature analysis of teacher competency[J]. Journal of Computing in Teacher Education, 2012, 21(2): 51-57.

[8] DANIELSON, CHARLOTTE F. Connecting Common Core to Teacher Evaluation[J]. School Administrator, 2014, 71(3):30.

[9] KABAKCI Y I, ÇOKLAR A N. Modeling preservice teachers' TPACK competencies based on ICT usage[J]. Journal of Computer Assisted Learning, 2014, 30(4): 363-376.

[10] GOH P S C. Conceptions of competency: a phenomenographic investigation of beginning teachers in Malaysia[J]. Qualitative Report, 2013, 18(20): 1.

[11] OSKOLKOVA V, OZEGOVA E, KRUZE B. The competence–based approach in the Russian federation: the definition of the notion and structure of the professional competence of a future teacher[J]. World Applied Sciences Journal, 2012(20): 20-23.

[12] CARDY R L, SELVARAJAN T T. Competencies: alternative frameworks for competitive advantage[J]. Business Horizons, 2006, 49(3): 235-245.

[13] 李冠军．国外胜任力最新研究成果综述[J]．人力资源管理，2013（2）：166-168.

[14] 陈岩松．高校辅导员胜任力模型构建：一项实证研究[J]．高等教育研究，2010（4）：84-89.

[15] 陈斌，刘轩．高等职业院校教师胜任力模型的构建[J]．高教发展与评估，2011，27（6）：106-110.

[16] 林光彬，张苏，樊彬彬．大学生评价教学质量的逻辑：来自调查研究的证据[J]．教育研究，2012（10）：93-98.

[17] 李晔，卢静怡，鲁铱．对教师胜任力建模中“绩优”标准的思考[J]．湖南师范大学教育科学学报，2013，12（2）：21-24+30.

[18] 陆慧．高等学校教师岗位胜任力评价指标体系及胜任力行为特征研究[J]．现代教育管理，2013（7）：75-79.

[19] 刘宇．创新人才培养与大学教师胜任力对接模型构建研究[J]．科技管理研究，2014（9）：71-75.

[20] 何齐宗，熊思鹏．高校教师教学胜任力模型构建研究[J]．高等教育研究，2015（7）：60-67.

[21] 黄翔. 大学英语教师胜任力现状及其提升路径：以温州市高校为例[J]. 教育理论与实践，2015（15）：44-46.

[22] 徐薇薇，吴建成，蒋必彪，等. 高校教师教学质量评价体系的研究与实践[J]. 高等教育研究，2011（1）：100-103.

[23] 朱雪波，周健民，孔瑜瑜. 高校教师考核的现状分析与对策研究[J]. 高等教育研究，2011（4）：54-58.

[24] 唐武生，于洪莉，宋立军，等. 地方高校科研业绩评价量化体系研究[J]. 科研管理，2016（S1）：324-327.

[25] 陈万思，赵曙明. 中国最佳雇主人力资源总监胜任力模型研究[J]. 管理学报，2010，7（9）：1308-1315.

[26] 周光礼，马海泉. 教学学术能力：大学教师发展与评价的新框架[J]. 教育研究，2013（8）：37-47.

[27] MILANOWSKI A. Strategic measures of teacher performance[J]. Phi Delta Kappan, 2011, 92(7): 19-25.

[28] PAPAY J. Refocusing the debate: assessing the purposes and tools of teacher evaluation[J]. Harvard Educational Review, 2012, 82(1): 123-141.

[29] BRYK A, HARDING H, GREENBERG S. Contextual influences on inquiries into effective teaching and their implications for improving student learning[J]. Harvard Educational Review, 2012, 82(1): 83-106.

[30] YU J H, LUO Y, SUN Y, et al. A conceptual K-6 teacher competency model for teaching engineering[J]. Procedia-Social and Behavioral Sciences, 2012(56): 243-252.

[31] HATLEVIK O E, CHRISTOPHERSEN K A. Digital competence at the beginning of upper secondary school: identifying factors explaining digital inclusion[J]. Computers and Education, 2013(63): 240-247.

[32] JANIUNAITE B, JAKSTIENE V, CIBULSKAS G, et al. Preconditions of the manifestation of teacher's ICT competence in the study programmes[C]// International Conference on Advanced ICT and Education, 2013, 373-377.

[33] DANIELSON C. Enhancing professional practice: a framework for teaching[M]. Alexandria:Association for Supervision and Curriculum Bevelopment, 2007.

[34] VAN DAM K, SCHIPPER M, RUNHAAR P. Developing a competency-based framework for teachers' entrepreneurial behaviour[J]. Teaching and Teacher Education, 2010, 26(4): 965-971.

[35] SRINIVASAN M, LI S T T, MEYERS F J, et al. "Teaching as a competency": competencies for medical educators[J]. Academic Medicine, 2011, 86(10): 1211-1220.

[36] RODOLFA E, GREENBERG S, HUNSLEY J, et al. A competency model for the practice of psychology[J]. Training and Education in Professional Psychology, 2013, 7(2): 71.

[37] 刘钦瑶，葛列众，刘少英. 教师胜任力研究述评[J]. 高等工程教育研究，2007（1）：65-69.

[38] 丁敬达，邱均平. 科研评价指标体系优化方法研究：以中国高校科技创新竞争力评价为例[J]. 科研管理，2010（4）：111-118.

[39] 罗小兰，林崇德. 基于工作情境下的教师胜任力影响因素[J]. 中国教育学刊，2010（2）：80-83.

[40] 高永惠，黄文龙，刘洁. 高校教师人才胜任力品质因子模型实证研究[J]. 湖南科技大学学报（社会科学版），2011，14（5）：79-83.

[41] 张炜. 教师教育职前培养质量评价的指标因子探析[J]. 中国高教研究，2012（9）：67-71.

[42] 兰利琼，张红伟. 弘扬教学文化，构建激励性评价机制：提升人才培养质量之内驱力的理论与实践[J]. 高等工程教育研究，2013（5）：155-159.

[43] 周文叶，周淑琪. 教师评价素养：教师专业标准比较的视角[J]. 比较教育研究，2013（9）：62-66.

[44] 郑洁. 胜任力视角中的高校教师资格认定[J]. 教育评论，2013（5）：57-59.

[45] 李悦辉. 当代优秀中学教师职业素质要素的调查研究[J]. 信阳师范学院学报（哲学社会科学版），2013（1）：45-47.

[46] 汤舒俊. 高校教师胜任力的结构探索与问卷编制[J]. 高教探索，2014（6）：162-166.

[47] 李更生．基于胜任力及其模型建构的教师培训师学习与培训[J]．教育发展研究，2014（18）：39-44．
[48] 何阅雄，李茂森，高鸾．教师发展视域下的教师评价机制的思考与实践[J]．高等工程教育研究，2016（1）：107-112．
[49] 朱新卓，严芮，刘寒月．基于过程的教育质量及其评价[J]．高等教育研究，2015（5）：78-85．
[50] 江帆，张春良，王一军，等．基于胜任力模型的教师教学管理[J]．教学研究，2015（6）：43-46．
[51] 谢勇．省属高校英语专业教师胜任力模型构建研究[J]．人才资源开发，2015（2）：231-232．
[52] 李晔，李哲，鲁铱，等．基于长期绩效的中小学教师胜任力模型[J]．教育研究与实验，2016（2）：74-78．
[53] MCCLELLAND D C. Testing for competence rather than for intelligence[J]. American Psychologist, 1973, 28(1): 1-14.
[54] BOYATZIS R E. The competent management: a model for effective performance[M]. New York: John Wliey, 1982.
[55] MOTOWIDLO S J, CARTER G W, DUNNETTE M D, et al. Studies of the structured behavioral interview[J]. Journal of Applied Psychology, 1992, 77(5): 571-587
[56] MCCLELLAND D C. Identifying competencies with behavioral event interviews[J]. Psychological Science, 1998, 9(5): 331-339
[57] 王昱，戴良铁，熊科．高校教师胜任特征的结构维度[J]．高教探索，2006（4）：84-86．
[58] 姚蓉．高校教师胜任力模型构建初探[J]．科技情报开发与经济，2008，18（30）：186-189．
[59] 林立杰．高校教师胜任力研究与应用[M]．北京：中国物资出版社，2010．
[60] 牛端，张敏强．高校教师胜任特征模型的构建与验证[J]．心理科学，2012，35（5）：1240-1246．
[61] 黄艳．中国 80 后大学教师胜任力评价研究[M]．北京：中国社会科学出版社，2013．
[62] 严尧．高校教师胜任力模型的构建与初探[J]．价值工程，2013（5）：277-278．
[63] 谢晔，周军．民办高校教师胜任力模型及胜任力综合评价[J]．高教发展与评估，2010（4）：80-86，123．
[64] 王淑芝，纪跃芝，宫国辉．AHP 模型在评价高校教师综合素质中的应用[J]．长春工程学院学报（自然科学版），2010（4）：17-21．
[65] 方向阳．高职院校专业教师胜任力模型研究[J]．职业技术教育，2011（25）：76．
[66] 王强．我国 K-12 教师胜任力深层结构实证研究[J]．教育研究，2012（10）：136-140．
[67] 许安国，叶龙，郭名．研究型大学教师胜任素质模型构建研究[J]．中国高教研究，2012（12）：65-68．
[68] 陈红敏，赵雷，倪士光．高校优秀青年教师胜任能力特征[J]．中国青年研究，2012（4）：111-113．
[69] 周榕．高校教师远程教学胜任力模型构建的实证研究[J]．电化教育研究，2012（11）：86-92．
[70] 祁艳朝，于飞．高校教师胜任力模型的思考[J]．黑龙江高教研究，2013（9）：43-46．
[71] 徐建平，张厚粲．中小学教师胜任力模型：一项行为事件访谈研究[J]．教育研究，2014（1）：57-61．
[72] 汤舒俊，刘亚，郭永玉．高校教师胜任力模型研究[J]．教育研究与实验，2010（6）：78-81．
[73] 白学磊．基于因子分析的高职院校专任教师胜任特征研究：以日照大学城职业院校为例[J]．人才资源开发，2016（2）：36-37．
[74] 王琳．国外大学教师绩效评价制度及借鉴意义[J]．太原师范学院学报（社会科学版），2011（3）：133-136．
[75] FLORES M A. Teacher performance appraisal in portugal: the (im)possibilities of a contested model[J]. Mediterranean Journal of Educational Studies, 2010, 15(1): 41-60.
[76] TUYTENS M, DEVOS G. Importance of system and leadership in performance appraisal[J]. Personnel Review, 2012, 41(6): 756-776.
[77] TAYLOR E S , TYLER J H . The effect of evaluation of teacher performance[J]. American Economic Review, 2012, 102(7): 3628-3651.

[78] TUYTENS M, DEVOS G. The problematic implementation of teacher evaluation policy: School failure or governmental pitfall?[J]. Education Management Administration & Leadership, 2014, 42(4): 155-174.

[79] PERETZ H, FRIED Y. National cultures, performance appraisal practices, and organizational absenteeism and turnover: a study across 21 countries[J]. Journal of Applied Psychology, 2012, 97(2): 448.

[80] MAHARAJ S. Administrators' views on teacher evaluation: examining Ontario's teacher performance appraisal[J]. Canadian Journal of Educational Administration and Policy, 2014(152): 1-58.

[81] BEDNALL T C, SANDERS K, RUNHAAR P. Stimulating informal learning activities through perceptions of performance appraisal quality and human resource management system strength: a two-wave study[J]. Academy of Management Learning & Education, 2014, 13(1): 45-61.

[82] ELLIS R. Quality assurance for university teaching[M]. Buckingham: The Society for Research into Higher Education and Open University Press, 1993.

[83] 李元元，王光彦，邱学青，等．高等学校教师绩效评价指标研究[J]．高等教育研究，2007（7）：59-65．

[84] 刘仁义，陈士俊．高校教师科技绩效评价中指标与权重的设定[J]．科研管理，2007（S1）：39-44．

[85] 周治金，朱新秤，王伊兰，等．高校教师工作绩效及其影响因素的调查与分析[J]． 高等工程教育研究，2009，（2）：111-115．

[86] 丁志同．高校教师绩效责任及绩效结构模型的重构[J]．高等工程教育研究，2011（5）：125-129，138．

[87] 王政贵，钱存阳，林杰，等．基于 DEA 模型的高校教师绩效的定量分析[J]．高等工程教育研究，2011（5）：134-138．

[88] 李中国．科学课教师胜任特征与工作绩效关系研究[J]．教育研究，2012（8）：120-126．

[89] 李薇，王雪原．高校教师绩效评价指标体系的设计[J]．统计与决策，2012（4）：68-71．

[90] 赵书松，廖建桥．绩效工资制下大学教师绩效非伦理风险及其规避策略[J]．高等教育研究，2013（2）：20-27．

[91] 方阳春．工作压力和社会支持对高校教师绩效的影响[J]．科研管理，2013（5）：136-143．

[92] 张洪英，陈红．高校教师绩效考核的评价方法[J]．统计与决策，2014（2）：78-80．

[93] 史万兵，杨慧．高等学校教师科研绩效评价方法研究[J]．高教探索，2014（6）：112-117．

[94] 栾学东．关于教师网络研修活动绩效评估方法的研究[J]．电化教育研究，2014（1）：110-114．

[95] 韩小林，马瑞敏，吴文清，等．基于分类分型的高校教师绩效评价研究[J]．重庆大学学报（社会科学版），2014（1）：114-119．

[96] 杨亚栩，李世保，蔡中华．事业单位改革背景下的高校教师绩效评估研究[J]．人力资管源理，2016(7)：175-176．

[97] ASREE S, ZAIN M, RIZAL R M. Influence of leadership competency and organizational culture on responsiveness and performance of firms[J]. International Journal of Contemporary Hospitality Management, 2010, 22(4): 500-516.

[98] HON A H Y. When competency-based pay relates to creative performance: the moderating role of employee psychological need[J]. International Journal of Hospitality Management, 2012, 31(1): 130-138.

[99] PÉREZ-LÓPEZ S, ALEGRE J. Information technology competency, knowledge processes and firm performance[J]. Industrial Management and Data Systems, 2012, 112(4): 644-662.

[100] MALONEY S, STORR M, MORGAN P, et al. The effect of student self-video of performance on clinical skill competency: a randomised controlled trial[J]. Advances in Health Sciences Education, 2013, 18(1): 81-89.

[101] FAN J Y, WANG Y H, CHAO L F, et al. Performance evaluation of nursing students following competency-based education[J]. Nurse Education Today, 2015, 35(1): 97-103.

[102] LEE Y K, KIM S H, SEO M K. Franchise core competency and its relationship with environmental uncertainty, competitive advantage, and financial performance: an empirical assessment of food-service franchise firms[J]. Asia

Pacific Journal of Tourism Research, 2015, 20(10): 1151-1173.
[103] 刘晓英．基于胜任力的企业高层管理人员绩效评价体系研究[J]．企业经济，2011（1）：80-82.
[104] 谢刚，侯景亮，贾建民．城市商业银行经营管理层胜任力与经营绩效的关系[J]．金融论坛，2011（6）：25-31.
[105] 徐峰．人力资源绩效管理体系构建：胜任力模型视角[J]．企业经济，2012（1）：68-71.
[106] 梅继霞．基于胜任力的公务员绩效考评指标体系构建：以湖北省为例[J]．中国人力资源开发，2013（3）：38-43，48.
[107] 周金元，刘兵．企业情报人员胜任力与工作绩效的关系研究[J]．图书情报研究，2013，6（3）：44-49.
[108] 尹碧昌．我国田径教练员胜任力模型与绩效关系研究[J]．体育科学，2014，34（6）：59-67.
[109] 张庆龙，韩菲，张艳敏．内部审计人员人格类型、胜任力与工作绩效[J]．审计研究，2015（1）：106-112.
[110] 张术丹．房地产企业项目经理胜任力对绩效影响的研究[J]．工程管理学报，2015（1）：154-158.
[111] 林杰，秦来顺，肖文华．胜任力视角下的高校管理人员绩效考核研究[J]．人力资源管理，2016（5）：145-146.
[112] 袁振国，张男星，孙继红．2012 年高校绩效评价研究报告[J]．教育研究，2013（10）：55-64.
[113] 钱堃，徐雨森，徐晓亮．高校教师专利创造活动影响因素：基于我国部分工科院校的实证研究[J]．科技管理研究，2016，36（7）：130-135.
[114] 周绍妮，文海涛．基于产业演进、并购动机的并购绩效评价体系研究[J]．会计研究，2013（10）：75-82，97.
[115] 申志东．运用层次分析法构建国有企业绩效评价体系[J]．审计研究，2013（2）：106-112.
[116] 邢红军，张九铎，朱南．中美教师绩效评价比较研究[J]．教育科学研究，2009（6）：44-48.
[117] 贾建国．美国中小学教师绩效工资改革及其对我国的启示[J]．比较教育研究，2009（9）：85-88，63.
[118] 刘美玲．美国基础教育阶段教师绩效工资实施方案及成效分析[J]．教育发展研究，2010（5）：56-61.
[119] 胡耀宗，童宏保．义务教育教师绩效工资政策执行中的问题及解决策略[J]．教师教育研究，2010（4）：34-38.
[120] 李沿知．美、英、澳三国基础教育教师绩效工资制度实施对办学质量的影响分析及启示[J]．教师教育研究，2010（4）：71-75.
[121] 周宏伟．教师绩效工资改革的问题与对策研究[D]．上海：华东师范大学，2011.
[122] 毛旭东．高等学校教师绩效考核的研究[D]．武汉：武汉大学，2004.
[123] 梁延秋．美国公立中小学教师绩效工资制度及其实施研究[D]．武汉：华中师范大学，2010.
[124] 王洁．中国注册会计师胜任力模型构建研究[D]．北京：财政部财政科学研究所，2012.
[125] 郑晓明，于海波，王明娇．中国企业人力资源专业人员胜任力的结构与测量[J]．中国软科学，2010（11）：168-181.
[126] 王林雪，郑莉莉，杜跃平．研究型大学教师胜任力模型构建[J]．现代教育科学，2012（1）：65-69.
[127] 杨湘怡．企业中层管理者胜任力模型研究[D]．上海：复旦大学，2007.
[128] 董晓林，马连杰．高校行政管理人员胜任力与工作绩效的关系[J]．高等教育研究，2013（10）：22-27.
[129] 史东风．基于岗位胜任力的石油企业中层管理者人岗匹配模型研究[D]．成都：西南石油大学，2011.
[130] 林颖．我国胜任力研究十年[J]．中国浦东干部学院学报，2010（3）：84-89.
[131] 苏敏，林筱颖．基于素养课程的高职教师胜任力模型构建[J]．高教论坛，2013（6）：3-6.
[132] 杜宾，李军锋．团队元胜任力模型的构建与实证研究[J]．科研管理，2012（11）：40-48.
[133] 陈建安，金晶，法何．创业胜任力研究前沿探析与未来展望[J]．外国经济与管理，2013（9）：2-14，24.
[134] 黄勋敬，龙静．基于胜任力的人力资源管理体系创新[J]．中国行政管理，2011（4）：73-76.
[135] 孙颖，安俐静，于泓．职业胜任力视角下对“卓越工程师教育培养计划”的调查与思考[J]．高等工程教育研究，2015（3）：38-43.
[136] 赵海涛．胜任力理论及其应用研究综述[J]．科学与管理，2009（4）：15-18.

[137] 蔡秋瑾，申晓梅，李伟．大学生村官胜任力测评指标开发及应用[J]．理论与改革，2012（1）：99-102．

[138] 周霞，景保峰，李红，等．研究型大学创新人才胜任力测量与启示[J]．高教探索，2010（6）：36-42．

[139] 代郑重，安力彬．胜任力理论在人力资源管理中的应用[J]．软科学，2013（7）：115-117．

[140] 周金元，刘兵，唐青．基于文献计量分析的国内外胜任力研究述评[J]．科技管理研究，2013（15）：145-150，155．

[141] 尹德法．基于胜任力模型的人力资源管理研究[J]．山东社会科学，2013（6）：187-189．

[142] 范晓云，许佳跃．高校辅导员胜任力培训体系研究[J]．思想教育研究，2015（1）：86-89．

[143] 唐文惠．高校图书馆学科馆员胜任力研究[J]．高校图书馆工作，2011（1）：39-41．

[144] 张晓燕，陈虹，冯江平，等．新农村建设中民族贫困乡镇公务员胜任力模型的实证研究[J]．经济问题探索，2010（7）：131-136．

[145] 成云．普通高中班主任胜任力差异研究[J]．教育研究与实验，2010（1）：84-87．

[146] 乐国林，毛淑珍，唐凤凤．高管胜任力与企业成长任务情境动态匹配性探析[J]．商业研究，2013（7）：93-98．

[147] 赵敏，刘胜男．传统文化在教师评价中的现实表征及超越[J]．教师教育研究，2011（2）：49-54．

[148] 李宝斌，许晓东．高校教师评价中教学科研失衡的实证与反思[J]．高等工程教育研究，2011（2）：76-81，123．

[149] 刘雄英．职业性向：教师评价的重要维度[J]．教育发展研究，2011（8）：59-62．

[150] 沈红．论大学教师评价的目的[J]．高等教育研究，2012（11）：43-48．

[151] 孙翠香，范国睿．教师评价政策：美国的经验和启示：以美国中西部地区教师评价政策为例[J]．全球教育展望，2013（3）：57-65，56．

[152] 孙河川，王婷，鲁良．美国教师评价指标对辽宁省教师评价指标体系构建的启示[J]．教育科学，2010（6）：74-79．

[153] 王维臣．绩效制背景下美国教师评价的改革及其启示[J]．外国中小学教育，2011（10）：27-31．

[154] 李宝斌，许晓东．高校课堂教学效果的教师评价维度探究[J]．中国大学教学，2011（8）：65-68．

[155] 陈振华．教师评价若干变革评析[J]．教师教育研究，2012（5）：62-66．

[156] 车伟艳．英国绩效管理教师评价制度：内容、特点与启示[J]．外国中小学教育，2010（10）：12-15，33．

[157] 毛利丹．教师眼中的教师评价：一个被忽略的研究领域[J]．全球教育展望，2015（7）：99-110．

[158] 赵雪晶．基于听评课的教师评价素养提升策略研究[J]．教师教育研究，2013（2）：57-61．

[159] 潘金林．《卡尔·皮斯特报告》及其对加州大学教师评价政策的影响[J]．高等教育研究，2014（7）：103-109．

[160] 谢安邦，李晓．电子档案袋在教师评价中的应用[J]．全球教育展望，2005（11）：76-80．

[161] 王萍，高凌飚．国外教师评价观研究及启示[J]．教师教育研究，2010（1）：76-80．

[162] 田凌晖．澳大利亚高等教育质量问责：绩效指标的开发[J]．复旦教育论坛，2013（5）：92-96．

[163] 黄昭仁．战略绩效指标评价动态回馈影响之研究：以台湾网络公司为例[J]．科研管理，2015（2）：115-123．

[164] 江易华．县级政府基本公共服务绩效指标：设计与筛选[J]．天府新论，2011（1）：92-98．

[165] 王艳艳．MBO、KPI、BSC 绩效指标体系设计思想比较研究[J]．现代管理科学，2011（3）：96-98．

[166] 林克彦，郑可人．日本物流管理及关键绩效指标[J]．中国流通经济，2013（3）：39-43．

[167] TASIR Z, ABOUR K M E A, HALIM N D A, et al. Relationship between teachers' ICT competency, confidence level, and satisfaction toward ICT training programmes: a case study among postgraduate students[J]. TOJET: The Turkish Online Journal of Educational Technology, 2012, 11(1): 138-144.

[168] SYSOYEV P V, EVSTIGNEEV M N. Foreign language teachers' competency and competence in using information and communication technologies[J]. Procedia-Social and Behavioral Sciences, 2014(154): 82-86.

[169] SON J B, ROBB T, CHARISMIADJI I. Computer literacy and competency: a survey of Indonesian teachers of English as a foreign language[J]. Computer-Assisted Language Learning Electronic Journal (CALL-EJ), 2011, 12(1): 26-42.

[170] LIU Y, LEE X. The construction of China's university teachers' competency evaluation index system [J]. Journal of Educational Science of Hunan Normal University, 2010(2): 22.

[171] SHAPLEY K, SHEEHAN D, MALONEY C, et al. Effects of technology immersion on teachers' growth in technology competency, ideology, and practices[J]. Journal of Educational Computing Research, 2010, 42(1): 1-33.

[172] SALAMUDDIN N, HARUN M T, ABDULLAH N A D. Teachers' competency in school extra-curricular management[J]. World Applied Sciences Journal, 2011(15): 49-55.

[173] COPRIADY J. Teachers competency in the teaching and learning of chemistry practical[J]. Mediterranean Journal of Social Sciences, 2014, 5(8): 312.

[174] HEO M. Improving technology competency and disposition of beginning pre-service teachers with digital storytelling[J]. Journal of Educational Multimedia and Hypermedia, 2011, 20(1): 61.

[175] TEHSEEN S, HADI N U. Factors influencing teachers' performance and retention[J]. Mediterranean Journal of Social Sciences, 2015, 6(1): 233.

[176] THOMPSON B M, HAIDET P, CASANOVA R, et al. Medical students' perceptions of their teachers' and their own cultural competency: implications for education[J]. Journal of general internal medicine, 2010, 25(2): 91-94.

[177] XU A, YE L. Impacts of teachers' competency on job performance in research universities with industry characteristics: taking academic atmosphere as moderator[J]. Journal of Industrial Engineering and Management, 2014, 7(5): 1283.

[178] CELIK S. Competency levels of teachers in using interactive whiteboards[J]. Contemporary educational technology, 2012, 3(2): 115-129.

[179] HARRIS P, SNELL L, TALBOT M, et al. Competency-based medical education: implications for undergraduate programs[J]. Medical Teacher, 2010, 32(8): 646-650.

[180] AKBAŞLI S. The views of elementary supervisors on teachers' competencies[J]. Eurasian Journal of Educational Research (EJER), 2010(39): 13-36.

[181] MASKIT D. Teachers' attitudes toward pedagogical changes during various stages of professional development[J]. Teaching and Teacher Education, 2011, 27(5): 851-860.

[182] YILMAZ C. Teachers' perceptions of self-efficacy, English proficiency, and instructional strategies[J]. Social Behavior and Personality: an international journal, 2011, 39(1): 91-100.

[183] 倪星，余琴．地方政府绩效指标体系构建研究：基于 BSC、KPI 与绩效棱柱模型的综合运用[J]．武汉大学学报（哲学社会科学版），2009（5）：702-710.

[184] 汤孝锦．关键绩效指标（KPI）在现代企业绩效管理中的应用[J]．企业经济，2009（11）：46-48.

[185] 云虹，姜丽莎．物流业财务绩效指标体系的构建与评价[J]．经济问题，2011（6）：102-105.

[186] 诸大建，刘国平．碳排放的人文发展绩效指标与实证分析[J]．中国人口・资源与环境，2011（5）：73-79.

[187] 史超芹．基于 BSC 和 KPI 整合的绩效指标设计方法及实证探析[J]．中国人力资源开发，2011（9）：31-34.

[188] 易程，李春．基于 ISO11620 图书馆绩效指标的层次分析法评价模型研究[J]．大学图书馆学报，2010（2）：28-32，78.

[189] 王麒凯，李志，侯良平．构建 EMBK 绩效指标体系破除国企绩效管理瓶颈[J]．中国人力资源开发，2010（7）：31-34.

[190] 卢丹，解月光，魏国宁．UNESCO 亚太地区教育信息化绩效指标体系的诠释与启示[J]．外国教育研究，2013

（5）：88-94.

[191] 梁焕庚，吴家骐．浅谈审计机关绩效管理[J]．审计研究，2013（4）：41-48.

[192] 王仲梅，仝逸峰，荆新爱．科研项目绩效指标编制分析[J]．科研管理，2015（S1）：361-364.

[193] 许智俊，刘晓冰，白春光，等．基于模糊领域粗糙集的绿色营销关键绩效指标识别研究[J]．管理现代化，2015（3）：67-69.

[194] 刘芳．公共图书馆评估指标与图书馆绩效指标比较分析[J]．图书馆学研究，2015（15）：6-12.

[195] 杨晨，代杰．基于产业集群的园区知识产权管理与服务绩效指标体系构建[J]．情报杂志，2012（4）：160-164.

[196] 孙田江，范明，周云隆．高新技术企业研发部门关键绩效指标制定的实证研究：以医药企业为例[J]．科技管理研究，2012（12）：93-95，113.

[197] 李凤威，罗嘉司，赵乐发，等．基于关键绩效指标的高校辅导员绩效评价方法[J]．现代教育管理，2012（7）：66-69.

[198] 王益兵．EQUINOX 数字图书馆服务绩效指标的特征与应用[J]．图书馆理论与实践，2005（4）：89-90.

[199] 肖文婷，代思远．丹东供电公司基于 KPI 的部门绩效指标体系设计[J]．中国人力资源开发，2007（8）：93-95.

[200] 王仲梅，仝逸峰，荆新爱．科研项目绩效指标编制分析[J]．科研管理，2015（S1）：361-364.

[201] 张男星，王春春，姜朝晖．高校绩效评价：实践探索的理论思考[J]．教育研究，2015（6）：19-28.

[202] 董奋义，程莉莉．旅游类上市公司股权结构与经营绩效关系实证分析[J]．中国管理科学，2014（S1）：357-361.

[203] 汪飞燕，胡捍东．服务型企业综合质量绩效指标构建与演绎[J]．统计与决策，2015（13）：68-71.

[204] 于文浩．混合学习的新视野：构建组织的学习与绩效体系[J]．远程教育杂志，2010（1）：55-59.

[205] 高世葵，吕婧，赵丽丽．跨国并购人力资源整合绩效体系的构建与实证[J]．中国人口·资源与环境，2012（S1）：363-367.

[206] 郭斌．京津冀科技协同创新绩效体系重构：基于文献编码的复杂网络分析[J]．中央财经大学学报，2016（6）：87-96.

[207] 张鹤达，蒋美英，张玲．IT 能力对企业绩效影响机理的实证研究[J]．情报科学，2011（8）：1252-1256.

[208] 仲伟周，曹永利．我国非营利组织的绩效考核指标体系设计研究[J]．科研管理，2006，27（3）：116-122，74.

[209] FULLAN M. Teacher development and educational change[M]. New York: Routledge, 2014.

[210] BHOSALE G A, KAMATH R S. Fuzzy inference system for teaching staff performance appraisal[J]. International Journal of Computer and Information Technology, 2013, 2(3): 381-385.

[211] WHITFORD M. Performance appraisal in primary schools: managing the integration of accountability and development[D]. Auckland: United Institute of Technology, 2013.

[212] HALLINGER P, HECK R H, MURPHY J. Teacher evaluation and school improvement: an analysis of the evidence[J]. Educational Assessment, Evaluation and Accountability, 2014, 26(1): 5-28.

[213] BHOSALE G A, KULKARNI R V. Role of fuzzy techniques in performance appraisal of teaching staff[J]. International Journal of Latest Trends in Engineering and Technology (IJLTET), 2013(S): 139-142.

[214] KHAN H M A, CHANDIO J H, FAROOQI M T K. Comparison of performance appraisal system in public and private schools[J]. Pakistan Journal of Commerce and Social Sciences, 2014, 8(1): 272-278.

[215] JATI H. A study on the performance appraisal method of vocational education teachers using PROMETHEE-II[J]. Journal of Education, 2014, 5(1): 13-22.

[216] MONTGOMERY D. Positive teacher appraisal through classroom observation[M]. New York: Routledge, 2014.

[217] JACOB B, ROCKOFF J E, TAYLOR E S, et al. Teacher applicant hiring and teacher performance: evidence from DC public schools[J]. Journal of Public Economics, 2018, 166: 81-97.

[218] GRAHAM M, MILANOWSKI A, MILLER J. Measuring and promoting inter-rater agreement of teacher and

principal performance ratings[J]. Online Submission, 2012: 1-33 Available from: files.eric.ed.gov/fulltext/ED532068.pdf.

[219] ARORA A, KAUR S. Performance assessment model for management educators based on KRA/KPI[C]// International Conference on Technology and Business Management, March 2015(23): 25.

[220] BUTT G, MACNAB N. Making connections between the appraisal, performance management and professional development of dentists and teachers: "Right, what are the problems we've got and how could we sort this out?"[J]. Professional development in education, 2013, 39(5): 841-861.

[221] REELIKA. Teacher performance appraisal and remuneration aspects of performance management on the example of Estonian general educational schools[J]. Baltic Journal of Economics, 2012, 12(2):125-125.

[222] TAUT S, SUN Y. The development and implementation of a national, standards-based, multi-method teacher performance assessment system in Chile[J]. Education Policy Analysis Archives, 2014(22): 71.

[223] RADINGER T. School leader appraisal: a tool to strengthen school leaders' pedagogical leadership and skills for teacher management?[J]. European Journal of Education, 2014, 49(3): 378-394.

[224] VEKEMAN E, DEVOS G, TUYTENS M. The influence of teachers' expectations on principals' implementation of a new teacher evaluation policy in flemish secondary education[J]. Educational Assessment, Evaluation and Accountability, 2015, 27(2): 129-151.

[225] AGARWAL R N, MEHTA A. Impact of performance appraisal and working environment on the job satisfaction and attrition problem in the Indian IT industry[J]. Paradigm, 2014, 18(1): 73-85.

[226] MOSOGE M J, PILANE M W. Performance management: the neglected imperative of accountability systems in education[J]. South African Journal of Education, 2014, 34(1): 1-18.

[227] CAMPBELL J P, WIERNIK B M. The modeling and assessment of work performance[J]. 2015, 2(2):47-74.

[228] XERVASER A U, AHMAD R, BANDAR N F A, et al. Perceived fairness in performance appraisal system and its relationship with work performance[J]. Journal of Cognitive Sciences and Human Development, 2016, 1(2): 71-83.

[229] PAL A K, PAL S. Evaluation of teacher's performance: a data mining approach[J]. International Journal of Computer Science and Mobile Computing, 2013: 359-369.

[230] 谷晓燕．基于结构方程模型的岗位评价研究[J]．中国管理科学，2009（2）：146-151.

[231] 殷焕武．基于粗糙集属性重要度的岗位评价方法及其应用[J]．管理学报，2010（5）：683-685.

[232] 吴木銮．公共部门的宽带薪酬：比较与前瞻[J]．中国行政管理，2010（2）：71-76.

[233] 刘心美，赵桂茹．基于岗位胜任力模型的高职课程体系研究[J]．黑龙江高教研究，2010（8）：163-166.

[234] 王美萃，张敬德．电信公司岗位分析与岗位评价：以 M 电信公司为例[J]．中国人力资源开发，2010（4）：57-60.

[235] 吕永卫，王歆儒．宽带薪酬的设计与运用[J]．生产力研究，2010（10）：33-34，59.

[236] 郑少武，李唯唯，周浩．绩效力理论视野下的人力资源优化配置研究：员工绩效力流动控制分析[J]．中国人力资源开发，2010（11）：43-47.

[237] 王明杰，陈春霞．基于需求理论的薪酬体系设计[J]．统计与决策，2011（4）：179-181.

[238] 陈丽芬，江卫东．基于因素计点法和 IAHP 的企业管理类岗位价值评价[J]．软科学，2011（4）：100-105.

[239] 杜永全，肖鸣政．我国企业岗位评价工作存在的问题及对策[J]．中国人力资源开发，2011（9）：40-43.

[240] 邢周凌，袁登华，周绍森．高校业绩津贴制度对教师组织承诺的影响研究[J]．高教探索，2007（6）：110-114.

附　录

附录 A　高校工科教师胜任力要素调查问卷

尊敬的老师：

感谢您抽出宝贵的时间参加此次问卷调查。本次调查旨在研究"高校工科教师胜任力"，您的回答对于此项课题的开展和完成非常重要，回收问卷的数量和质量将直接影响研究结果的准确性。恳请您全力支持和配合。本调查采用不记名的方式，并对您的回答保密，其结果仅供统计处理使用，敬请放心回答。

由于问卷不完整会失去研究价值，请您务必不要遗漏任何一项。

个人基本信息

请在选项后画"√"。

教师请填写下栏

1. 性别：男（　　）女（　　）
2. 年龄：______（请如实填写）
3. 职称：助教（　　）　讲师（　　）　副教授（　　）　教授（　　）
4. 教师类型：　教学型（　　）　研究型（　　）　教学研究型（　　）
5. 如果您是学校行政人员，您的工作部门是：__________________
6. 您的专业：__________________
7. 您是否取得工程师资质：是（　　）　不是（　　）
8. 校外工程工作年限：0～5 年（　　）　5～10 年（　　）　10 年以上（　　）
9. 校内担任教师的工作年限：0～5 年（　　）　5～10 年（　　）　10 年以上（　　）

填表说明：

第一部分　高校工科教师特质胜任力调查

下表中列出了高校工科教师特质胜任力特征，请您根据这些特征因素对工科教师胜任力的影响程度进行等级评定，从不重要到重要共有五个等级，即：①完全不重要；②不太重要；③中等（一般）；④比较重要；⑤非常重要。其中，完全不重要表示 1 分，不太重要表示 2 分，中等（一般）表示 3 分，比较重要表示 4 分，非常重要表示 5 分。请您仔细阅读每一个胜任力的特征因素，并在其后能正确代表您的等级评定的空格处画“√”。

特征因素	对高校工科教师胜任力的影响程度				
	完全不重要	不太重要	一般	比较重要	非常重要
热爱工程事业					
善于钻研技术					
严谨求实					
社会责任					
热爱学生					
工程伦理					
为人师表					
乐观积极					
人际交往					
事业心					
灵活性					
开放性					
幽默风趣					
感染力					
情绪稳定					
责任心					
自信心					
坚持不懈					
丰富的教学经验					
成就动机					
关注细节					
自控能力					
进取心					
全局观念					
职业认同					

第二部分 高校工科教师教学胜任力调查

下表中列出了高校工科教师教学胜任力特征，请您根据这些特征因素对工科教师胜任力的影响程度进行等级评定，从不重要到重要共有五个等级，即：①完全不重要；②不太重要；③中等（一般）；④比较重要；⑤非常重要。其中，完全不重要表示 1 分，不太重要表示 2 分，中等（一般）表示 3 分，比较重要表示 4 分，非常重要表示 5 分。请您仔细阅读每一个胜任力的特征因素，并在其后能正确代表您的等级评定的空格处画"√"。

特征因素	对高校工科教师胜任力的影响程度				
	完全不重要	不太重要	一般	比较重要	非常重要
信息收集					
工程技术与教学相结合能力					
学生工程实践能力的培养能力					
语言文字表达能力					
组织协调能力					
课程控制能力					

第三部分 高校工科教师科研胜任力调查

下表中列出了高校工科教师科研胜任力特征，请您根据这些特征因素对工科教师胜任力的影响程度进行等级评定，从不重要到重要共有五个等级，即：①完全不重要；②不太重要；③中等（一般）；④比较重要；⑤非常重要。其中，完全不重要表示 1 分，不太重要表示 2 分，中等（一般）表示 3 分，比较重要表示 4 分，非常重要表示 5 分。请您仔细阅读每一个胜任力的特征因素，并在其后能正确代表您的等级评定的空格处画"√"。

特征因素	对高校工科教师胜任力的影响程度				
	完全不重要	不太重要	一般	比较重要	非常重要
主动获取知识能力					
工程信息运用能力					
团队合作能力					
创新探索能力					
解决实际问题能力					
科研成果转化能力					

第四部分 高校工科教师工程实践胜任力调查

下表中列出了高校工科教师工程实践胜任力特征，请您根据这些特征因素对工科教师胜任力的影响程度进行等级评定，从不重要到重要共有五个等级，即：①完全不重要；②不太重要；③中等（一般）；④比较重要；⑤非常重要。其中，完全不重要表示 1 分，不太重要表示 2 分，中等（一般）表示 3 分，比较重要表示 4 分，非常重要表示 5 分。请您仔细阅读每一个胜任力的特征因素，并在其后能正确代表您的等级评定的空格处画“√”。

特征因素	对高校工科教师胜任力的影响程度				
	完全不重要	不太重要	一般	比较重要	非常重要
工程设计能力					
软件应用能力					
分析预测能力					
实验实践能力					
技术应用能力					
消化吸收能力					
质量控制能力					
数理思维能力					

第五部分　其他胜任力要素调查

如果在上述列出的特征之外，您认为还有其他有关高校工科教师胜任力要素，请您在下面表格的相应空白处进行补充填写。非常感谢您的帮助！

特征因素	对高校工科教师胜任力的影响程度				
	完全不重要	不太重要	一般	比较重要	非常重要

附录 B　高校工科教师胜任力指标检验调查问卷

尊敬的老师：

感谢您抽出宝贵的时间参加此次问卷调查。本次调查旨在对“高校工科教师胜任力指标”的结构效度进行检验，您的回答对于此项课题的开展和完成非常重要，回收问卷的数量和质量将直接影响研究结果的准确性。恳请您的全力支持和配合。本调查采用不记名的方式，并对您的回答保密，其结果仅供统计处理使用，敬请放心回答。

由于问卷不完整会失去研究价值，请您务必不要遗漏任何一项。

个人基本信息

请在选项后画“√”(可复制粘贴在括号内)。

教师请填写下栏

1．性别：男（　　）女（　　）

2．年龄：______（请如实填写）

3．职称：助教（　　）　讲师（　　）　副教授（　　）　教授（　　）

4．获得学位级别：硕士学位（　　）　博士学位（　　）

5．如果您是学校行政人员，您的工作部门是：__________________

6．您的专业：__________________

7．您是否取得工程师资质：是（　　）　不是（　　）

8．校内担任教师的工作年限：0～5 年（　　）　5～10 年（　　）　10 年以上（　　）

填表说明：

第一部分　高校工科教师特质胜任力指标调查

下表中列出了高校工科教师特质胜任力指标，请您根据这些指标进行等级评定，从不重要到重要共有五个等级，即：①完全不重要；②不太重要；③中等（一般）；④比较重要；⑤非常重要。其中，完全不重要表示 1 分，不太重要表示 2 分，中等（一般）表示 3 分，比较重要表示 4 分，非常重要表示 5 分。请您仔细阅读每一个胜任力指标，并在其后能正确代表您的等级评定的空格处画“√”。

指标	对高校工科教师胜任力的影响程度				
	完全不重要	不太重要	一般	比较重要	非常重要
善于钻研技术					
事业心					
责任心					

第二部分　高校工科教师教学胜任力指标调查

下表中列出了高校工科教师教学胜任力指标，请您根据这些指标进行等级评定，从不重要到重要共有五个等级，即：①完全不重要；②不太重要；③中等（一般）；④比较重要；⑤非常重要。其中，完全不重要表示 1 分，不太重要表示 2 分，中等（一般）表示 3 分，比较重要表示 4 分，非常重要表示 5 分。请您仔细阅读每一个胜任力指标，并在其后能正确代表您的等级评定的空格处画“√”。

指标	对高校工科教师胜任力的影响程度				
	完全不重要	不太重要	一般	比较重要	非常重要
语言文字表达能力					
工程技术与教学相结合能力					
学生工程实践能力的培养能力					

第三部分　高校工科教师科研胜任力指标调查

下表中列出了高校工科教师科研胜任力指标，请您根据这些指标进行等级评定，从不重要到重要共有五个等级，即：①完全不重要；②不太重要；③中等（一般）；④比较重要；⑤非常重要。其中，完全不重要表示 1 分，不太重要表示 2 分，中等（一般）表示 3 分，比较重要表示 4 分，非常重要表示 5 分。请您仔细阅读每一个胜任力指标，并在其后能正确代表您的等级评定的空格处画“√”。

指标	对高校工科教师胜任力的影响程度				
	完全不重要	不太重要	一般	比较重要	非常重要
主动获取知识能力					
创新探索能力					
团队合作能力					

第四部分：高校工科教师工程实践胜任力指标调查

下表中列出了高校工科教师工程实践胜任力指标，请您根据这些指标进行等级评定，从不重要到重要共有五个等级即：①完全不重要；②不太重要；③中等（一般）；④比较重要；⑤非常重要。其中，完全不重要表示 1 分，不太重要表示 2 分，中等（一般）表示 3 分，比较重要表示 4 分，非常重要表示 5 分。请您仔细阅读每一个胜任力指标，并在其后能正确代表您的等级评定的空格处画“√”。

指标	对高校工科教师胜任力的影响程度				
	完全不重要	不太重要	一般	比较重要	非常重要
数理思维能力					
实验实践能力					
工程设计能力					

附录 C 基于胜任力的高校工科教师绩效评价调查问卷

尊敬的老师：

感谢您抽出宝贵的时间参加此次问卷调查。本次调查旨在研究“高校工科教师胜任力”，您的回答对于此项课题的开展和完成非常重要。恳请您的全力支持和配合。本调查采用不记名的方式，并对您的回答保密，其结果仅供统计处理使用，文章内也不会涉及被调查者的姓名，敬请放心填答。

由于问卷不完整会失去研究价值，请您务必不要遗漏任何一项。

个人基本信息

请在符合您个人信息的括号中打“√”。

1. 您的性别：男（ ） 女（ ）
2. 年龄：______（请如实填写）
3. 您与被调查者___________老师的关系是：

师生（ ） 一般同事（ ） 上下级领导（ ）

如果您是教师或在校行政人员请继续填写以下个人信息。

4. 您所在的学院：

机电工程学院（ ） 材料学院（ ） 化工学院（ ）
土建学院（ ） 能源动力学院（ ） 资源与环境学院（ ）
汽车学院（ ） 自动化学院（ ） 其他（ ）

5. 您的职称：

初级（ ） 中级（ ） 高级（ ）

6. 校内工作年限：

0～5 年（ ） 5～10 年 （ ） 10 年以上（ ）

第一部分（胜任力指标调查）

下表中列出了 24 项胜任力特征，请您对________教师胜任力的各个特征要素进行等级评定，评定分值为 1～5 分，共五个等级。1 分表示不具备该特征，5 分表示该特征非常明显，2～4 表示介于两者之间。

胜任力要素		行为描述	打分（1～5分）
特质胜任力	善于钻研技术	教师能够不断学习并熟练掌握工程技术用以提高教师的教学质量，为科研创新提供思路	
	事业心	教师热爱工作并为之奋斗	
	责任心	教师能够自觉主动地做好分内分外一切有益的事情	
教学胜任力	语言文字表达能力	教师在口头语言（说话、讲课、演讲、做报告）以及书面语言（科研论文）的教学过程中能够流畅自如地运用字、词、句、段的能力	
	工程科技与教学相结合能力	教师上课时会结合工程科技在实践中的应用情况，引用案例讲解知识点，注重学生技能的操作能力、思维能力，提高教学效率和达到预期的教学目标	
	学生工程实践能力的培养指导能力	教师能够自发真诚地去帮助和引导学生提高工程实践能力，提高学生的知识技能和方法等	
科研胜任力	主动获取知识能力	教师能够保持终身学习的热忱，主动学习知识，并通过各种途径和手段获取知识	
	创新探索能力	教师具有较强的创新意识，并乐于探索和挖掘新课题	
	团队合作能力	教师重视团队合作，拥有较强的团队意识和合作精神	
工程实践胜任力	数理思维能力	教师具备较强的数学、物理等自然学科扎实的理论知识基础，并能够运用较强的逻辑思维能力进行相关教学和科研工作	
	实验实践能力	教师在掌握先进、科学的试验研究方法基础上能够往复地在理论和实践中进行转换，不断推进工程实践能力的提高	
	工程设计能力	教师自身具备较强的工程设计能力，能够结合实际问题进行分析和设计	

第二部分（关键绩效指标调查）

请教师本人根据本人实际情况继续填写以下问卷：以本单位岗位基本要求为准，评定分值为1～5分，共五个等级。1表示完全不符合，2表示基本不符合，3表示一般，4表示基本符合，5表示完全符合。

关键绩效指标		行为描述	打分（1～5分）
教学绩效	教学研究成果奖励	超过要求的课时数和课程数，学生平均成绩达到标准，并获得校级及以上奖励	
	教学质量工程数	超过要求的教学质量工程项目数量	
	学生研究成果奖励数	指导学生超过要求数量的研究成果并获得奖励	
科研绩效	发表论文数（SCI、EI等）	超过要求的SCI、EI等国际权威检索收录学术论文	
	获得专利数	超过学校要求的发明专利数量	
	论文引用数	学术论文引用数超过平均教师水平	
社会服务绩效	工程技术服务项目数	工程技术服务项目超过平均教师水平	
	成果转化收益	研究成果转化收益超过平均教师水平	